# 贛文化通典

—— 名勝卷　第二冊

目錄

第三章|宗教文化名山

## 三、風景名勝

### （一）五大哨口

　　黃洋界哨口　五大哨口中最出名的哨口。位於茨坪西北面十七公里處，海拔一三四三米，黃洋界是寧岡東南邊境的屏障，山勢高聳，地勢險峻，素有「一夫當關，萬夫莫開」之稱，為歷代兵家必爭之地。

　　據地方族譜記載，這裡原為黃楊兩姓地盤的分界點。原黃洋界兩邊的山村，各住百十戶人家，靠近寧岡縣境的桃寮、田心一帶，住的是本地人，姓黃，大都是書家弟子、富翁豪商；住風車口、五裡亭一帶的姓楊，是明末清初從廣東移居來的客籍人，以採集、狩獵為生。正如毛澤東所說，土客籍人「歷史上的仇怨非常深，有時發生很激烈的鬥爭」。[316]土籍人經常欺負客家人。黃楊兩姓就是這樣，姓黃的經常仗勢欺壓姓楊的，姓楊的忍無可忍，便偷偷派了四十名年輕力壯的小夥子到揚州習武，習成歸來之日，姓楊的半夜全村出動，把姓黃的殺個措手不及，傷亡過半。於是姓黃的告到官府，官府查明事情原委後，覺得從情理上也不好追究姓楊的責任，於是判曰：「時至今日，兩姓俱傷。黃家釁動，楊氏禦抗。即令彼此，禁錮往來。劃山為界，順乎天良。」自此，這裡便稱之為「黃楊界」。又因為這裡時常雲霧迷

---

316 毛澤東：《井岡山的鬥爭》，《毛澤東選集》第一卷，北京：人民出版社，1991，第 74 頁。

茫，猶如汪洋大海，故又有「汪洋界」之稱。天長日久，人們也就把「黃楊界」寫成「黃洋界」了。

　　黃洋界哨口扼守著從湖南酃縣、江西寧岡上井岡山的要塞。一九二八年夏，工農紅軍和井岡山群眾在這裡修築工事，分別控制通往湖南和寧岡茅坪的小路，山頂上還設瞭望哨。原黃洋界山頭上還有一家客棧，後來成為紅軍戰士的哨口營房，一九二九年井岡山根據地失守後被國民黨反動派燒毀。一九二八年八月三十日，湘贛兩省國民黨軍隊趁我紅軍主力遠去湘南、根據地內兵力空虛之計，以四個團的兵力會攻黃洋界，企圖佔領井岡山。留守黃洋界的紅四軍三十一團一營在團長朱雲卿、黨代表何挺穎、一營營長陳毅安的指揮下，沉著應戰，打垮了敵軍四次衝鋒後，從茨坪軍械處抬來一門剛修好的迫擊炮，當時只有三發炮彈，架在黃洋界哨口，連放三炮，前兩發炮彈因為受潮沒能打響，第三發正好打中了山下的敵軍總指揮部，敵軍誤以為紅軍主力返回了井岡山，倉惶逃跑，我軍取得了黃洋界保衛戰的勝利。毛澤東在從湖南返回井岡山的途中聞訊後，非常高興，欣然寫下了《西江月·井岡山》：「山下旌旗在望，山頭鼓角相聞。敵軍圍困萬千重，我自巋然不動。早已森嚴壁壘，更加眾志成城。黃洋界上炮聲隆，報導敵軍宵遁。」一九二九年一月二十九日，紅軍第三次反「會剿」時，這裡也是主要戰場之一。紅五軍第五縱隊司令員李燦率第一大隊和徐彥剛率紅四軍三十二團一連守衛在這裡。後因敵軍收買了一個叫陳開恩的無業遊民，由他帶路繞開紅軍的正面工事，直撲黃洋界哨口，最後李燦等人寡不敵眾，黃洋界哨口失守。

黃洋界上有一棵檞樹，位於黃洋界五里排山腰上，樹形如蓋，綠蔭蔽日，是當年軍民挑糧經常休息的地方。一九二八年冬，毛澤東為了鞏固軍事根據地，發動廣大的軍命挑糧上山，儲備充足的糧食。毛澤東、朱德和紅軍官兵一道，每日往返一〇〇餘里，毛澤東、朱德就經常就在這棵檞樹下休息。在挑糧運動中，戰士們看到軍長朱德已經四十三了，便想方設法勸阻他挑糧，朱德挑糧的扁擔曾兩次被戰士藏起來，他只好削了第三根扁擔，並在上面寫上「朱德扁擔，不准亂拿」八個字，堅持與紅軍戰士一起挑糧。

　　八面山哨口　位於茨坪西北面，海拔一四八四米。若站在這裡極目遠眺，四面山峰便能盡收眼底，故名「八面山」。八面山地處江西和湖南兩省交界處，一九二八年五月紅軍在這裡設哨口，修築三個工事，三道防線和一幢簡易哨棚。一九二九年一月，第三次反「會剿」時，紅五軍第十大隊隊長彭包才、黨代表李克如率領部隊和地方武裝一〇〇多人扼守此哨口。後哨口工事被敵軍用炮火全部轟塌，三十日，敵軍攻破八面山哨口，一〇〇多名紅軍指戰員幾乎全部壯烈犧牲。

　　雙馬石哨口　位於茨坪西南面，海拔一二〇〇米。因兩塊行似馬頭的大石頭重疊在一起而得名。一九二七年十月，毛澤東率秋收起義部隊上井岡山就是經過此地。一九二八年五月，紅四軍在此設哨口，哨口控制湖南酃縣和江西遂川方向上井岡山的一條小路，築有哨口工事和哨棚。第三次反「會剿」時，紅五軍十二大隊守此哨口，井岡山失守後，十二大隊與軍部一起從這裡突出重圍。

桐木嶺哨口　位於茨坪東北十公里處，海拔八六〇米。因這裡遍地生長桐木而得名。這裡是江西泰和、永新通往井岡山的唯一小道。一九二八年五月，紅四軍在此設哨口，並在附近的風雨亭、石姬窩、小黎坪等地築有堅固的工事。第三次反「會剿」時，紅五軍第四縱隊司令員賀國中帶領八九大隊和紅四軍三十二團二營四連在這裡多次打退江西敵軍的進犯，最後因寡不敵眾撤出戰鬥，桐木嶺哨口失守。

朱砂沖哨口　位於茨坪南面，海拔六三五米，因這裡的峭壁縫中流出硃砂色的泉水而得名。硃砂沖哨口是五大哨口中最險要的一處。一條羊腸小徑從半山腰的陡岩峭壁中鑿開，右面是懸崖聳立，左面是萬丈深谷，谷底是硃砂河，流水湍急。因此，硃砂沖有地勢險要，易守難攻。當年是井岡山通往前川的唯一通道。一九二八年五月，紅四軍在此設哨口，硃砂沖哨口設有兩條防線，在山頂的制高點上還設有瞭望哨。井岡山鬥爭時期，扼守在這裡的主要是王佐部，敵人多次妄圖從這裡進犯井岡山，均未得逞。

## （二）茨坪

井岡山軍事根據地的中心，也是整個革命根據地黨、政、軍領導機關和後方單位的所在地。茨坪位於井岡山主峰北麓的中心腹地，是一塊山間小盆地，海拔八六二米。茨坪在明朝末年由李姓遷徙至此開基建村，因建村時這裡柿樹甚多，取名為「柿坪」，後因居住此地的百姓普遍使用「芭芽」樹皮蓋屋，加上地方讀音的諧音，後人逐漸將「柿坪」寫成「茨坪」，沿用至今。

一九二七年十月二十七日，毛澤東率領工農革命軍到達這裡，建立了第一個農村革命根據地，這裡遂成為井岡山軍事根據地的中心。當年毛澤東帶領工農革命軍來到這裡時，茨坪還是一個只有二〇〇來人的小村莊。毛澤東抵達茨坪後，落腳點便是當時的一家小雜貨鋪，房東名叫李利昌，騰出雜貨鋪的一半給秋收起義部隊居住。隨著井岡山根據地的鞏固和發展，紅四軍軍部、中共湘贛邊界防務委員會、紅四軍軍械處、紅四軍軍官教導隊、新遂邊陲特別區公賣處、中共湘贛邊界特委也先後遷到了茨坪。也就是在這裡，毛澤東寫下了《井岡山的鬥爭》這篇光輝著作。一九二九年二月，以上房屋均被國民黨軍隊燒毀。

## （三）大小五井

分別為大井、小井、上井、中井、下井，是井岡山中部五個群山環繞、宛若井狀的山間盆地村莊，總面積十餘平方公里。

大井是五井中最大的村莊，也是毛澤東進入井岡山中心腹地的第一個落腳點，坐落於茨坪西北七公里。一九二七年十月二十四日，毛澤東帶領工農革命軍抵達大井，受到大井地方武裝王佐部隊的歡迎，王佐把自己的住房「白屋」讓給工農革命軍做營房。王佐的這幢白色住房原先叫「新屋下」，是廣東興寧一個叫鄒萬榮的木材商人建造的，共有四十四間，五個天井，面積近千平方米。當年毛澤東一到這裡住下，就和群眾打成一片，向群眾宣傳革命道理，幫助群眾解決實際困難，還在這裡設立了醫務所、免費給群眾看病，也就是在這裡開始了對王佐部隊的改造。一九二九年井岡山根據地失守後房屋全部被國民黨反動派燒毀，

只有原房屋前毛澤東經常讀書、批閱檔所坐的那塊「讀書石」及屋後的柞樹與紅豆杉得以倖存下來。

小井位於茨坪北面六公里處，是一塊不到二平方公里的小盆地。一九二八年下半年，毛澤東為了加強根據地建設，在這裡興建了我軍第一所醫院——小井紅光醫院，整個醫院為木質結構，分上下兩層，共有三十二間病房。醫院院長為曹鎔，黨代表為蕭光球，黨總支書記為曾志，醫務室主任為段致忠。紅光醫院在一九二九年一月底井岡山根據地失守後被國民黨軍隊燒毀，我軍未來得及轉移的一三〇多名重傷患亦被反動派殘忍殺害。

上井村坐落於黃洋界南面的山谷中。一九二八年五月，紅軍軍部將軍民們打土豪和戰場上繳獲大量的首飾和銀器具等，請謝氏兄弟謝火龍、謝官龍為師傅，在上井村借用農民鄒甲貴的民房，創辦了井岡山紅軍造幣廠，王佐是造幣廠的主要負責人。紅軍造幣廠沿用「墨西哥」版鑄造了第一批銀元，因在每塊銀元上鑿上「工」字印記以和白區銀元相區別，故稱為「工」字銀元。它是中國共產黨領導下的紅色政權最早在革命根據地內發行流通的第一批金屬鑄幣。一九二九年一月底，井岡山根據地失守，上井紅軍造幣廠廠房被敵全部燒毀，造幣設備被敵破壞，人員被沖散。

## （四）象山庵

位於茅坪東四公里，因背靠象山而得名。庵建於清朝康熙五十二年（西元 1713 年）。原庵房有三行九棟，殿堂九間、天井十八個，香火旺盛時有僧尼近百人，是湘贛邊界一座名庵。清末

民初，僧尼開始減少，庵堂逐漸衰敗，民國初年僅有尼姑十餘人。大革命時期，成了袁文才農民自衛軍的棲息之地。

在井岡山鬥爭史上，象山庵也有獨特的地位。一九二七年十月七日，工農革命軍在茅坪安家後，此處設為留守處。一九二七年十一月上旬，毛澤東同志在這裡主持召開寧岡、永新、蓮花三縣原黨組織負責人的聯席會議。參加會議的有龍超清、王懷、劉真、劉作述、朱昌偕、朱亦岳等同志。毛澤東在會議上要求邊界各縣迅速恢復和重建黨組織，開展打土豪分田地，組織武裝鬥爭，建立紅色政權。一九二八年紅四軍機炮連、湘贛邊界特委機關印刷廠均設在此，湘贛邊界特委還在這裡舉行過黨團幹部訓練班。一九二八年五月底，毛澤東與賀子珍在這裡舉行了婚禮。至建國前，庵堂幾盡傾圮，現已按原樣修復。

## （五）八角樓

位於茅坪村，是一棟土磚結構的兩層樓房，因樓頂有一八角形天窗而得名。一九二七年十月，毛澤東來到茅坪後，房屋主人、當地名醫謝池香主動把自己的這幢私宅出讓給毛澤東，於是毛澤東從一九二七年十月至一九二九年二月，經常居住於此，在八角樓小小的青油燈下，毛澤東寫下了《中國的紅色政權為什麼能夠存在？》等光輝著作。井岡山會師後，朱德也曾住此樓下。毛澤東當年用過的辦公桌、茶几、大硯臺、竹筒鐵盞青油燈等物品至今仍保存完好。

## （六）龍江書院

　　是湘贛邊界原寧岡、酃縣、茶陵三縣客籍人的最高學府。位於礱市河西，背倚五虎嶺，面臨龍江河。清道光二十年（1840），三縣的客籍紳民在寧岡人吳典勳的宣導下捐款集資修建，道光二十三年落成。時任寧岡知縣的楊曉昀題匾額曰「龍江書院」，並作《創建龍江書院原序》。同治四年（1865）重修。原書院規模宏大，「樓閣上達乎重霄，堂構橫亙於隟地」，[317]書院中棟分中、前、後三進，前考課坐次，中明道堂，後孔聖殿，上建文昌魁星樓。兩側亦三進，院前還有泮池等。整個書院共百餘間房屋。光緒三十四年（1908），在此開辦公立龍江高等小學，並將書院進行了修整，開始了新式教育。民國二十八年（1939），改辦寧岡縣立初級中學，解放後改為完中。

　　井岡山鬥爭時期，龍江書院是紅軍重要的活動場所。一九二七年十一月中旬，工農革命軍在書院的中廳「明道堂」創辦了第一期軍官教導隊，培訓部隊基層軍官和赤衛隊幹部。一九二八年四月二十五日，朱德、陳毅率領部隊到達礱市，就是住在這裡。四月二十八日，毛澤東回到了礱市，在書院的門口和朱德等人會合，接著大家一道登上書院的最高層文星閣，商談了兩軍會師後成立工農革命軍第四軍的有關重大問題。一九二八年四月底，朱毛兩軍勝利會師後，為了加強對兩支革命武裝的統一領導和指

---

**317**　（清）楊曉昀：《創建龍江書院原序》。轉引自寧岡縣地方志編纂委員會《寧岡縣誌》，北京：中共中央黨校出版社，1995。

揮，在書院中廳召開了紅四軍黨的第一次代表大會。

**參考文獻**

（1）江西省井岡山市地方志編纂委員會：《井岡山志》，北京：新華出版社，1997。

（2）毛秉華：《天下第一山》，江西：江西人民出版社，2004年第4版。

（3）井岡山市人民政府地名志辦公室：《江西省井岡山市地名志》，贛州：贛州地區贛南印刷廠印刷，1986。

（4）寧岡縣地方誌編纂委員會：《寧岡縣誌》，北京：中共中央黨校出版社，1995。

（5）李國強、傅伯言：《贛文化通志》，南昌：江西教育出版社，2004。

（6）張港：《關於「井岡山」的名稱》，《文史雜誌》，2008年第1期。

# 第三節 ▶ 山水奇絕的道教聖地——龍虎山

## 一、地理環境

龍虎山位於鷹潭市南郊十六公里處，周邊與貴溪市的塘灣鎮、耳口鄉、餘家鄉、彭灣鄉以及金溪縣、餘江縣接壤，總面積二〇〇平方公里，共有九十九峰二十四岩一〇八處景觀。其山體大多高二〇〇多米，主峰大虎頭海拔二五三米。龍虎山在漢代屬

豫章郡之余干縣。唐永泰初（765）割余干、弋陽部分地域設貴溪縣，隸屬信州，從此，龍虎山地屬貴溪縣。一九九三年鷹潭市風景旅遊區管理局（即現在的龍虎山風景旅遊區管理委員會）成立，龍虎山從貴溪縣劃出歸其管理，沿用至今。

　　龍虎山地處武夷山西北支脈向鄱陽湖平原過渡的贛東丘陵西翼，是典型的丹霞地貌區。景區碧水丹山，尤為奇絕，自古便聞名遐邇，有「龍虎山形勢之奇秀，莫可與儷」[318]之讚譽。這一帶自晚白堊世末至第三紀隆起為陸地，第三紀以後伴隨地殼上升運動，地面徑流河床不斷下切，地表經歷了二〇〇萬年左右的大自然侵蝕、夷平作用，逐步形成了今天的典型丹霞地貌。其地貌發育過程歷經了早、中、晚三個階段。早期階段原始狀平緩的上白堊統河口組地層地面被水流沖刷侵蝕分割，逐漸形成溝谷，深溝峰谷兩側出現陡峭崖壁，山體形成巨大方山石寨，但此種典型的早期成因類型地貌現已不復存在；中期階段水流進一步快速沖刷侵蝕切割，地面分割強烈，赤壁丹崖密佈，是丹霞地貌發育的全盛時期；晚期河谷日益寬闊，曲流發育，形成起伏較小的大面積平坦地貌及其散佈的孤立殘丘。中晚期形成的丹霞地貌分佈很廣，極富特色。丹霞地貌發育面積達一八七平方公里，是我國丹霞地貌發育程度最好的地區之一。其地貌形態類型齊全多樣，內容豐富多彩，在國內名列前茅，兼具水流沖刷侵蝕型、崩塌殘餘

---

**318**　（元）吳澄：《仙城本心樓記》，載《吳文正集》卷四十八《記》，四庫全書本。

型、崩塌堆積型、溶蝕風化型和溶蝕風化崩塌型等，形成了石寨、石牆、石崖、石樑、石柱、石門、石峰、峰林、峰叢、嶂谷、單面山、豬背山、蜂窩狀洞穴、水蝕洞、岩槽、豎狀洞穴、扁平洞、穿洞、崩塌洞穴、崩積岩、天生橋、造型地貌以及天然壁畫等二十三種地貌形態類型。地貌千姿百態，妙趣橫生，如象鼻山、仙女岩、排衙峰、雲錦峰、金槍峰、文豪峰、仙人城、仙水岩、牽龍洞、穿洞等絕景都是國內所少見的。《水滸傳》第一回《張天師祈禳瘟疫，洪太尉誤走妖魔》中一段描寫龍虎山奇絕山水的文字可謂出神入化、淋漓盡致。

　　根盤地角，頂接天心。遠觀磨斷亂雲痕，近看平吞明月魄。高低不等謂之山，側石通道謂之岫，孤嶺崎嶇謂之路，上面平極謂之頂。頭圓下壯謂之巒，藏虎藏豹謂之穴，隱風隱雲謂之岩，高人隱居謂之洞。有境有界謂之府，樵人出沒謂之徑，能通車馬謂之道，流水有聲謂之澗，古渡源頭謂之溪，岩崖滴水謂之泉。左壁為掩，右壁為映。出的是雲，納的是霧。錐尖像小，崎峻似峭，懸空似險，削儼如平。千峰競秀，萬壑爭流，瀑布斜飛，藤蘿倒掛。虎嘯時風生谷口，猿啼時月墜山腰。恰似青黛染成千塊玉，碧紗籠罩萬堆煙。**319**

**319** （明）施耐庵、羅貫中：《水滸全傳》上冊，上海：上海古籍出版社，1984，第4頁。

　　龍虎山屬中亞熱帶溫暖濕潤季風氣候區，四季分明，氣候溫
和，光照充足，雨量豐沛，無霜期長。年平均氣溫十七點九度。
優越的自然條件孕育著豐富的動植物資源。據統計，區域內植物
達一〇〇科、二五〇屬、四六〇種以上。其中，藥用植物達一四
〇種以上，比較名貴的藥用植物有貫眾、野菊、半夏、腫節風、
桔梗、前胡、黃干錦葵科等。龍虎山也是野生動物的樂園，山中
獸類有十六科四十餘種，鳥類資源有一七〇餘種，還有大量的爬
行類、兩栖類和昆蟲等眾多動物資源。其中，國家一類保護動物
有雲豹、梅花鹿、白頸長尾雉、黃腹角雉、白鶴、揚子鰐、白
鱘、金斑喙鳳蝶等；國家二類保護動物：獼猴、穿山甲、江豚、
水獺、大靈貓、毛冠鹿、羚、鴛鴦、猛禽（含所有猛禽類）、大
鯢、虎紋蛙、陽彩臂金龜、碩步甲、拉步甲等。

　　龍虎山物產豐富，天師板栗、天師養生茶、上清豆腐等自古
便享有盛名。龍虎山一帶流傳著這樣的歌謠：「龍虎山中天師
栗，大小神仙爭著吃。」相傳祖天師張道陵在龍虎山煉丹時，親
手栽種了一片板栗樹，並經常以栗代飯。在他的影響下，歷代天
師紛紛仿效，在瀘溪兩岸，栽滿了板栗樹。板栗在《本草綱目》
中稱之為婆羅子，其性溫味甘，功能寬中下氣，生食可治腰腳酸
痛，熟食可治患風水氣，主治胃脘脹痛和疳積等症。而天師板栗
具有果大、肉嫩、色鮮、味甘等特點，既可食用又可入藥，是龍
虎山最為有名的特產之一。天師養生茶相傳為歷代天師所栽培，
具有生津止渴、清腦安神、降火明目、清涼祛暑、提神益智等獨
特功效。上清豆腐歷史悠久，上清人利用這裡盛產的優質大豆，
加上甘甜清冽的水質和祖祖輩輩相傳的精湛釀制技藝，過濾精

細，做出的豆腐含水適中，營養豐富，具有白、嫩、香、滑的特
點，無論是煎、炸、煮、燉、燜還是涼拌都清香鮮美，柔滑潤
喉，風味獨特，為上清古鎮的一大特色菜肴。此外，天師板栗燒
雞、捺菜和貴溪生產的燈芯糕等也頗有名氣。

## 二、歷史文化

### （一）山名由來

　　龍虎山原名雲錦山，因山上的雲錦石「紅紫斑斕，照耀溪
水，光彩如錦」[320]而得名。從現存的古籍我們得知，自宋代以
來，龍虎山之名廣見於各種典籍之中，並逐漸代替了雲錦山這一
稱謂。關於龍虎山得名的緣由，主要有兩種說法：一是與祖天師
張道陵有關，據《龍虎山志》載：「龍虎山，……本名雲錦山。
第一代天師於此煉九天神丹，丹成而龍虎見，因以名山。道書第
二十九福地也。」[321]宋王與權所撰的《上清正一宮碑》云：「昔
我祖煉丹，有青龍白虎馴繞其上，故以得名。」[322]此外，《歷世
真仙體道通鑒》等書中也有這樣的記載。不難看出，這種說法多
為道教中人的觀點。二是因形而得名。《太平寰宇記》載：「龍

---

**320** （清）婁近垣編撰，張煒、汪繼東校注：《龍虎山志》卷二《山水》，
　　南昌：江西人民出版社，1996，第 18 頁。

**321** （清）婁近垣編撰，張煒、汪繼東校注：《龍虎山志》卷二《山水》，
　　南昌：江西人民出版社，1996，第 12 頁。

**322** （清）婁近垣編撰，張煒、汪繼東校注：《龍虎山志》卷十二《藝文・
　　碑文三》，南昌：江西人民出版社，1996，第173頁。

虎山在縣西南一百二十裡。兩山相峙，山峰屹立，狀如龍虎，當溪中流」[323]，即山勢如龍盤虎踞而得名。雍正《江西通志》中即採用這種說法。

## （二）道教祖庭

龍虎山被稱為中國道教的發源地，是正一道的祖庭、著名的道教福地。道教稱其為第三十二福地，《雲笈七籤》中載：「第三十二龍虎山，在信州貴溪縣，仙人張巨君主之。」[324]

第一代天師張道陵於東漢永元二年（90）攜弟子王長在此肇基煉九天神丹，丹成而龍虎見。後張道陵回四川鶴鳴山創立了「五斗米道」，即後世所稱的天師道。天師道自創立以來，至今已延續一九○○餘年，它的教主父子相傳（間有兄弟、叔侄等相傳），世代均由張道陵後裔子孫承襲，張氏嗣教自張道陵算起，至民國時期的張恩溥，總共傳了六十三代，是我國一姓嗣教時間最長的道教。自第四代天師張盛開始，便一直在龍虎山傳承。據《天師世家》載，張道陵的第三代孫張魯晚年以印劍授其第三子（即第四代天師）張盛，曰：「大江之東雲錦山，亦名龍虎山，祖天師正一玄壇在焉。汝可以印劍經籙往住其地，用宣祖教，以傳於世。」[325]於是，張盛「攜印劍經籙，自漢中還鄱陽龍虎山。

---

**323** （宋）樂史：《太平寰宇記》卷一百○七《江南西道五》，四庫全書本。

**324** （宋）張君房：《雲笈七籤》卷二十七《洞天福地》，四庫全書本。

**325** （清）婁近垣編撰，張煒、汪繼東校注：《龍虎山志》卷六《天師世家》，南昌：江西人民出版社，1996，第 46 頁。

修治祖天師元壇及丹灶故址，遂家焉。每遂以三元日登壇傳籙，四方從學者千餘人，自是開科範以為常」。[326]張盛來龍虎山後，遂在張道陵煉丹處建起祠廟，即後來的「正一觀」，並在附近建立了傳籙壇，以三元日登壇傳籙，奉《正一經》為主要經典，尊張道陵為掌教天師，創建了以龍虎山為傳播中心的天師道之龍虎宗。[327]這對「天師」名號的代代承襲乃至整個江南地區道教的傳播與發展都具有極其重大的意義。

六朝時期，寇謙之和陸修靜分別在北方和南方對天師道進行整頓和改造，形成了南、北天師道兩大派系。隋以後，南北天師道合二為一。而這一時期，龍虎山嗣教天師一直隱居修道，絕俗避世，龍虎山宗僅在民間繼續傳播，影響不是很大。但南北天師道的改革、發展成果後來也被龍虎山天師道所充分吸納，對龍虎宗的發展興盛也起到了一定的作用。唐代統治者尊奉道教，道教進入興盛時期。這一時期，龍虎山的道教也逐漸受到朝廷的扶植。天寶七年（748），玄宗冊封祖天師張道陵為「太師」，贊其「邈矣真仙，孤高峻節。氣貫穹冥，元元示訣。落落神儀，亭亭

---

**326** （清）婁近垣編撰，張煒、汪繼東校注：《龍虎山志》卷六《天師世家》，南昌：江西人民出版社，1996，第 48 頁。

**327** 因第四代天師張盛遷還龍虎山缺乏佐證，學術界有人對此提出質疑，認為張盛入龍虎山嗣教不足信，最早居龍虎山的張道陵子孫應為第二十代張諶，因此龍虎宗的開創時間約在唐中後期。此種觀點在卿希泰主編的《中國道教》第一、四兩卷中有均論述，上海：上海知識出版社，1994。

皓月。誅邪斬精，魅驅鬼徹。漢代盟威，流傳奕葉。」**328**並在長安召見了第十五代天師張高，「命即京師置壇傳籙，賜金帛，免租稅」**329**。唐肅宗除了降香帛，命第十五代天師張高建醮於龍虎山外，亦贊祖天師曰：「德自清虛，聖教之實。或隱或顯，是樸是質。靜處瓊台，焚香玉室。道心不二，是為正一。」**330**此後，唐武宗和唐僖宗兩位皇帝對嗣教天師亦曾召見和賜封。如唐武宗曾於會昌中（841-846）召見第二十代天師張諶，賜龍虎山傳籙壇額曰：「真仙觀」。咸通中（860-873）懿宗亦御賜第二十代天師張諶金帛。僖宗中和四年（884），封祖天師為「三天扶教輔元大法師」。不難看出，有唐一代，在統治者的大力扶持下，龍虎山天師道得到較大發展，社會影響也日益擴大。

　　兩宋時期，龍虎山道教得到進一步發展，進入了興盛階段，嗣教天師的地位也隨之提高。北宋時期龍虎山成為與茅山、閣皂並立的江南道教著名的三大符籙派之一。據史料記載，紹聖四年（1097），宋哲宗「敕江寧府句容縣茅山經籙宗壇與信州龍虎山、靈寶閣皂山三山鼎峙，輔化皇圖」**331**，故又稱「三山符籙」。整

---

**328** （唐）李隆基：《祖天師贊》，載（清）婁近垣編撰，張煒、汪繼東校注《龍虎山志》卷十《藝文・綸言一》，南昌：江西人民出版社，1996，第126頁。

**329** （清）婁近垣編撰，張煒、汪繼東校注：《龍虎山志》卷六《天師世家》，南昌：江西人民出版社，1996，第50頁。

**330** （唐）李亨：《祖天師贊》，載（清）婁近垣編撰，張煒、汪繼東校注《龍虎山志》卷十《藝文・綸言一》，南昌：江西人民出版社，1996，第126頁。

**331** （元）劉大彬：《茅山志》卷七，載《續修四庫全書》第723冊，上海：上海古籍出版社，1995，第422頁。

個宋代，龍虎山嗣教天師們也得到皇帝賜封。大中祥符八年（1015），宋真宗召第二十四代天師張正隨至闕，賜號「真靜先生」，開皇帝御賜在職天師封號之先河。從二十四代天師張正隨起至三十五代天師張可大，幾乎每代都曾被詔赴闕，賜「先生」號。如天聖八年（1030），宋仁宗詔召第二十五代天師張乾曜，賜號「澄素先生」，張請蠲賦役，詔從之；至和二年（1055），仁宗賜第二十六代天師張嗣宗為「虛白先生」；熙寧年間（1068-1077），神宗賜第二十八代天師「葆光先生」。在宋代的嗣教天師中，第三十代張繼先和三十五代張可大尤得朝廷恩寵。據《龍虎山志》記載，張繼先，字嘉聞，一字道正，號翛然子。張繼先被詔進京講道，准其出入禁宮，稱「金門羽客」。徽宗崇寧三年（1104），張繼先應詔赴闕，徽宗問曰：「卿居龍虎山，曾見龍虎否？」繼先對曰：「居山，虎則常見，今日方睹龍顏。」徽宗龍顏大悅。接著又問其修丹之術，對曰：「此野人事也，非人主所宜嗜。陛下清靜無為，同夫堯舜足矣。」徽宗十分高興。徽宗還曾向張繼先詢問時政，張繼先以隱晦的話語暗示徽宗國勢之危。崇寧四年（1105）賜號虛靖先生，「十二月還山，凡父兄皆賜爵有差。四方從學者恒數十百人」[332]。《水滸傳》開篇中描寫的也是這位天師。第三十五代天師張可大，字子賢。端平（1234-1236）間累召赴闕。嘉熙三年（1239），「賜張可大號『觀妙先生』」，提舉三山符籙，兼御前諸宮觀教門公事，主令龍翔

**332** （清）婁近垣編撰，張煒、汪繼東校注：《龍虎山志》卷六《天師世家》，南昌：江西人民出版社，1996，第 52 頁。

宮」。<sup>333</sup>至此，天師道之龍虎宗已躍居為三山符籙之首。

這一時期，龍虎山除各代嗣教天師外，又出現了大批有名道士。婁近垣《龍虎山志》卷七《人物》中列有宋道士二十六人，其中較為有名的如王道堅，貴溪人，上清宮道士，就學於張繼先。政和（1111-1117）間赴召，「館於太乙宮，徽宗問以輕舉延年之術，對曰：『清靜無為，黃帝所以致治；多欲求仙，漢武所以罔功，修煉非天子事也。』授太素大夫，號凝妙感通法師」<sup>334</sup>。稍後還有留用光及其弟子蔣叔輿，二人均精通道教科儀。留用光，字道輝，貴溪人，通法術，宋孝宗「授左右街都道錄，太乙宮都監，號沖靜先生。寧宗為出內帑錢帛修上清宮，新而廣之，……嘉泰甲子（1204）得請還山，校定黃籙科儀」。<sup>335</sup>由此可見宋代龍虎山可謂名道輩出，影響頗大。此外，宋代龍虎山道教擁有大批宮觀。一是舊有幾座宮觀得到擴建、賜額。如主宮上清宮在唐會昌中名真仙觀，宋祥符（1008-1016）間敕改上清觀，經幾次擴建，政和三年（1113）改名上清正一宮。到南宋時規模已甚為可觀。二是新建了大批宮觀。據不完全統計，可確

---

**333** （清）婁近垣編撰，張煒、汪繼東校注：《龍虎山志》卷八《爵秩》，
南昌：江西人民出版社，1996，第 93 頁。

**334** （清）婁近垣編撰，張煒、汪繼東校注：《龍虎山志》卷七《人物》，
南昌：江西人民出版社，1996，第 71 頁。

**335** （清）婁近垣編撰，張煒、汪繼東校注：《龍虎山志》卷七《人物》，
南昌：江西人民出版社，1996，第 73-74 頁。

定為宋代新建的宮、觀、庵、院有近二十所[336]。

　　元代是龍虎山道教的鼎盛時期。據《元史·釋老傳》記載，早在宋理宗開慶元年（1259），忽必烈率蒙軍攻鄂州時曾派遣王一清至龍虎山向第三十五代天師張可大問詢統一大業之事。張可大告之曰：「後二十年當混一天下。」[337]到了至元十三年（1276），元世祖忽必烈基本統一了中國，為答謝張可大天師當年預測的靈驗，特遣使詔張可大之子第三十六代天師張宗演赴京，「命廷臣郊勞，待以客禮。……命坐錫宴，特賜玉芙蓉冠、組金無縫服，命主江南道教，仍賜銀印」[338]。並准其自行給牒度人為道士。命路設道錄司，州設道正司，縣設威儀司，皆置天師屬下。世祖還在京師建崇真萬壽宮，由龍虎山道士張留孫主之。至元十八年和二十五年，天師張宗演又兩次赴闕覲見。至元二十八年（1291），三十七代天師張與棣奉召設醮於萬壽山和長春宮（今北京白雲觀），合南北道士一千人。特賜張與棣「體元宏道廣教真人」，命其管理江南諸路道教事。元成宗大德八年（1304），加封第三十八代天師張與材為「正一教主，主領三山符籙」，此後，歷代天師皆襲此職。這標誌著正一道正式形成，

---

**336** 卿希泰主編：《中國道教》第四卷，上海：上海知識出版社，1994，第 231 頁。

**337** （明）宋濂等：《元史》卷二百〇二《列傳第八十九·釋老》，北京：中華書局，1976，第 4526 頁。

**338** （清）婁近垣編撰，張煒、汪繼東校注：《龍虎山志》卷六《天師世家》，南昌：江西人民出版社，1996，第 55 頁。

龍虎山因此也成為此後諸符籙派眾山之首。武宗即位，又召張與材入覲「特授金紫光祿大夫，封留國公，賜金印」[339]。元朝皇帝對天師的扶持可謂代代相傳，至元延祐四年（1317）正式冊封張道陵後裔為「嗣漢天師」，天師稱號正式成為龍虎山嗣教教主的封號。到了元順帝至正十三年（1353），贈天師第四代至三十四代皆為真君，這次大贈封對「天師世家」而言，可謂意義珍貴。因為唐代雖然對「天師世家」有過兩次贈封，但僅限於第一代天師張道陵。宋代自真宗開始賜天師以「先生」號，此後諸帝沿封，但也只限於宋代的嗣教天師。元貞二年，元成宗又首封天師夫人，武宗則首封第二代天師張衡和第三代天師張魯。但第四代天師張盛至第二十三代天師張季文的封號千百年來一直空缺，這對「天師世家」說來就不能不算是一大缺憾了。元順帝至正十三年的這次大贈封，對第四代張盛至第三十四代張慶先一律封為「天師」並追加「真君」號。也就是說，除了元成宗和元武宗對東漢創教初期的「三張」誥封外，魏晉南北朝、隋唐五代和兩宋時期的三十一位天師都得到了元順帝的贈封。此等殊榮除山東曲阜的「孔子世家」外，南方則僅有「天師世家」，這在我國宗教史上也是獨一無二的。

此期龍虎山出現了大批著名道士。其中張留孫等一批出生於龍虎山的道士赴元大都，逐漸形成了一個規模較大的龍虎宗支派——玄教。張留孫為玄教創始人，至元十三年（1276），隨三

---

**339** （明）宋濂等：《元史》卷二百〇二《列傳第八十九‧釋老》，北京：中華書局，1976，第 4527 頁。

十六代天師張宗演進京覲見元世祖，留侍闕下，為世祖所信任，十五年賜號玄教宗師。此後成宗、武宗、仁宗均有加封。張留孫七十大壽之際，仁宗為之祝壽，「賜宴崇真宮，內外有司各以其職供具，宰相百官咸與焉」[340]。張留孫的弟子吳全節為玄教繼任者，「寄跡道家，遊意儒術，明粹開豁，超出流俗」[341]。此外，夏文泳、陳日新、陳義高、薛玄曦等玄教名流數十百人，皆出身龍虎山。當然，留居龍虎山的道士中亦不乏傑出之士。李宗老，達觀院道士，吳全節之師，世祖至元（1264-1294）間授江東道教都提點，住持本山上清宮。吳元初，龍虎山高士，就學於道教學者雷思齊，所著詩文集為《元元贅稿》，虞集為之敘。此外，劉思敬、金志揚、張彥輔等人均為龍虎山道士中的佼佼者。隨著道教的興盛，山區道觀星羅棋佈，據不完全統計，這期間共新建道觀達三十七所。自宋至此，龍虎山區前後建有十大道宮、八十一座道觀、三十六座道院，可見香火之鼎盛。元代龍虎山道教之興盛，嗣教天師地位之尊崇，堪稱歷代之最，龍虎山自然也就成為天下修道者夢寐以求的道都仙府。「龍虎之山仙所寰，我昔夢寐遊其間」[342]，元代陳旅的這兩句詩，由衷地表達了當時

---

**340** （元）虞集：《張宗師墓誌銘》，載《道園學古錄》卷五十，四庫全書本。

**341** （元）吳澄：《題吳真人封贈祖父誥詞後》，載《吳文正集》卷五十八，四庫全書本。

**342** （元）陳旅：《為蕭元泰題龍虎山仙岩圖》，載（清）婁近垣編撰，張煒、汪繼東校注《龍虎山志》卷十三《藝文·詩四》，南昌：江西人民出版社，1996，第216頁。

江南各道派和修道者嚮往龍虎仙山、敬仰正一天師的心聲。

明代統治者對宗教加強了管理與約束，龍虎山正一天師道地位不如宋代，到明代中後期，出現了衰微的趨勢。朱元璋對龍虎山天師道既尊重又控制約束。早在元順帝至正辛丑年（1361），吳王朱元璋克南昌，便遣使訪求天師。洪武元年（1368），明太祖朱元璋登基，第四十二代天師張正常入賀。朱元璋問到：「天有師乎？」張正常無言以對，遂改授張正常為「正一嗣教真人，賜銀印，秩視二品，設僚佐，曰贊教，曰掌書，定為制」。**343**另一方面，朱元璋又嘉勉張正常：「卿乃祖天師有功於國，所以家世與孔子並傳，以迄於今，卿宜體之，以清靜無為輔予至治，則予汝嘉。」正式將「北孔南張」兩大世家並論。洪武三年（1370），加授張正常掌天下道教事。洪武十三年（1380），明太祖授張宇初嗣任第四十三代大真人。所頒制書中有這樣一段文字：「朕聞上古之君天下者，民從者四，曰士、農、工、商而已。始漢至今，率民以六，加釋道焉。」**344**這就是說，無論佛教徒還是道教徒，都是皇上的臣民，都必須隸於帝王的統治之下。朱元璋以下的明朝歷代皇帝對道教和張天師的政策，大都是按太祖之制行事的。在明代中前期，嗣教的張道陵後裔還是比較受朝廷尊崇的，他們受封的大真人號字數竟超過皇帝廟號的字數，如

---

**343** （清）張廷玉等：《明史》卷二百九十九《列傳第一百八十七・方伎》，北京：中華書局，1974，第 7654 頁。

**344** （明）朱元璋：《真人張宇初誥文》，載（明）姚士觀等編校《明太祖文集》，四庫全書本。

張元吉的大真人號達十八字。第四十七代天師張元慶娶成國公朱儀之女為妻，成為明王朝的皇親國戚。明成祖永樂十一年（1413）又命第四十四代天師張宇清從龍虎山選道士前往武當山擔任三大宮觀住持。明英宗正統二年（1437）正月，英宗賜宴於四十五代天師張懋丞，特召孔子後裔衍聖公同宴，各賜蟒衣、朱履，進一步確定了「北孔南張」兩大世家格局。明代中葉以後，龍虎山正一天師道漸趨衰微。嘉靖中，嗣教的第四十九代天師張永緒，「嘉靖末卒，無子。吏部主事郭諫臣乘穆宗初政，上章請奪其世封。下江西守臣議，巡撫任士憑等力言宜革，乃去真人號，改授上清觀提點，秩五品，給銅印，以其宗人國祥為之」[345]。整個明代，龍虎山「張氏自正常以來，無他神異，專恃符籙，祈雨驅鬼，間有小驗。顧代相傳襲，閱世既久，卒莫廢去」[346]，其衰微可見一斑。

　　有明一代，龍虎山道士中可謂人才輩出，第四十三代張宇初是一位在道教學說和內煉思想方面頗有造詣的教主，他除熟諳家傳符籙教法外，亦通內丹術，且較熟悉儒經子史，是張道陵子孫中的佼佼者。著有《峴泉集》二十卷行於世。明代流傳至今的《正統道藏》就是由這位天師及其弟——第四十四代天師張宇清奉旨主持編纂的。繼《正統道藏》刊行後，龍虎山第五十代天師張國祥又奉神宗朱翊鈞之命，續修《道藏》三十二函，計一八〇

**345**　（清）張廷玉等：《明史》卷二百九十九《列傳第一百八十七·方伎》，北京：中華書局，1974，第 7656 頁。

**346** 同上。

卷，名《萬曆續道藏》。這樣，明代的正、續《道藏》共計五四
八五卷，五一二函，是我國現在得以保存的最大的一部道教叢
書。此期有大批道士如吳葆和、林靖樂、傅同虛、曹大鏞等不下
二十人，先後被徵召入京任道錄司官職。原為龍虎山達觀院道士
的邵元節，在嘉靖中更受尊寵，位至三公。此期住山道士中，亦
不乏傑出之人，方從義、盧大雅、吳伯理等人博通經史，工詩
文，小有名氣。**347**

　　清代是龍虎山道教的衰微時期。清世祖福臨統一中國後，為
籠絡漢人，一方面按明朝例賜張天師以一品爵位，順治八年
（1651）清世祖福臨正式封第五十二代天師張應京為「正一嗣教
大真人，給一品印」**348**，並讓其掌天下道教事。另一方面對張
天師也加以限制，告誡天師「統率族屬，務使異端方術不得惑亂
愚民」，並要張天師「申飭教規，遵行正道」，「守法紀，毋致生
事，庶不負朝廷優加盛典爾」。**349**此後，康熙、雍正二帝亦按世
祖例對張天師賜封。雍正九年，清世宗胤禛特發內帑銀十萬兩重
修和擴建了太上清宮，並增置香田。乾隆、嘉靖以後，其境遇每
況愈下。乾隆四年（1739），命「嗣後真人差委法員往各省開壇
傳度，一概永行禁止。如有法員潛往各省考選道士、受籙傳徒

**347** 卿希泰主編：《中國道教》第四卷，上海：上海知識出版社，1994，
　　　第 240 頁。

**348** 《皇朝續文獻通考》卷八十九《選舉考・宗教》，載《續修四庫全書》
　　　第 817 冊，上海：上海古籍出版社，1995，第 47 頁。

**349** 同上。

者，一經發覺，將法員治罪，該真人一併議處」<sup>350</sup>。乾隆十七年（1752），左都御史梅珏成抓住第五十六代天師張遇隆一次過失，彈劾天師。張天師的爵位也由清初的一品級而降至正五品。乾隆三十一年，第五十七代天師張存義因「祈雨有應」，便乘晉見皇上之機奏請恢復故封。乾隆權衡利弊，於同年八月敕諭：「……念其自宋元以來承襲已久，世守道教，即遇有過愆亦應抵其人以罪耳，不應議其世襲也。然舊例一品班序未免大優，道降五品又未免過於貶損。著加恩視三品秩，永為例。」<sup>351</sup>此後，清王朝一律按乾隆例封張天師為「通儀大夫」，視正三品。張天師的妻妾也由原來的「一品夫人」，而改封「淑人」。嘉慶十九年（1814），第五十九代天師張玨奏請朝廷撥款修理龍虎山的道教宮觀，嘉慶皇帝雖然答應給銀兩萬兩，卻要張天師簽字畫押寫借條，而且規定每年要還一〇〇〇兩，二十年內還清，但張天師卻分文未還。至光緒十六年（1890），慈禧太后當朝，國庫空虛，要藩司出面向張天師討還這筆舊債。借銀的第五十九代天師早已故去，當時的第六十一代天師張仁顯無奈，只好變賣田產還清了這筆陳年老債。<sup>352</sup>嘉慶二十四年（1819），取消了天師入朝進覲

**350** 《皇朝續文獻通考》卷八十九《選舉考·宗教》，載《續修四庫全書》第 817 冊，上海：上海古籍出版社，1995，第 48 頁。

**351** 《皇朝續文獻通考》卷八十九《選舉考·宗教》，載《續修四庫全書》第 817 冊，上海：上海古籍出版社，1995，第 48 頁。

**352** 參見《龍虎山志》卷二《文化·正一天師道的沿革》，龍虎山志編纂委員會、龍虎山風景旅遊區管委會、鷹潭市炎黃文化研究會聯合編寫，南昌：江西科技出本社，2007。

制度,「正一真人系屬方外,原不得與朝臣同列,嗣後仍照舊例,朝覲、筵燕概行停止」[353]。道光元年(1821),「正一真人張鈺懇請來京叩謁一摺,張鈺前經停其朝覲,著不准來京」[354]。天師道從此一落千丈。

民國元年(1911)江西都督府宣佈取消「天師」稱號及清廷所賜的一切特權。洪憲復辟,袁世凱又恢復了「天師」封號,發還了天師府所有田產,並授第六十二代天師張元旭「正一嗣教大真人」,賜三等嘉禾章及「道契崆峒」匾額。民國八年(1919),張元旭被推為「萬國道德會」名譽會長,民國九年(1920)又被推為「五教會道教會」會長。民國十三年(1924),第六十三代天師張恩溥嗣位掌教。一九二七年,江西農民運動領袖邵式平會同貴溪農運代表江宗海等人一舉燒毀了天師府萬法宗壇神像,並將張恩溥押送至南昌省農民協會拘禁,不久獲釋,旋居上海梅蘭坊八號數年,並在上海、蘇州、杭州一帶開展道教教務。抗日戰爭時期,他隱居於龍虎山。抗戰勝利後,張恩溥在上海發起籌備上海市道教協會,提出「宗教為重,團結為重」,「研究玄學,闡揚教義,刷新教規,聯繫道友感情,發展宗教事業」[355]的辦教宗旨。一九四九年初春離開道教聖地龍虎山,攜子輾轉去了臺灣。至今,龍虎山道教餘緒猶存。

---

**353** 《皇朝續文獻通考》卷八十九《選舉考·宗教》,載《續修四庫全書》第 817 冊,上海:上海古籍出版社,1995,第 48 頁。

**354** 內容同註 353。

**355** (清)婁近垣編撰,張煒、汪繼東校注:《龍虎山志》卷六《天師世家》,南昌:江西人民出版社,1996,第 67 頁。

## （三）崖墓文化

　　龍虎山仙水岩的高崖絕壁之上，岩洞棋布，高低錯落，不可勝數，這些岩洞中散佈著二○○多座春秋戰國時期古越人留下的崖墓。[356]這些懸崖絕壁高一○○多米，墓葬距水面高度多在三十至八十米之間。對於龍虎山崖墓，古人就頗為關注與好奇。宋代晁補之的《雞肋集》中就有如下描述：「出遊龍虎山，舟中望仙岩，壁立千仞不可上。其高處有如包棺槨者，蓋仙人所居也。」[357]明代危素曾在《仙岩圖序》中寫道：「自舟中仰望，峭壁萬仞，眾岩棋布，如轆轤、酒甕、仙倉、仙棺，不可勝數。有三人者同坐岩中，俯觀流水然，或隱或顯，意非飛仙不能到也！」[358]散存的崖墓洞穴多向陽、通風、乾燥。

　　一九七八年十月八日至一九七九年一月十七日，江西省文物考察隊對崖墓進行發掘、清理，在十八座崖墓記憶體有棺木三十七具，其隨葬物品達二二○件。經碳-14測定，崖墓距今二四六○正負七十五至二八五○正負二八○年，即為春秋戰國時期。這些崖洞墓中，有單洞單葬、單洞群葬和聯洞群葬等幾種類型。其中一崖墓，洞寬五○餘米，墓室規模巨大，內置十副棺木，顯然是大家族幾代人的聚葬之所。懸棺具有扁圓形、圓筒形、長方

---

**356** 也有學者認為龍虎山崖墓為遠古三苗所創建，詳見關靜芬《解開龍虎山崖墓葬之謎》，《遼寧大學學報》，1998 年第 3 期。

**357** （宋）晁補之：《雞肋集》卷22，四庫全書本。

**358** （明）危素：《仙岩圖序》，載《説學齋稿》卷四，四庫全書本。

形、頂蓋式和屋脊形等幾種，多用巨木剖割挖空而成，木料多為楠木。隨葬品多用仿銅禮器、兵器、陶器、竹木、骨玉和石器等，忌用金屬器皿。從這些崖墓內棺木的擺放我們可以看出古越人的智慧。因為很多洞穴內地面坎坷不平，古越人在存放棺木時凹下去的部分多用泥沙或木屑填平，在小的洞穴內還採用築擋土牆和架懸木的辦法放置棺木。此外，崖墓的洞口基本都是散開的，為了使死者在洞內有安全感，同時也不讓人看見洞內的「情況」，以及防止鳥獸進入洞內搗亂，所以大部分崖洞都封有洞板。**359**經科學工作者的研究表明，崖墓是當時生活在彭蠡澤東部水系的干越人的古老葬俗，也是流行於中國長江以南許多省區以及臺灣和一些太平洋島嶼的懸棺葬的起源。

龍虎山崖墓年代之久遠，數量之眾多，位置之險要，文物之豐富堪稱華夏一絕。龍虎山崖墓下臨深淵，地處絕壁，那麼古越人是如何將棺木放入洞內？崖墓裡葬的又是什麼身份的人？古越人為何採用絕壁洞穴墓葬？「三曲君看架壑船，不知停棹幾何年？」這是一千多年前的宋代理學家朱熹對崖墓發出的疑問。千百年來，上述的這些疑問一直都是千古未解之謎，龍虎山崖墓因此蒙上了一層神秘的色彩。

## （四）儒學殿堂

龍虎山也是儒學的殿堂。位於其東部的應天山象山書院是中

---

**359** 彭龍珠：《龍虎山懸棺葬崖墓》，《中國資源再生》，1997 年第 11 期。

國古代哲學中「頓悟心學」派的發源地。南宋淳熙十四年（1187），著名的心學大師陸九淵在此建象山精舍，其學生亦「稍稍結廬其旁，相從講習，此理為之日明。舞雩詠歸，千載同樂」[360]。陸九淵在此講學五年，影響甚大，黃宗羲稱其「在象山五年間，弟子屬籍者至數千人，何其盛哉！」[361]就連當時的理學家朱熹也羨慕不已，他寫信給陸九淵說：「聞象山墾辟架鑿之功益有緒，來學者亦甚，恨不得一至其間觀奇攬勝。」[362]

龍虎山的奇絕山水和享譽神州的道教文化也吸引了無數文人墨客前來遊覽和朝覲，並留下許多膾炙人口的名篇佳作。唐代，詩人顧況對龍虎山仙岩情有獨鍾，賦詩兩首贊其絕景；詩人吳筠遊覽龍虎山后也留有「龍虎山頭好明月，玉殿珠樓空翠微」[363]之句。北宋宰相王安石題有《龍虎山》詩：「灣灣苔徑引青松，蒼石壇高進晚風。方響亂敲雲影裡，琵琶高映水聲中。」[364]元

---

**360** （宋）陸九淵：《與朱元晦》，載《象山集》卷二十《書》，四庫全書本。

**361** （清）黃宗羲輯，（清）全祖望補訂，（清）馮雲濠、王梓材校正：《宋元學案》卷七十七《槐堂讀書案》，載《續修四庫全書》第519冊，上海：上海古籍出版社，1995，第422頁。

**362** 《陸象山先生年譜》卷中，《四庫全書存目叢書》，第87冊，濟南：齊魯書社，1996，第146頁。

**363** （唐）吳筠：《龍虎山》，載（清）婁近垣編撰，張煒、汪繼東校注《龍虎山志》卷十三《藝文‧詩四》，南昌：江西人民出版社，1996，第188頁。

**364** （宋）王安石：《龍虎山》，載（清）婁近垣編撰，張煒、汪繼東校注《龍虎山志》卷十三《藝文‧詩四》，南昌：江西人民出版社，1996，第190頁。

代，著名文學家揭傒斯和龍虎山天師交情頗深，留有龍虎山詩篇十多首；書畫家、文學家趙孟頫不但題有《敕賜大宗師張公碑》等碑文，而且還留有多篇讚譽龍虎山的詩篇；大文學家虞集也留有《天乙池記》等多篇關於龍虎山的記、序、銘、贊等。明代兵部尚書徐學謨到龍虎山旅遊也為這裡的瑰麗風光所迷戀，寫下了名篇《游龍虎山二十四岩記》。此外，常建、曾鞏、洪邁、楊萬里、晁補之、文天祥、謝疊山、鄭思肖、宋濂、李夢陽、夏言、羅洪先、笪重光等一大批文壇鉅子都留有龍虎山的詩文，增添了龍虎山的文化內涵。而且，歷代天師中還有些文學造詣相當深者，他們集道士與文學家於一身，如第四十三代天師張宇初，所撰寫的《峴泉集》就「詩文過半」，在文學史上有一定的影響，其文集也被收入《四庫全書》之中。

## （五）紅色文化

　　龍虎山上清鎮還是紅十軍與中央紅軍的會師地。第四次反「圍剿」之際，紅三軍團三十一師便於一月十九日摧毀了上清鎮周圍王家山和洪家山國民黨堡壘，俘虜國民黨軍一○○餘人，繳槍九十餘枝，佔領上清鎮。此次告捷為粉碎國民黨軍第四次「圍剿」和閩浙、贛蘇區紅十一軍與中央紅軍會師奠定了堅實的基礎。

　　一九三三年初，為了打通閩浙贛蘇區與中央蘇區的聯繫，集中兩大蘇區的力量，粉碎國民黨軍對中央蘇區的「第四次圍剿」，實現江西全省的勝利，中央蘇區局指示中央紅軍與閩浙贛紅十軍在貴溪縣信江以南會合。周恩來、朱德接到蘇區中央局的

指示後，立即電令紅十軍轉到貴溪附近行動，並準備南渡信江，策應紅一方面軍。當時閩浙贛蘇維埃主席方志敏，欣然接受中央命令，動員紅軍南渡，參加保衛蘇區的戰鬥。

　　為使紅十軍順利渡過信河，紅一方面軍總部於一九三三年一月十九日晚二十時出發執行迎接紅十軍過河命令，並派三十一師前進到上清鎮通向鷹潭地帶游擊，控制了信江南岸部分地段。二十日，紅三軍團開始移駐上清附近，做好迎接紅十軍過河的準備。此外，紅一軍團留駐金溪、肖公廟、洋田一線，紅五軍團集結於黃獅渡珀玗，紅二十二軍一部留潻灣附近，一部移駐琅琚、相龍廟、左坊營，各路軍全面執行警戒工作，完成了接應紅十軍南渡的戰鬥部署，以保證紅十軍南渡信江的安全。二十一日，軍委副主席兼紅軍總政治部主任王稼祥抵達信河南岸，紅十軍也進至信河北岸的金沙、界牌一線。二十二日，在紅三軍團的接應下，紅十軍從周坊、神前、長塘出發，開始次第渡河。王稼祥與曾宏毅、唐在剛、邵式平在信江之濱會晤。二十五日紅十軍全部到達上清鎮，與中央紅軍一方面軍三軍團勝利會師。並在上清鎮的桂洲河邊，召開了會師大會，朱德、彭德懷、王稼祥等代表中央軍委閱兵並講了話。按照中央軍委的命令，紅十軍與中央紅軍三十一師合編為紅十一軍，軍長為周建屏、政治委員蕭勁光、參謀長粟裕，全軍下轄三個師：三十一師、三十二師、三十三師。原十軍政委聶洪鈞則奉命返回閩浙贛蘇區組建新十軍。會後，紅三軍團立即出動，向南城東南地域轉移備戰，紅十一軍則開赴金溪附近監視敵人。至此，兩軍會師的壯舉得以圓滿實現。

　　上清會師雖然未能完全實現江西首先勝利的最終目標，但十

一軍在中央蘇區的第四次反「圍剿」作戰中，發揮了特殊的作用，為贏得黃陂、草台崗兩次戰役的空前勝利，作出了特殊的貢獻。同時，大力赤化金、資、光、貴，開闢了信撫新蘇區，最終打通了閩浙贛與中央蘇區的聯繫。

## 三、風景名勝

### （一）仙水岩

仙水岩是龍虎山風景最為優美的地方。由仙岩和水岩組成，這裡奇峰異洞，景色秀麗，素有「仙人城」和「勝蓬萊」之美譽。仙水岩景區一條清澈見底的蘆溪河猶如蜿蜒的玉帶，沿岸分佈著奇絕的二十四岩。三十代天師張繼先在此曾留下千古名句：「一條澗水琉璃合，萬疊雲山紫翠堆。」**365**

蘆溪河原名上清溪，亦名沂溪，發源於福建光澤縣大源官山，流入貴溪縣境內有南鄉三十六股溪水匯入，至大王渡方能通舟。蘆溪河流經龍虎山中心景區十五公里，最後流入信江，注入鄱陽湖。仙岩是散佈在陡峭的絕壁之上的二十四岩之統稱，分別為：三教岩、觀水岩、仙倉岩、酒甕岩、仙棺岩、藥筐岩、丹灶岩、木屐岩、機杼岩、馬廄岩、鷹架岩、染具岩、杵臼岩、仙樂

---

**365** （宋）張繼先：《龍虎山》，載（清）婁近垣編撰，張煒、汪繼東校注《龍虎山志》卷十三《藝文‧詩四》，南昌：江西人民出版社，1996，第 193 頁。

岩、獅子岩、仙犬岩、仙羊岩、轆轤岩、鐵爐岩、泥料岩、仙船岩、仙床岩、棲真岩、弈棋岩。這裡地勢險要，人跡罕至，素有「神仙洞府」之譽。

仙岩頂上有仙岩寺，宋熙寧年間（1068-1077）寶月禪師化緣至此，在此建寺，傳燈授徒。元代僧人重修殿閣，虞集為之撰記。登上仙岩之絕頂，龍虎山九十九峰盡收眼底。

在二十四岩西面，有旱仙岩。自仙蚌石、仙鼠石側盤旋登攀而上，經三道山門，踏上五八四個依山開鑿的石階，環行約三〇〇米，可以至尼姑洞。洞內有庵堂，庵堂內有蓮花寶座。庵堂外的牆壁之上留有眾多古人題刻。庵堂後洞洞相穿，大洞套小洞。這裡的後山之上有龍化池，清水塘、濁水塘。

遊覽於仙水岩景區，沿途景點目不暇給。其中最為有名的就是被當地人稱作「十不得」的絕妙十景，分別為：形似一男一女的雌雄石——尼姑背和尚走不得；惟妙惟肖的酷似仙女下部的仙女岩——仙女配不得；狀如寒風不動的水中蓮花的蓮花石——蓮花戴不得；形象逼真的仙桃石——仙桃吃不得；形似瓢勺的丹勺岩——丹勺用不得；狀若道教做法事的道堂石——道堂坐不得；紅紫斑斕的雲錦石——雲錦披不得；古風獨秀的石鼓石——石鼓敲不得；狀如小傘的蘑菇石——仙菇采不得，橫溪枕流的玉梳石——玉梳梳不得。

仙水岩是龍虎山絕佳景色之所在，歷代無數文人名士為之傾倒，無怪乎元代陳旅由衷地讚歎道：「諸岩一覽二十四，總似瀛

渚蓬萊山。」³⁶⁶

## （二）上清宮

位於上清鎮東，是歷代天師的修煉道場與祀神地，也是我國規模最大，歷史最悠久的道宮之一，歷史上被稱之為「仙靈都會」³⁶⁷、「百神授職之所」³⁶⁸。

東漢年間，第一代天師張道陵在此建草堂修道。漢末，第四代天師張盛自漢中遷還龍虎山，在此建傳籙壇。唐會昌年間（841-846），在此建道觀，武宗賜額曰「真仙觀」。宋大中祥符五年（1012）真宗趙恆敕改龍虎山真仙觀為上清觀。至天聖年間（1023-1031）第二十五代天師張乾耀遷上清觀於龍虎山之南重建。元佑元年（1086）第二十八代天師張敦複重建上清觀，其所在無可考。宋徽宗趙佶崇寧四年（1105），第三十代天師張繼先請於朝，徽宗命江東漕臣在山中丈量土地，重建上清觀。新建的上清觀，地處上清鎮東首瓊林街北，「左擁象山，右注沂溪，面

---

**366** （元）陳旅：《為蕭元泰題龍虎山仙岩圖》，載《安雅堂集》卷三，四庫全書本。

**367** （清）婁近垣編撰，張煒、汪繼東校注：《龍虎山志》卷三《宮府》，南昌：江西人民出版社，1996，第 24 頁。

**368** （明）施鳳來：《重修龍虎觀上清宮記》，載（清）婁近垣編撰，張煒、汪繼東校注《龍虎山志》卷十四《藝文·記五》，南昌：江西人民出版社，1996，第 281 頁。

雲林，枕台石」**369**，為上清宮永固之址（即上清宮今址）。政和三年（1113）升上清觀為上清正一宮。南宋高宗於建炎年間，寧宗趙擴於慶元和嘉定年間（1195-1224），皆分別撥銀修建上清宮。至南宋晚期，理宗趙昀於端平二年（1235）賜內帑，派太乙宮高士易如剛（原屬龍虎山道士）再次對上清宮進行了一次規模較大的擴建。此次擴建以後，「重門雄峙，壇址肅嚴。為殿六：曰三清、曰真風、曰昊天、曰南斗、曰北斗、曰瓊章。為閣二：曰皇帝景命、曰寶奎。為館三：曰宿覺、曰蓬海、曰雲館。為堂二：曰齋堂、曰正一堂。堂之左曰方丈，東西創道院數百楹。棟宇翬飛，牖戶宏敞，神光下臨，靈響斯答，實為海內琳宮之冠」**370**。景定年間（1260-1264）理宗命張聞詩創建上清宮門樓，榜曰：「龍虎福地」。隨後，又命毛允中在上清宮增建紫微閣，理宗趙昀親書匾額賜懸。

元代皇帝曾先後賜帑對龍虎山上清宮進行了多次葺修。元世祖至元二十二年（1285）修繕上清宮。至大二年（1309），武宗重修上清宮，第二年上清宮遭火災，殿宇房舍多有毀壞。武宗再次賜帑銀修復，並敕改上清正一宮為大上清正一萬壽宮。此後，皇慶二年（1313）、至元三年（1337）均有重修。

**369** （清）婁近垣編撰，張煒、汪繼東校注：《龍虎山志》卷三《宮府》，南昌：江西人民出版社，1996，第24頁。

**370** （宋）王與權：《上清正一宮碑》，載（清）婁近垣編撰，張煒、汪繼東校注《龍虎山志》卷十二《藝文・碑文三》，南昌：江西人民出版社，1996，第173頁。

　　進入明代，第四十三代天師張宇於洪武二十三年（1390）奏請重建，修建工程自洪武二十四年（1391）四月動工，全部工程歷四年告成。修建後的上清宮正中央為樓閣。樓閣分上下兩部分，上為玉皇殿，下為經堂。其前為真武殿，殿之前為三清殿，又前為元壇，壇之前為三門。三門之前為虛皇壇，壇之前為欞星門。東西各屬以周廡，表以層樓。左為鐘樓，右為鼓樓。東為東廡，內外方丈，上下庫司，置元壇祠、蓬海堂、宿雲堂。西為西廡，置壽星堂、元帝殿、齋堂、藏室和上下宮廳。而鐘台又在其東。此次修建，「雄傑壯麗，視往昔有加焉」[371]。明成祖也於永樂元年（1403）和永樂十四年（1416）兩次賜帑對上清宮進行修建。正德三年（1508），第四十八代天師張彥瀕又奏乞修建上清宮。同年六月十二日，明武宗朱厚照派遣內官監太監李文會同江西鎮巡等官監修。嘉靖十一年（1532），上清宮提點張定漢的提請修葺。這一次對上清宮的修建，主要是葺修殿宇、裝飾神像，建置未變。萬曆三十七年（1609）一場大水，把三清殿等殿宇房院沖毀了，第五十代天師張國祥奏明神宗賜帑修復。

　　清代前期，朝廷多有賜修。康熙二十六年（1687），聖祖敕改「上清正一萬壽宮」為「大上清宮」，並御書「大上清宮」匾額賜懸。五十二年（1713）聖祖又賜帑金，命江西巡撫佟國勷、

**371**　（明）蘇伯衡：《重修上清宮碑文》，載（清）婁近垣編撰，張煒、汪繼東校注《龍虎山志》卷十二《藝文‧碑文三》，南昌：江西人民出版社，1996，第182頁。

杭州織造孫文成督修。雍正九年（1731），賜帑銀十萬兩，對龍虎山上清宮進行了一次規模很大的維修和擴建。命翰林學士留保、原直隸臬司浦文焯等督工。頒給關防一顆，又命天師府署理大真人素堂公（即張昭麟）協同監修。雍正十年（西元 1732 年）八月告竣。除將原殿宇葺修一新外，又新建斗姆宮及其配殿。這次修建後，上清宮規模為歷代之最，共有上清、斗姆二宮，玉皇殿、後土殿，三宮殿、三省殿、五嶽殿、四瀆殿、文昌殿、天皇殿、關聖殿、紫微殿、斗姆前殿、斗姆正殿等十二殿，三華、東隱、仙隱、崇元、太素、十華、鬱和、清和、崇禧、崇清、繁禧、達觀、明遠、洞觀、樓一真、混成、紫中、清富、鳳樓、高深、精思、真慶、玉華、迎華等二十四院。上清宮自清雍正九年修建以後，基本沒有大修，乾隆、嘉慶、同治間有小的修繕。

上清宮由於年久失修，歷經兵燹，最後一次毀於一九三〇的火災。至解放初只存下大上清宮門樓、午朝門、鐘樓和下馬亭、東隱院等破敗建築。文化大革命中，這些殘存建築又遭毀壞。現在宮內僅存元代鑄造的大銅鐘和部分碑刻、《水滸傳》中描寫的伏魔殿中鎮妖井、東隱院內祖天師曾睡過的石質夢床以及院牆外「善惡分界井」和「神樹」。

上清宮為「祝禧之勝地，學道之祖庭」，[372]這裡環境清幽、

372 （元）歐陽玄：《上清萬壽宮櫺星門銘並序》，載（清）婁近垣編撰，張煒、汪繼東校注《龍虎山志》卷十六《藝文・銘十》，南昌：江西人民出版社，1996，第 316 頁。

雲煙繚繞，宮觀建築頗為壯麗輝煌，「觀宇整飭，飛甍麗棟，映掩山水，崇台邃閣，繚繞煙林」[373]。所以這裡歷代至此的名士多有吟詠。其中著名的如南宋道士白玉蟾題有上清宮詩二首，南宋文學家洪邁讚譽這裡：「獅子身五色，鸞鳳互相引。上有朱幡幢，金碧不可省」，[374]南宋左丞相江萬里的詩更把這裡描繪得如天上神仙之宮闕一般，其詩云：「瞻彼雲山，蒼蒼相繆。雲舒霞張，溪谷險幽。鳴鶴在樹，猿猱啾啾。」[375]

## （三）天師府

天師府全稱「嗣漢天師府」，亦稱「大真人府」，是歷代天師的起居之所。位於上清鎮中部，南朝琵琶峰，面臨上清河，北倚西華山，東距大上清宮一公里。天師府是一處王府式樣的建築，整個府第由府門、大堂、後堂、私第、殿宇、書屋、花園等部分構成。天師府規模宏大，雄偉壯觀，建築華麗，工藝精緻，府內豫樟成林，蔭翳蔽日，鳥棲樹頂，環境堪幽。天師府這種道

---

**373** （明）施鳳來：《重修龍虎觀上清宮記》，載（清）婁近垣編撰，張
　　煒、汪繼東校注《龍虎山志》卷十四《藝文·記五》，南昌：江西人
　　民出版社，1996，第 280 頁。

**374** （宋）洪邁：《上清宮》，載（清）婁近垣編撰，張煒、汪繼東校
　　注《龍虎山志》卷十三《藝文·詩四》，南昌：江西人民出版社，
　　1996，第 200 頁。

**375** （宋）江萬里：《上清宮》，載（清）婁近垣編撰，張煒、汪繼東校
　　注《龍虎山志》卷十三《藝文·詩四》，南昌：江西人民出版社，
　　1996，第 202 頁。

教領袖私第園林在中國絕無僅有，它是我國道教建築中最大最古的一處，也是我國現存封建社會「兩大府第」之一。

天師府始建於宋崇寧四年（1105），原址在上清鎮關門口。元延祐六年（1319），遷建至上清長慶坊，在今上清鎮西。明洪武元年（1368），太祖朱元璋賜白金十五鎰，在今址上清鎮中心重建。成化三年（1467），憲宗皇帝御書「大真人府」匾額。之後，成化、正德、萬曆年間，皇帝都先後御旨重建府第。嘉靖年間（1522-1566），朝廷命中官吳猷同江西撫按根據洪武年間的建置進行了大規模的修建和擴建。此次擴建後，天師府規模宏大，有大堂五間，贊教廳、廊房、二房、後堂、穿堂、廂房共數十間，還有私第、御書閣、萬宗法壇、真武廟、法籙局、牌坊、碑亭等建築。清康熙十三年（1674）上清發生動亂，天師府被燒毀。到乾隆四十三年（1779），第五十七代天師張存義根據明朝的建置進行重建。咸豐七年（1857），太平天國石達開的部隊攻佔上清，天師府又遭兵火之災。同治年間（1862-1875），第六十一代天師張仁再次仿照明時的建置進行維修。一九四九年，六十三代天師移居臺灣。解放後天師府曾一度改為它用，現已經保護並對遊人開放。

現存的天師府建築多為清乾隆至同治年間修建的遺物。這裡有明太祖朱元璋所賜「嗣漢天師府」，清康熙所書「碧城」和乾隆御賜給五十六代天師張遇隆「教演宗傳」。民國三年（1914）袁世凱復辟帝制時贈給六十二代天師張元旭的「道契崆峒」，民國時江西督軍陳光遠題贈給六十二代天師張元旭的花甲壽匾「壺天春永」等匾額。此外，還有九龍三腳香鼎爐、千年羅漢松以及

楹聯等。其中最為引人注目的是明代尚書、大畫家、大書法家董其昌撰寫抱柱楹聯「麒麟殿上神仙客，龍虎山中宰相家」，此聯形象地表達了歷代天師既是「神仙」又是「宰相」的雙重顯赫地位。麒麟殿是西漢未央宮中皇帝劉邦召集朝廷重臣議論國事的大殿，只有像張良這樣幫他打下天下的軍師、大政治家、大軍事家才能進入的地方。張良封留侯後棄官隱居，後來跟赤松子做神仙去了。張道陵是張良第九代玄孫，天師府便是麒麟殿上神仙客張良及其子孫的家了。元武宗封第三十八代天師張與材為金紫光祿大夫，秩視一品，相當於宰相級別，那麼天師府可以稱為宰相之家了。由此可以看出張天師顯赫的社會地位。

天師府歷史建築遺存主要有府門、儀門、二門、私第、家廟、萬法宗壇、法籙局、提舉屬、書院、花園、百花潭等。

天師私第是張天師的食宿生活區，始建於明洪武元年，清同治六年（1867）六十一代天師張仁大修真人府時修建。現從私第門屋頂梁上還可以看到當時的記載：「皇清同治六年桂月中秋之前，襲封六十一代敬修延綿」。私第門屋上刻「相國仙府」四個大字。門聯「南國無雙地，西江第一家」傳為明太祖朱元璋御賜給四十三代天師張宇初的對聯，因此便有皇帝口諭肯定了南張北孔的宗教地位。天師私第分前、中、後三廳，面闊五間，占地一一〇〇平方米（長 50 米，寬 22 米）。其青磚灰瓦，細石鋪地，木樓貫通，雕樑畫棟，天井裝點，具有濃郁的古代王府建築特色。私第前廳本為客廳，又稱三省堂，是張天師掌教後的主教議事之所。它始建於明，清光緒七年（1881）重建，一九八五年改成天師殿。天師私第後廳也叫「上房」，是張天師食宿生活之

處。中堂前穿枋上掛有神像，中堂東西穿房各二間，東為當年天師的居室。

在府第甬道側有一古井，名靈泉井，相傳為南宋著名道士白玉蟾所鑿用來煉丹的，故又稱丹井。此水供天師家人飲用，又作煉丹用水，泉甘味美，久旱不枯。

提舉署是張天師掌管天下道教事務的辦公之所。署中設有提點、提舉，為正、從六品，他們是協助張天師管理道教事務的政府官員。

法籙局是張天師掌管法的辦事機構。提舉署和法局始建於明嘉靖五年，清康熙十三年（1674）上清發生動亂時燒毀，今改建為嗣漢天師府的領導辦公之地。

天師府後的真武池因位於府的最北端，又在真武殿後而得名。池的水面約一七〇〇平方米，古時四周有松篁花卉，池中有亭、橋，水面比如今也大得多。

天師私第東面原有天師家廟和味腴書屋。天師家廟是天師家人在府中祭祖的地方，始建於明嘉靖五年，有享堂五間，東西廡各五間，正殿三間，後殿五間。廟內供奉著已故天師的神像。清康熙十三年燒毀。

天師家廟後面為書院，是天師眷屬子弟讀書之私塾學校。始建於明代，清同治四年（1865），第六十一代天師重建，上下兩棟共九間，分前後二進，中有天井兩廂構成四合院式，占地五四〇平方米。此書院後來年久失修，於一九九一年拆除。

萬法宗壇是道教最高的法壇，是萬神聚集的地方，是張天師作為道教教主以及掌管天下道教事務的象徵。漢末天師張盛在龍

虎山創建正一玄壇。元時三十八代天師張與材賜封為正一教主，主領三山符籙，遂改龍虎山的正一玄壇為萬法宗壇。萬法宗壇是明嘉靖五年（1526）敕建，坐北朝南，正殿五間，東西配殿各三間，前有門屋，組成四合院。當時嘉靖皇帝還御賜了三清四禦、三官五老、南北二門、二十八宿、三十六天將等一三八尊銅像供奉在壇內。一九二七年因破除迷信，萬法宗壇遭到損壞。一九八五年根據原貌而修建了三清殿、靈官殿、財神殿和土地廟。

橫金梁四合院倚天師私第而建，是明建清修的建築。院為三廳十間，前門上方刻有「橫金梁」三個字和飄旗式標記，後廳上方原懸「為觀其志」一匾。相傳這裡原是供天師的先生和師爺及外來道友、嘉賓等住宿的地方，一九三三年紅四與紅十方面軍在上清會師，很多高級將領就住在此院，現修作天師府招待所。

此外，現在天師府內還存有一些從上清宮等地轉移至此的文物。上清宮大鐘和仁靖真人碑及四十四代天師張宇清的墓碑和嘉慶十五年（1810）「重修上清宮碑記」石碑。上清宮大鐘是元惠宗至正十一年（1351）四十代天師張嗣德會同上清宮提點戴永堅、提舉龔同德等人在杭州製造的。鐘由紫銅鑄成，高三米，鐘口直徑一點五米，鐘厚〇點三九米，上有雙龍戲珠鐘掛，重達九千斤。它原懸於上清宮鐘樓內，一九七一年移到天師府，仁靖真人碑是道教玄教創始人張留孫（江西貴溪人）的功德碑。張留孫的弟子吳全節於元英宗至治二年（1322）奉賜立碑於龍虎山上清宮。碑文是趙孟頫所書，計一六四八個字，詳細地記載了張留孫的生平事蹟，碑高十二米，清咸豐時被損，一九七九年江西省文物保護單位把它修整後移天師府保管。

## （四）正一觀

　　正一觀坐落在龍虎山腳下，背山面水，是道教祖師張道陵當年煉丹得道之地。第四代天師張盛自蜀遷還龍虎山，「建祠祀祖天師於此」[376]。歷代天師在此登壇講道，授籙傳度，道教信士都在此學道朝拜祖天師。南唐保大八年（950）御敕二十一代天師張秉一在此建天師廟。宋崇寧四年（1105），宋徽宗賜額「演法觀」。元咸淳七年（1271）三十六代天師張宗演重修。明嘉靖三十四年（1553），四十九代天師張永緒重修，並改額「正一觀」。此時，正一觀有正殿五間，祀祖天師和王、趙二真人鎏金銅像。左右兩廡各三間，正門三間，正殿後玉皇殿五間，東西有鐘鼓樓。此後，萬曆七年（1579）、萬曆三十九年（1611）、天啟三年（1623）均有重修。清朝康熙五十二年（1713）撥帑重修，改玉皇殿為玉皇樓。雍正九年（1731）世宗特賜帑金，遣大臣重修龍虎山廟宇，並添置香田，禁止族家人到觀侵損，以崇祖祠。此時正一觀規模最大，殿宇輝煌，《龍虎山志》卷四中記載如下：

　　　　本觀之新制，正殿五間，重簷丹楹，彤壁覆以碧琉璃瓦。東西周廡各幾間，周以朱欄，元壇殿三間，在東廡中。從祀殿三間，在西廡中。儀門三間，朱扉金鋪銅逻冒，階下

---

**376** （清）婁近垣編撰，張煒、汪繼東校注：《龍虎山志》卷四《院觀》，南昌：江西人民出版社，1996，第 31 頁。

鐘鼓二樓。凡殿樓門廡梁棟俱飾彩繪。正門為闕者三，中額曰「正一觀」。闕門皆朱漆銅逯冒。門外幡杆二。正殿之後樓房五間，自闕門至樓前，甬道階級皆以巨石。丹房三間，在大殿西。丹房後，樓房三間，左右披廂各一，備庖湢。紅門一座，在正殿東北隅，門外有煉丹岩、濯鼎池諸古跡。[377]

嘉慶二十年（1815）五十九代天師張鈺曾借帑復建。一九四七年，國民黨的軍隊駐紮在正一觀內，臨走的那天晚上，因馬夫失火，這座千年古觀化為灰燼。正一觀現已修復一新。

正一觀後面的大山就是龍虎山得名之處——雲錦山，山上有五彩斑斕雲錦石。在與雲錦山相鄰的就是龍虎山，山上龍石和虎石相對峙，有人即認為這是龍虎山得名之由來。正一觀後有煉丹岩，這裡前臨深淵，峭石壁立，張繼先題詩曰：「鶴來松有客，苔去石無衣。黃金浮世在，白髮故人稀。」[378]在煉丹岩左面有水簾洞，洞口上方懸崖上有瀑布泉噴流而下，「若練飛雪吼」[379]，人若在瀑布底下大聲吼叫，瀑布之水則改變流向，頗為奇特。洞中可以坐數十人，雖然疾步進入洞中，身上也會被流水沾濕。元

**377** 內容同註 376。

**378** （宋）張繼先：《煉丹岩留題》，載（清）婁近垣編撰，張煒、汪繼東校注《龍虎山志》卷十三《藝文·詩四》，南昌：江西人民出版社，1996，第 195 頁。

**379** （清）婁近垣編撰，張煒、汪繼東校注：《龍虎山志》卷二《山水》，南昌：江西人民出版社，1996，第 19 頁。

代趙孟頫題詩曰：「飛泉如玉簾，直下數百尺。新月懸簾鉤，搖搖掛空碧。」[380]

## （五）應天山

應天山位於上清鎮東部，海拔八八一米，「山形端方廉厲，高峻特出，為龍虎之來脈」[381]。唐高僧馬祖道一曾在這裡居住過，所以人們也稱此山為禪師山，又名應天山。南宋著名心學家陸九淵於南宋淳熙十四年（1187）登山建草堂，「顧視山形，宛然巨象，遂名以象山。草堂則匾曰『象山精舍』。鄉人蓋素恨此山之名辱於異教，今皆翕然以象山為稱」[382]。第十八代天師張士元也曾在這裡修道。

應天山環境清幽，風景秀麗，「層巒疊嶂，奔騰飛動，近者數十里，遠者數百里。爭奇競秀，朝暮雨暘雲煙出沒之變，千狀萬態，不可名模。兩山回合，其前如兩臂環拱，臂間之田不下百畝。沿流而下，懸注數里，因石賦形，小者如線，大者如練。蒼林陰翳，巨石錯落。盛夏不知有暑，挾冊其間，可以終日」，[383]

**380** （元）趙孟頫：《水簾洞》，載（清）婁近垣編撰，張煒、汪繼東校注《龍虎山志》卷十三《藝文·詩四》，南昌：江西人民出版社，1996，第 204 頁。

**381** （清）婁近垣編撰，張煒、汪繼東校注：《龍虎山志》卷二《山水》，南昌：江西人民出版社，1996，第 12 頁。

**382** （宋）陸九淵：《與王謙仲書略》，載《象山集》卷九《書》，四庫全書本。

**383** 同上。

可謂一世外桃源。故這裡宋元豐年間（1078-1085）便有僧在此建應天寺，該寺至南宋年間便廢棄。陸九淵登山之後便擇此山建象山精舍，在此講學，其學生也紛紛結廬其旁。陸九淵在象山講學五年，四方學生雲集，不下數千人，陸學門庭一派興旺。故清代全祖望把象山精舍與岳麓、白鹿、麗澤書院並稱南宋四大書院。紹熙二年（1191），陸九淵奉詔知荊門，將精舍交給傅季魯。遺憾的是陸九淵不久去世，象山精舍逐漸衰落。邵定四年（1231），象山精舍已經破敗不堪，江東提刑袁甫以應天山交通不便等緣由，上書朝廷，將象山精舍遷於貴溪縣三峰山下的徐岩，第二年九月理宗皇帝賜「象山書院」匾額。

應天山景觀眾多，除上述象山精舍遺址、應天寺遺址外，還有東山翻經石、西山歇石、塵湖、玉淵臥龍、七級瀑布等，其中尤以七級瀑布最為出名。陸九淵曾有《應天山》詩描寫這裡的秀美景致：「我家應天山，山高數萬丈。上開園池美，平林千萬狀。山西有龍虎，煙霞耿相望。寒清漾微波，暖翠團前障。天光入行舟，野色隨支杖。吾黨二三子，幽賞最清曠。引興谷雲邊，題名岩石上。碧桃吹曉笙，白鶴驚春帳。一笑詠而歸，千載應可尚。」[384]元代奎章閣侍書學士虞集也曾以典雅精妙的詩文《應天山》讚美之：「象山何崔嵬，先哲昔愛之。循麓得清流，良田屋參差。似是桃源人，雞犬相因依。粼粼白沙曲，奕奕丹朣施。冷

**384** （宋）陸九淵：《應天山》，載雍正《江西通志》卷一百四十八《藝文》，四庫全書本。

水自天來，雜花散玕琪。所以上方士，悠悠是遐思。丹霞炫金璧，清露在茅茨。海島陋徐福，幔亭卑武夷。仙者自有道，黃鵠時往來。」**385**

## （六）上清古鎮

上清古鎮是一個具有千年歷史的古鎮。上清鎮原為唐代沂陽市，以其位於沂溪之陽，即今瀘溪河之北岸而得名。據考古發現，兩晉時漸有人聚居，唐高祖武德八年（625）設雄石鎮，並派兵駐守。唐末朝廷派中丞將倪亞任鎮遏史，後因其剿匪有功封為倪亞王，古鎮也因此改為倪亞市。北宋崇寧四年（1105）在鎮東建上清宮，因改稱上清市。明清時稱沂陽鎮，清乾隆三十年（1748）改稱上清鎮。

上清鎮的繁榮，除依託上清宮和天師府外，與瀘溪河關係甚巨。由於水路交通方便，上清鎮在古代成為閩贛之間的交通要衝，也是重要的商貿集散地。明初，上清鎮即已形成近於今日的規模，沿瀘溪河東西向伸展，自東向西分為三坊，分別為五通坊、中坊和長慶坊。南面沿瀘溪河形成貫通東西的上清街。至明代後期，上清街已相當繁榮，沿瀘溪河設有十六處碼埠，供水路交通之用，鎮內南北向巷道也已基本形成，有柴家巷、關門口、

**385** （元）虞集：《應天山》，載（清）婁近垣編撰，張煒、汪繼東校注《龍虎山志》卷十三《藝文·詩四》，南昌：江西人民出版社，1996，第209頁。

薑家弄等。咸豐年間，太平軍和清軍曾在上清激戰，鎮內建築損毀嚴重。此後陸續修葺，至民國年間大體恢復，其面貌一直保持到八十年代。

上清古鎮方圓五十餘平方公里，人口近二萬，自然環境優美，群山環抱，依水而建，古鎮名勝古跡甚多，長約一公里的上清古街兩邊分佈有長慶坊、留侯家廟、天師府、留侯第、天源德藥棧、天主教堂等古建築。沿河的吊腳樓、碼埠盡顯江南水鄉建築特色，隔瀘溪河有明朝宰相夏言故里桂洲村及第二次國內革命戰爭時紅十軍和中央紅軍的會師處。

此外，龍虎山還有象鼻山、天門山、排衙峰、無蚊村、飛雲閣、兜率宮等風景名勝。

### 參考文獻

（1）鷹潭市志編纂委員會：《鷹潭市志》，北京：方志出版社，2003。

（2）龍虎山志編纂委員會：《龍虎山志》，南昌：江西科技出版社，2008。

（3）貴溪縣誌編纂委員會：《貴溪縣誌》，北京：中國科學技術出版社，1996。

（4）卿希泰主編：《中國道教》，上海：上海知識出版社，1994。

（5）胡迎建：《道教名山龍虎山》，《尋根》，2006 年第4 期。

（6）黃細嘉：《道教與龍虎山》，《中國典籍與文化》，

1999 年第 2 期。

（7）張國慶等：《江西身丹霞地貌的空間格局及地學背景》，《資源與產業》，2007 年第 4 期。

（8）張香鳳：《龍虎山道教文化與旅遊發展》，江西師大碩士論文，2003。

（9）周沐照：《龍虎山上清宮建置嚴格初探》，《中國道教》，1981 年第 1 期。

（10）聶亮祥：《龍虎山嗣漢天師府》，《中國道教》，1999 年第 5 期。

（11）聶亮祥：《龍虎山正一觀》，《中國道教》，1999 年第 1 期。

（12）柔弱：《龍虎山天師世系瑣談》，《江西社會科學》，1991 年第 4 期。

（13）陳炎成：《象山書院及其歷史變遷》，《撫州師專學報》，1999 年第 2 期。


## 第四節 ▶ 挺拔俊秀的江南福地──三清山

### 一、地理環境

三清山又名少華山，位於上饒市東北部德興、玉山兩縣交界處。因玉京、玉虛、玉華三峰峻拔，宛如道教玉清、上清、太清三位最高尊神列坐山巔而得名。三清山「高七百餘丈，周回二百里」，總面積二二九點五平方公里，主峰玉京峰海拔一八一九點

九米。三清山地處懷玉山脈中心腹地，古時這裡「屈衢、饒、信三州之境」。[386]這裡也是鄱陽湖水系與錢塘江水系的分水嶺，「山之下水，西出則入於江，東出則入於浙，蓋江浙山水之宗也」。[387]

三清山屬花崗岩構造侵蝕為主的中山地形，「其山群峰羅立，岩洞幽奇迥絕，名狀不一」。[388]在九億多年前，三清山地區是華南洋中的一個島弧，北為揚子古板塊、南為華夏古板塊。九億至八億五千萬年前後，揚子古板塊與華夏古板塊碰撞，三清山地區恰處於古板塊結合帶。直到一點八億年前的侏羅紀晚期與白堊紀，三清山區域經歷了燕山期運動，並伴隨有大規模的酸性岩漿浸入活動，從而奠定三清山構景的地質基礎。在距今二三千萬年前的年代裡，相繼發生喜馬拉雅期的造山運動，山岳大幅抬升，伴隨水力侵蝕作用的強烈下切，使地勢高低差懸殊。山體不斷抬升，長期風化侵蝕，加上重力崩解作用，形成了峰插雲天、谷陷深淵的奇特地貌。三清山的山勢是東、南、西三面陡竣，北面平緩。從山腳至山頂，水準距離五公里，海拔由二〇〇米陡增至一八一九點九米，地勢高差很大。

組成三清山主體的岩石為燕山晚期花崗岩，其中邊緣相和過

---

[386] 同治《廣信府志》卷一《地理・山川》，臺北：成文出版社有限公司，1970，第 70 頁。

[387] 同上。

[388] 同治《德興縣誌》卷一《地理・山川》，臺北：成文出版社有限公司，1970，第 145 頁。

渡相的花崗岩是構成三清山峰巒的主要岩石，近谷底則多為內部相的中粗粒斑狀、似斑狀黑雲母花崗岩，因其極易風化剝蝕，故多形成稍緩地形。三清山花崗岩峰林微地貌景觀類型主要有峰巒、峰牆、峰叢、石林、峰柱、石錐、岩壁、峽谷和造型石景等九種類型。在山體中心區二八〇〇公頃的範圍內，有奇峰四十八座，造型石八十九處，景物、景觀三八四餘處，具有東險西奇、北秀南絕、中峰巍峨的特點。造型石景豐富奇絕，主要為構造侵蝕、沖蝕作用形成的造型石景，其中「東方女神」、「巨蟒出山」兩處標誌性造型景觀，為世界「絕景」。三清山這種以錐狀峰巒與密集峰柱組合型花崗岩峰林為特徵的地貌景觀被地質學界稱之為「三清山式」花崗岩景觀。高山尖峰是其最突出的特色。**389**
三清山如此之挺拔俊秀，自古便令人讚歎不已，清人葉友芩賦詩贊曰：「少華勢嵯峨，不少遜西嶽。峰峰皆傑立，參差莫與角。晴明送還目，彭蠡波濤數。霧交天地合，禽鳥迷晦朔。斗門千百步，徑斜石若琢。突兀奔江東，王氣自雄卓。躡屐第一尖，俯視皆齷齪」。**390**

三清山雨量豐沛，水量充足，逕流發育，瀑布、溪泉、碧潭

---

389 關於三清山的地質地貌主要是參考了尹國勝等《「三清山式」花崗岩地質地貌景觀研究》（載《第一屆國際花崗岩地質地貌研討會交流文集》，2006。）和浦慶余等《江西三清山花崗岩景觀地貌的基本特徵及其形成歷史》（載《地質評論》2007 年 8 月）這兩篇文章的研究成果。

390 同治《德興縣誌》卷一《地理・古跡》，臺北：成文出版社有限公司，1970，第 218 頁。

極多。其瀑布主要分佈於山體中下部，海拔標高一般為五〇〇至一〇〇〇米，落差一般十至三十米，寬數米至數十米。在陽光照射之下，山中多處都能見到彩虹瀑，故有「石澗垂飛虹」[391]之句。溪泉則水清質純，凜冽冰涼，味甘可口。山中較為著名的有瀘泉、禹門泉、丹井、玄泉、應元泉等五大泉，慶雲、揚清兩大瀑布以及淨衣、華清、涵星三大池。

　　三清山地處中亞熱帶，東距東海約三四〇公里，故受海洋性氣候影響，屬中亞熱帶季風氣候類型，兼具山地氣候特徵。具有四季分明，夏季涼爽，春秋漫長，冬季雪漫群峰的特點。年平均氣溫為十點九度，七月平均氣溫為二十一點八度，比山下低七至八度。一月極端最低氣溫為負十六度，七至八月極端最高氣溫為三十三度，年平均降水量為一八五七點七毫米，年平均霧日二一五天。

　　由於低雲族受到上層逆溫的影響，三清山多在海拔一〇〇〇米處形成了獨具魅力的雲海景觀。三清山雲海四季皆有，按地理位置分為東、南、西、北四海。尤為奇特的是每當夜雨晨晴之日，山上雲深霧重，山風襲來，山谷有聲，流雲發響，這便是山上的響雲奇觀。日光經過雲霧的折射，還會出現一道道彩色的光環，光環隨人動，人形在環中，這就是人們所稱的「三清神光」。三清山的「彩瀑」、「神光」與上文所述的「響雲」被稱為

---

**391**　（清）蕭立選：《少華山詩有序》，載同治《德興縣誌》卷九《藝文志》，臺北：成文出版社有限公司，1970，第 1597 頁。

是最為別致的三大景觀。上山還經常能看到瀑布雲、日出、晚霞等壯麗奇特的自然景觀。登上三清山，雲霧飄渺，仿佛置身於天上仙境，遊人能正真體會到古人筆下的「煙嵐足底生，雲巒隨變滅」[392]之意境。

三清山層巒疊嶂，形成了特殊的山區小氣候，為動植物生長提供了良好的自然條件。全山森林覆蓋率高達百分之八十六。山中有二三七三種高等植物，其中保存有大量國家珍稀瀕危保護，如水蕨、天竺桂、南方紅豆杉、華東黃杉、野蓮等共三十三種，隸屬二十二科三十屬。三清山的華東黃杉也是江西首次發現，華東黃杉是國家二級保護植物、珍稀樹種。而三清山華東黃杉總面積達到八〇〇〇餘畝，株數最多的每畝有二十三株，蓄積量最大的每畝十五點二三立方米，分佈之廣，數量之多，極為罕見。三清山也是野生動物的樂園，這裡有一七二八種野生動物，其中金錢豹、黑鹿、穿山甲、長尾雉、短尾猴等屬國家一二類保護動物。

三清山一帶特產眾多。較為有名的有雲霧茶、紅花油茶、楊梅、獼猴桃、野山楂、香菇、木耳、石耳、靈芝、石雞、黃麂等。三清山山高水好、土質肥沃、終年雲霧繚繞，雲霧茶久負盛名。三清山海拔七〇〇至一二〇〇米的高山之上有很多野生的紅花油茶樹，榨出的茶油純黃透清，味甘香醇，有防治高血壓的功

---

392 （清）蕭立選：《少華山詩有序》，載同治《德興縣誌》卷九《藝文志》，臺北：成文出版社有限公司，1970，第 1593 頁。

效。石耳多生長於懸崖峭壁之上，既可以食用，也可以入藥，為山間珍品。三清山的高山溪流下或溪流附近的岩石上，散居著很多石雞，大的重達半斤。石雞性清涼解毒，屬難得的滋補品。這裡的石雞肉嫩味美，清燉之後香氣撲鼻，是有名的山珍佳餚。此外，野兔、筍乾、芋餃、苦葉菜、磨芋等也較為有特色。

## 二、歷史文化

### （一）仙峰福地

三清山「高峻奇峭，為仙靈之窟宅哉」[393]，素有「江南第一仙峰，天下無雙福地」之美譽，是江南著名的道教勝地。

三清山的道教活動始於晉代。東晉升平年間，著名的道士葛洪率先與李尚書上山修道，結廬煉丹，開創了三清山道教之先河。至今山上還留有葛洪所掘的丹井和煉丹爐的遺跡。尤其是那口丹井，歷時一千餘載，依然終年不涸，其水清冽味甘，被後人稱之為「仙井」。於是，葛洪便成了三清山的「開山始祖」，三清山道教的第一位傳播者。自此，這裡便為信奉道學的名家所嚮往。

唐僖宗時（873-888），信州太守王鑒奉旨撫民，到達三清山北麓，見到此山風光秀麗，景色清幽，卸任後即攜家歸隱在山下的大源塢。到宋朝時，王鑒的第十代孫王霖捐資興建三清道觀，

---

393　《三清山》，載（明）章潢：《圖書編》卷六十五，四庫全書本。

這裡便成為道家的洞天福地。這時，在三清山一帶開始出現成批的道教建築，主要有福慶觀、靈濟廟、風雷塔等。尤其是方士們在天門峰的懸崖之上，用天然花崗岩砌成一座六層五面的風雷塔，此塔歷盡千年風雨，至今巍然不動，被譽為三清山上道教建築中的一顆燦爛明珠。

明朝為三清山道教活動的鼎盛時期。山上的道教建築也如雨後春筍般大量出現。明景泰年間（1450-1456），王霖後裔王祜請全真道士詹碧雲任三清宮主持，並在三清山大興土木，重建三清宮。從登山處步雲橋直至天門三清福地，共興建宮觀、亭閣、石刻、石雕、山門、橋樑等二○○餘處，使道教建築遍佈全山，其規模與氣勢，可與青城山、武當山、龍虎山媲美。明代詩人余朝楷在《游少華山》詩中贊曰：「何必訪崆峒，何必登泰岱。平接蓬萊煙，遠奪峨眉黛」。山上僅三清宮就有道士一二○餘人，並擁有山田數百畝。每年農曆八月十五，舉行盛大道場，多大數千人，通宵達旦。[394]

明末清初，三清山道教日趨衰落。民國期間，三清山道教活動時起時落，解放前夕則完全停止了。

三清山道教，既有全真派，也有正一派。不過，由於地處江南，正一派在三清山一直佔據著主導地位。三清山的歷史遺存就是一卷豐富的道教文化寶典。

其一，三清山山名和建築的名字處處體現了道教文化的內

**394** 吳文峰、梅毅：《遊遍江西 500 問》，南昌：江西人民出版社，2002，第 70 頁。

涵。如三清山的名字由來就是因為玉京、玉虛、玉華三峰猶如道教玉清、上清、太清三神列坐而得名；上山仙人橋、神仙洞、觀音石等都與道教相關。且三清山的三座山門之名也是源於道教經典之中。第一座山門「玄關」一詞，即「入道之門」的意思。第二座山門眾妙千步門，「眾妙」一詞，源出《道德經》「玄之又玄，眾妙之門」，意即萬物的真理蘊藏所在之境是深奧而又深奧的，不是淺顯而容易獲得的。三清山的景物景觀豐富而多變，一路上要經過五天門之妙，確為「眾妙之門」。三清山第三座山門沖虛百步門，「沖虛」一詞，也源於《道德經》中「道沖而用之不窮」之意。

其二，三清山的古建築群堪稱道教的「露天博物館」。三清山共有觀、殿、府、坊、泉、池、橋、墓、台、塔等二三〇多處古建築及文物。這些古建築及文物依據「先天八卦圖式」精巧佈局，是研究我國道教古建築設計佈局的寶地。首先，三清宮是三清山古建築的中心，在地形與山勢的選擇上頗具匠心。它背倚九龍山，門朝北斗紫微星，就實而向虛。東為龍首山，應左青龍之象；西為虎頭岩，應右白虎之象；前為紫煙石，應朱雀之象；後為萬松林，應玄武之象。其次，這些古建築群的「先天八卦」佈局非常明顯，三清宮為太極圖中心的二極，演教殿、九天應元府、龍虎殿、風雷塔、金鼓石、涵星池、飛天台圍繞這個核心往八方輻射，各占一卦的位置，分別象徵八卦的乾、坤、兌、離、震、巽、坎、艮的易經八卦圖。再次，古建築的造型設計非常特別，這裡的建築規模都不大，因形取勝，借勢造型，如風雷塔的設計、龍虎殿的選址等，都體現了道家「道法自然」的運用和對

「天人合一」的追求。

其三，眾多是三清山石雕壁刻和楹聯也體現了深厚的道教文化。從三清山風門至三清宮沿途就有石神像二十四尊，涵星池堤壩北頭的岩壁上有尊「伏魔上相」，在三清宮附近也有石雕神像、石雕香爐等，這些石雕壁刻均與道教神靈信仰密切相關。此外，山上眾多的楹聯也也包含著道教哲學的精髓，如三清宮石坊上有的一副對聯：「登殿步虛升太虛上之無上，入門求道悟真道玄之又玄」，以及演教殿前所刻的對聯：「法本自然演玄元之正教，經傳原始闡道德之真科」等。

## （二）文人題詠

三清山挺拔俊秀，宛如天上之仙境，「少華之奇不讓天臺雁蕩，雖圖繪之，尺幅恐不能盡」。[395]三清山在古時便是一方名勝，正如《德興縣誌》所載：「德之東少華，根盤數百里，奇石拔起，岩壑靈奧。未嘗不足與通都名勝相軒輊。」[396]古代名人賢士或隱居其間，亦或登山覽勝，留下了大量讚美三清山的詩文。唐代信州太守王鑒卸任後即攜家歸隱在山下的大源塢，宋代著名詩人、端明殿學士徐師川由洪州分寧遷德興，為三清山的嵯峨壯麗所傾倒，揮毫寫下「銀陽山鎮，少華獨宗。三峰秀出，一掌高

---

**395** 同治《德興縣誌》卷一《地理‧古跡》，臺北：成文出版社有限公司，1970，第 216 頁。

**396** （元）余濟谷：《雲橋跋》，同治《德興縣誌》卷一《地理‧山川》，臺北：成文出版社有限公司，1970，第 154 頁。

擎」[397]的名句。明代詩人胡靖遊覽三清山后題詩贊曰：「江南何處是仙家，孤柱擎空是少華。洞裡有天開紫府，人間無地覓丹砂。靈壇風雨湮苔匝，福地乾坤歲月賒。方外更聞王子晉，金銀樓閣住煙霞。」[398]清康熙年間德興知縣毛九瑞賦詩描寫三清山：「綿亙千餘里，仞尺巨萬計。磴道出微茫，俯視隔人世。玉京清虛峰，縹緲見群帝。」[399]乾隆年間德興知縣蕭立選，嘉慶年間名儒余朝凱均賦有遊三清山的長詩，詳盡描寫了三清山的景觀和名勝。此外，宋代名人蘇洵、蘇軾、佛印、朱熹、王安石、陸遊，以及明代旅遊行家徐霞客等，也曾在三清山留下了詩文足跡，為三清山增輝添色。

## 三、風景名勝

### （一）三清宮

三清宮為三清山道教活動中心，也是三清山現存的主要古建築。位於玉京峰北面，居九龍山龜背石上，海拔一五三二點八米。三清宮始建於南宋乾道六年（1170），由唐時信州太守王鑒的第十代孫王霖捐資興建。後因亂世荒蕪，道觀毀。明景泰年間

**397** 同治《德興縣誌》卷一《地理‧山川》，臺北：成文出版社有限公司，1970，第 154 頁。

**398** （明）胡靖：《少華山》，載同治《德興縣誌》卷九《藝文志》，臺北：成文出版社有限公司，1970，第 1586 頁。

**399** （清）毛九瑞：《少華山》，載同治《德興縣誌》卷一《地理‧古跡》，臺北：成文出版社有限公司，1970，第 217 頁。

（1450-1456），王霖後裔王祜于其舊址重建三清宮，並請全真道士詹碧雲任三清宮主持。時資政大夫、南京兵部尚書孫原貞為其手書「三清宮」坊額，宮殿上奉三清（玉清原始天尊、上清靈寶道君、太清太上老君），三清宮從此遠近聞名，香火旺盛，道教信徒朝山者絡繹不絕。到清代，三清宮香火日趨衰落，嘉慶十八年（1813）毀於火災，德興、玉山兩縣方士化緣重建，但規模遠不如前代。現存的古建築即為明清時的道觀建築遺存。

三清宮背南朝北，總體建築面積五一八平方米，周圍占地二三〇〇平方米。正殿三間兩進，依山勢而建，樑柱和外牆均為花崗岩結構。正面有三樘大門，中門上方嵌有青石豎匾，上書「三清福地」四個大字。大門兩邊刻有「殿開白晝風來掃；門到黃昏雲自封」的對聯。正殿的方柱上鑲有楹聯「一統大明祝皇祚於百世千世萬世，三天無極存道氣於玉清上清太清」，這是明代的題刻。正殿後面的後殿為觀音堂，中間供奉觀音，兩側供有十八羅漢。

三清宮正殿門前有一長方形水池，池中間安有一形似香爐的方石，方石四周分別有「清淨」、「常」、「矣」等石刻。池中原有泉水，現已乾涸。殿前是一片花崗岩鋪的平院，中間有石雕大香爐，高一米多，爐腿為獸頭花紋，造型古樸大方。殿的東側牆下有座二米多高石構亭式焚香爐，兩邊爐柱上分別刻有「德興縣南鄉十三都」和咸豐年號。

正殿前面為三清宮的大門坊，牌坊單開建花崗岩結構。牌坊的方柱上刻有楹聯「登殿步虛升太虛上之無上，入門求道悟真道玄之又玄」和「雲路迢遙入門盡鞠躬之敬，天顏咫尺登壇皆俯首

之恭」，橫匾雙面鐫刻「三清宮」三個正楷大字，兩邊分別刻有「資政大夫兵部尚書孫原貞書」和「大明景泰七年龍集丙子九月吉日；開山德興延溪帽峰費隱永禩王祜玄正立」數行小字。額坊上的斗拱、頂蓋雕刻精細、保存完整。牌坊前下方左右兩邊各有小廟一座，內供靈官、魁神石像，石像高達一米多，雕工精細，身材比例勻稱。

整個三清宮的主體建築梁、柱、牆、池、門均就地取材，以花崗岩石料建造而成，風格獨特，古樸大方，堪稱古代建築精品。

在三清宮周邊數十里範圍之內分佈有大量道教古建築，這些古建築呈「先天八卦」佈局分佈在三清宮周圍。其中以演教殿、糾察府、龍虎殿、九天應元府、風雷塔最具代表性。

演教殿由明代王祜建，位於九龍山北側，三清宮後面的松林裡，為花崗岩結構。殿內有石雕神像十八樽，中間門坊上鐫有「演教殿」三字，兩邊石柱上刻有「法本自然演玄源之正教；經由元始闡道德之沖科」楹聯。

糾察府由明代王祜建，位於三清宮東北一五〇米處的騰岡西側，由岩石構造而成。廟裡有石神像六尊，廟前兩旁各有石雕武士像一尊。廟後南側岩石上有王永禩的「騰岡」時刻，距今已有五〇〇多年的歷史。

龍虎殿由明代王祜建，位於龍首山之巔，建築面積四十六平方米，為花崗岩砌造而成。龍虎殿一帶地形險峭，前臨絕壁，後倚長空。這裡海拔一五六八米，是登高覽勝的絕佳之處。

九天應元府由明代王祜建，位於九龍山東南的坡地上，為花

崗岩小廟，造型粗獷。正面額枋上刻有「九天應元府」五字，裡面供奉九天應元雷聲普化天尊的石雕神像。

風雷塔由位於靈龜峰和龍首山之間的山口懸崖上，塔為五層六面，花崗岩構造。因其為避山口之風而建，故名「風雷塔」。風雷塔歷經數百年風雨，至今仍屹立於高崖之上。

此外，三清宮附近其它古建築，如排雲橋、古丹井、天門華表、沖虛百步門、浮雲橋、飛仙台燈等也保存完好，也是三清山歷史文化的見證。

## （二）三大主峰

玉京峰為三清山最高峰，位於三清山的中心，與玉虛、玉華兩峰鼎峙屹立，高聳雲天，海拔一八一九點九米。玉京峰峰頂有兩大巉岩，東側巉岩峭壁上鐫刻有「玉京峰」三個大字，西側巉岩地勢空曠，上有兩塊相連的巨石，鋒如刀刃，岩壁上鐫刻有「升天石」三個大字，以上題刻均出明代王永禩（即王祜，永禩是王祜之字）之手。自玉京峰東、南、西三面峭壁如削，異常險峻，峰下西北側是飛仙谷，深邃莫測。北面有登極嶺，石磴蜿蜒曲折直達峰頂。登上玉京峰頂，極目遠眺，四周層巒疊嶂，雲煙繚繞，宛如人間仙境。而「值天朗氣清，則匡廬、鄱水隱然指顧間。」[400]玉京峰頂也是看日出、日落的絕佳位置。

玉虛峰三清山三大主峰之一。位於玉京峰西北，玉華峰以

---

**400** 同治《德興縣誌》卷一《地理‧山川》，臺北：成文出版社有限公司，1970，第 145 頁。

南，海拔一七七一點六米。因山峰高峻秀美，猶如道家神仙所居
的玉虛仙境而得名。玉虛峰三面懸崖絕壁，東面有小道可以攀
登。岩壁上的「玉虛峰」三個大字為明代王永禔所題刻。玉虛峰
峰頂遍佈奇石，虯松挺立，地勢險要。登上峰頂，周邊群峰羅
列，山巒起伏，錦屏、天柱、玉筍諸峰盡收眼底。

玉華峰為三清山三大主峰之一。位於玉京峰西北，南與玉虛
對峙，海拔一七五二點八米。此峰由於花崗岩節理發育分化，峰
體西面形成許多條狀直皺石紋，遠視如髮。玉華峰不但峭拔秀
麗，且峰上名勝頗多。南頭岩石上有丹霞井，井水呈棕紅色，四
季不涸。西側隆起一方巨石，石壁上鐫有「尚書悟仙台」五字，
台下有數塊大石堆成一方天井。峰頂岩石之上有「紅雲」二字題
刻，這裡是欣賞晚霞的好地方。

以玉京峰為中心的三大主峰自古便是三清山覽勝的核心地
帶，明代文人舒清遊覽後賦詩贊曰：「石磴攀蘿上廣平，恍如身
在九天行。未援北斗斟元氣，誰決明河洗甲兵。逸興浩然思泛
海，高風那複羨登瀛。愁來不敢閑陶寫，賴有王喬識此情」。**401**

## （三）蓬萊三峰

在玉京峰南面蓬萊峰、方丈峰、瀛州峰三座山峰緊密相連，
統稱「蓬萊三峰」。蓬萊峰如天柱聳立，四壁幾乎成直角，氣勢
淩雲，蔚為壯觀，可望而不可即。方丈峰位於蓬萊峰西，崢嶸秀

---

**401** （明）舒清：《游玉京諸峰題壁》，載同治《德興縣誌》卷九《藝文
志》，臺北：成文出版社有限公司，1970，第 1585 頁。

麗峰頂有株虯松破岩而出，剛勁挺拔，甚是奇特。瀛州峰在蓬萊峰西南，山岩峭如刀削。這三座峰周圍經常雲蒸霞蔚，猶如海上「仙島」。

## （四）三大絕景

司春女神、巨蟒出山和觀音賞曲是三清山花崗岩地貌峰林景觀的形象代表，被譽為是「三清三絕」。

司春女神為三清山標誌景觀之一，在玉京峰東面，此峰高八十餘米，形態如少女，豐滿秀麗，高鼻樑，櫻桃口，圓下巴，秀髮齊肩，正襟端坐，凝神沉思，人們稱之為女神峰。

巨蟒出山為三清山標誌景觀之一，與司春女神對峙而立，一巨岩從深谷中突兀而起，直沖雲天。此峰高一二八米，腰圍十餘米，頭部碩大且扁曲，形似蛇首，頸部略細而漸粗，似蛇身挺立。整個石峰青綠間紅，斑紋點綴酷似蟒紋，那神情猶如蟄居已久的巨蟒，昂然挺立，氣勢咄咄逼人，人們形象地稱它為「巨蟒出山」。因其頂部寬闊，下部細長，形似關公的青龍偃月刀，所以人們亦稱此峰為「關刀石」。有趣的是，若變換一個角度觀看，這「巨蟒」隨著人的視角轉移，搖身變成了另一番生動的模樣，石峰分為兩段，下段像是一位五官俱全的老者，正在急匆匆地趕路，上段像十歲童子騎在老者肩上，兩眼注視著前方，這好像是父親背著兒子趕赴考場，山裡人稱它為「望子成龍」。

觀音賞曲位於梯雲嶺下，這座山峰從遠處看，一座石峰宛如一位高僧盤坐，左手抱琵琶，右手撥弦，旁邊一峰形如觀音面向高僧端坐，神情專注聆聽琵琶仙樂。山風徐徐，流泉鏗然，眺望

此峰，耳邊似有悠揚琴聲──這就是三清山第三絕景「觀音賞曲」。

## （五）其它名景

天門峰位於玉京峰西北，與靈龜峰對峙，兩峰中間是少華福地三清宮的要隘天門。天門峰海拔一五六八米，從東南登峰，要攀登一段峭壁石磴到達峰頂，古人在石壁上刻有「天梯」二字。天梯峰頂為面積數百平方米的平頂，站在頂上，極目遠望，四周美景盡收眼底。峰上松樹繁茂，怪石嶙峋，有紫煙石、雷公石、丹爐石、費隱岩、朝陽洞名勝。

老子峰，又名老子看經，位於三清山西北部，其形似一老道，寬袍大袖，無冠束髮，俯首弓背，神態似在看書，當地人取名為老子看經。此峰氣勢巍峨，形象逼真。

葛洪獻丹位於三清山南面，山峰頂部造型酷似一道士手捧藥葫蘆，因而人們以「葛洪獻丹」為名，以紀念三清山的開山鼻祖葛洪。西元三五七年至三六一年，葛洪雲遊至三清山，在此結廬修道，三清福地至今還留有他當年煉丹留下的痕跡，故葛洪在三清山備受尊崇。

靈龜峰，位於天門峰東面，海拔一五五七點八米，因峰上一岩形狀如龜兒得名。此峰東北懸崖峭壁，險峻秀麗，西南平緩，綠樹成蔭。峰頂有潘公廟、廟座岩石上鐫有「靈龜峰」三個大字。北坡有明代王祜墓，墓的東南面危崖上有座小石塔，古樸大方。

五門峰在天門峰東北，此峰巉岩迭立，形成數處隘口，明代

王祜在每個隘口岩壁上，分別鐫有「東天門」、「南天門」、「西天門」、「北天門」、「中天門」楷書大字，故名五門峰。峰的東北岩壁上有琵琶石、母子石。母子石下的世眾妙千步門是通往通往三清宮的要隘。

此外，萬笏朝天老道拜月、玉女開懷、三龍出海、飛仙台、玉皇頂、一線天等也是三清山的具有代表性的景點。

**參考文獻**

（1）德興縣縣誌編纂委員會辦公室：《三清山志》，1990 年編印，上饒內部發行。

（2）尹國勝：《「三清山式」花崗岩地質地貌景觀研究》，《地質評論》（增刊），2007 年 8 月。

（3）浦慶余：《江西三清山花崗岩景觀地貌的基本特徵及其形成歷史》，《地質評論》（增刊），2007 年 8 月。

（4）李琳、王春陽：《淺論三清山石刻藝術的特點》，《電影文學》，2007 年第 14 期。

（5）黃上新：《三清山的道教宮觀建築特色及其八卦形制淺析》，《江西文物》，1990 年第 4 期。

## 第五節 ▶ 接天摩雲的天上草原——武功山

### 一、地理環境

武功山位於江西省西部羅霄山脈北段，地跨萍鄉市的蘆溪

縣、吉安市安福縣、宜春市袁州區三地，山體博大，面積三六〇多平方公里。武功山歷史上曾與衡山、廬山並稱江南三大名山，古志云：「東南天柱有三，蓋衡、廬與武功。衡首廬尾武功中，跨袁吉間，屹立最高。俯視群山，人在下者何限。故曰『天柱』。乃乾坤之勝境，神仙之福地也。山之延袤八百里，西北距袁之萍鄉，東南距吉之安成，相距各百里。」[402]武功山群峰競秀，形態各異，海拔千米以上的山頭有幾十座，主峰白鶴峰（金頂）海拔一九一八點三米。

武功山地處揚子板塊與華夏板塊結合部位的南側，歷經了數十億年的地殼運動才形成了今天的山體。全山以變質核雜岩構造及花崗岩峰崖型地貌為主要特徵。山中奇峰羅列，怪石林立，處處深壑幽谷，峰峰懸崖峭壁。正如明人劉守所描述：「千岩萬巘，或峻矗入雲，如筆豎笏攢；或壁嶂排頡，如植碑倚屏；或倒岩如人作磐折狀；或傑竦如弁冕執圭為敬者；又如龍鳳軒舉，如虎豹躍且踞；如飛走器物，靡所殫述。又時出一奇石，即丹青不能施……」[403]由於武功山雨量充沛，四處斷崖絕壁，故山中遍佈飛瀑流泉，「三瀑五瀑遙相望」[404]，整個武功山有大小瀑布近

[402] （明）劉鑒：《武功記》，載《武功山志》卷七《詩文志》，（明）張程纂修，（清）張光勳增修，何明棟、羅宗陽校注，《江西名山志叢書》系列，南昌：江西人民出版社，2000，第 520 頁。

[403] （明）劉守：《遊武功山記》，載《武功山志》卷七《詩文志》，（明）張程纂修，（清）張光勳增修，何明棟、羅宗陽校注，《江西名山志叢書》系列，南昌：江西人民出版社，2000，第 537 頁。

[404] （明）劉陽：《瀑水厓》，載《武功山志》卷八《詩文志》，（明）張

二〇〇處，造形奇特，形態各不相同，或飛流直下，氣勢磅礴，或逶迤潺潺，峭麗異常，有「千瀑之山」的美譽。

　　武功山地處亞熱帶季風濕潤氣候區，年均氣溫在十七點七度，溫暖濕潤的氣候非常適合植物的生長，植物種類達二〇〇〇多種，森林覆蓋百分之八十八點一。至今仍保留著廣域的原始森林，被認為是江西境內華東植物區系與華南植物區系的分界線。山中有很多國家級的珍稀植物，如有成片的銀杏樹，有千年桂花樹、鐵杉群、紅豆杉群以及萬餘畝臺灣松等。最為奇特的是，在海拔一六〇〇多米的高山之巔，綿延著十萬畝高山草甸，這主要是由山頂氣溫低、蒸發量小、氣候濕潤等原因形成的。武功山山高林密，又為野生動物的生長、繁育提供了有利條件。據不完全統計，這裡的動物有二〇〇多種，其中黃腹角雉、短尾猴、水鹿、白鷳、娃娃魚等都是國家級重點保護動物。

　　武功山「環四山之麓，凡五百餘里，多寒藤古木，蔭鬱蔥蒨，地產名藥奇禽，他所無者，而此有之」[405]，物產十分豐富。石耳、龍鬚草、香菇、山茶、楊梅、山蕨、石班魚、沙鱉子等久負盛名，其中最為名貴的當數石耳。石耳被當地稱之為石乳、捨命菜，《武功山志》記載：「石乳出懸岩絕壁，有好事者以長縆

---

程纂修，（清）張光勳增修，何明棟、羅宗陽校注，《江西名山志叢書》系列，南昌：江西人民出版社，2000，第 572 頁。

[405] （元）趙儀可：《葛仙壇記》，載《武功山志》卷七《詩文志》，（明）張程纂修，（清）張光勳增修，何明棟、羅宗陽校注，《江西名山志叢書》系列，南昌：江西人民出版社，2000，第 511 頁。

繫腰，探而取之。至有身竄岩下不可蹤跡者，而愚民耽分毫之利，甘隕其軀而不悟也，可歎也夫。」**406**武功山石耳顏色烏黑，多縐不平，象人耳，大的如湯盆，小的如手掌。富含石耳酸及紅粉苔酸，有清熱涼血，止咳化痰之功。農曆五六月份是採摘的旺季。

## 二、歷史文化

### （一）山名由來

　　武功山位居瀘、瀟二峰之間，故「其山初與瀘瀟同名」**407**，即其原名為瀘瀟山。漢代葛玄、晉代葛洪曾先後修煉山中，人們亦稱此山為「葛仙峰」。晉代蜀人武姓夫婦「南來求修煉處，夫止瀘瀟，婦止西昌之武岡，後皆同日化去，故鄉人以武公名茲山，而呼武岡為武姥」**408**。至陳武帝霸先興兵討侯景之亂，「楚人歐陽頠從長沙率兵赴義討侯景，夢仙者揖曰：『吾家於此，當為公前驅。』遂平侯景。頠以語帝，因改武公為武功，遣人齎香

**406** （明）張程纂修，（清）張光勳增修，何明棟、羅宗陽校注：《武功山志》卷五《物產志》，《江西名山志叢書》系列，南昌：江西人民出版社，2000，第 494 頁。

**407** （元）趙儀可：《葛仙壇記》，載《武功山志》卷七《詩文志》，（明）張程纂修，（清）張光勳增修，何明棟、羅宗陽校注，《江西名山志叢書》系列，南昌：江西人民出版社，2000，第 510 頁。

**408** 同上。

帛至山封之」**409**，即因此山仙耆武公助討侯景有功而改「武公山」為「武功山」，並沿用至今。

## （二）宗教文化

武功山道教文化源遠流長，東漢著名的道士葛玄曾在武功山煉丹傳道。晉代，葛玄的從孫葛洪也「學仙於此，丹成往閣皂山去」**410**，這是武功山最早的道教活動。唐宋時期，武功山逐漸成為湘贛邊界宗教活動的重要地區，山上的道觀逐漸增多。其中，葛仙壇、沖仙觀、羅仙觀、白鶴觀等為重要的道教活動場所，信徒眾多。元代武功山地區先後建有二十餘座道觀。明代，武功山道教達到了歷史的鼎盛時期。金頂有葛仙壇、汪仙壇、沖應壇、求嗣壇等四座古祭壇，「葛仙壇、圖坪、集雲、箕峰諸庵，香火相望。湖西諸郡，爭仰止祈福不絕，其它道院叢林，星羅棋佈，遠或數十里」**411**。據不完全統計，明代武功山山南規模大的道觀、亭、樓臺就多達四十餘座，山北則有沖仙、羅仙、石鼓等幾十座庵觀。最引人注目的是當時明世宗朱璁為母后治病而降旨的拜山之舉了。當時世宗的母后背部生瘡，四處求治，

---

409 同治《安福縣誌》卷十三《人物・仙釋》，臺北：成文出版社有限公司，1989，第 1158 頁。

410 內容同註 409。

411 （明）張程纂修，（清）張光勳增修，何明棟、羅宗陽校注：《武功山志》卷二《壇宇志》，《江西名山志叢書》系列，南昌：江西人民出版社，2000，第 469 頁。

第二章・山岳風景名勝

307

「雖諸法療治，迨今未痊，思求救於神，庶臻安復」**412**。後聞武功山為葛真君福地，於是命「正一嗣教天師張彥頹、知事郭宗遠齊捧真香，詣玉山朝謁一會，用保母疾早安，壽年延永」，其母隨即「除見患之災，……轉殃為福」**413**。清代前期，武功山道觀仍然香火旺盛，「四方告虔者，日或千萬計」**414**，至清代中後期，道教漸趨衰微。

　　武功山佛教也很興盛，其佛教活動始於南朝梁末。梁朝統治者崇佛，武功山地區也迅速建起了多座寺院。唐代武功山佛教有了較快發展，山北的永福院、清涼院、妙智院、蒙泉寺、玉皇山寺、大通院、永寧院、勝果院、妙勝院等寺院初具規模，信徒們競相頂禮膜拜。宋元時期，武功山佛教繼續發展。明代時武功山佛教進人興盛時期，山北山南興建了很多寺院，其中九龍山勝佛禪林成為聞名一方的佛教聖地。清咸豐以後，武功山佛教衰落，寺院破敗，至解放初期，停止了佛教活動。

## （三）名人題詠

　　武功山是湘贛邊界的文化名山，自唐宋以來，登山遊賞、吟

---

**412** （明）張程纂修，（清）張光勳增修，何明棟、羅宗陽校注：《武功山志》卷三《褒崇志》，《江西名山志叢書》系列，南昌：江西人民出版社，2000，第475頁。

**413** 內容同註412。

**414** （清）張貞生：《武功筆記略》，載《武功山志》卷十《詩文志》，（明）張程纂修，（清）張光勳增修，何明棟、羅宗陽校注，《江西名山志叢書》系列，南昌：江西人民出版社，2000，第635頁。

詩作賦的名人學士絡繹不絕，留下了無數珍貴墨蹟。宋代的黃庭堅、明代的烏斯道、徐霞客、羅洪先、羅汝芳等人留下的讚美武功山的詩文是武功山詩詞文海中璀璨的明珠。據不完全統計，現存讚美武功山的詩篇有一百多首，其中最有名是徐霞客的一首：「千峰嵯峨碧玉簪，五嶺堪比武功山。觀日景如金在冶，游入履步彩雲間。」**415**

　　武功山的靈山秀水又孕育了一大批仕宦文人，每一位從武功山腳下走出的仕宦文人都是武功山的驕傲，這些人留下的一首首詩文則是武功山深厚文化積澱的重要組成部分。明宣德年間進士、太常少卿吳節讚美武功山群峰「連綿開錦繡，層疊出芙蓉」**416**。明代景泰年間進士、禮部尚書彭華遊覽武功山，賦詩兩首，其中一首云：「攝衣飛步上層巔，回首人間一惘然。千里渺茫雲似水，諸峰羅列樹連天。風鳴石洞生寒雨，火伏丹爐嬝篆煙。何日歸休無一事，閑身不惜訪群仙。」**417**正德年間進士、監察禦史張鼇山對武功山更是情有獨鍾，幾乎覽遍了全山絕景，留

**415** 這篇詩文引自武功山官方網站，網址：www.wugongshan.cn。原出自宜春圖書館舊版本《明一統志・藝文篇》，由於這首詩並未見於《徐霞客遊記》，武功山志也未收錄，因此這首詩是不是徐霞客所作，有人提出質疑，詳見於www.afwg3.cn，[原創]《徐霞客〈武功遊〉詩作者質疑》，作者：天山一劍。筆者認為這個問題有待於進一步考證。

**416** （明）吳節：《望武功諸峰》，載《武功山志》卷八《詩文志》，（明）張程纂修，（清）張光勳增修，何明棟、羅宗陽校注，《江西名山志叢書》系列，南昌：江西人民出版社，2000，第 563 頁。

**417** （明）彭華：《登絕頂》，載《武功山志》卷八《詩文志》，（明）張程纂修，（清）張光勳增修，何明棟、羅宗陽校注，《江西名山志叢書》系列，南昌：江西人民出版社，2000，第 565-566 頁。

下二十多首武功山詩篇。嘉靖年間狀元羅洪先：「白雲深處閑人少，惟有希夷似不群。今日高眠千丈嶺，遠書休遣邃飛雲。」**418** 萬曆年間進士、刑部侍郎鄒德泳的「松蘿藏古洞，曾見白雲封。為問元童子，家山第幾重？采藥松山下，鐘鳴午飯時。路逢童子問，何處覓朱芝」**419**，確實有一番鄉野情趣。明人馬效良的「一林紅日不知曉，滿地白雲疑是秋。泉落丹崖齊掛練，樹懸危石盡蟠虯。」**420**給我們展現了一幅迷人的景觀。

此外，南宋詩人王庭珪，元至正年間進士李濂，永樂年間進士胡啟先、萬節，明天順年間進士、南京刑部尚書張敷華，正德年間進士、南京太僕寺卿王學夔，進士、兵部主事甘公亮，嘉靖年間進士王學孔、劉鑒、鄒善，刑部主事胡直，工部郎中郭應奎，南京兵部主事王時槐，戶部給事中陳嘉謨，尚寶司少卿張程，明隆慶年間進士、南京太僕卿鄭邦福，明萬曆年間進士王德新、鄒得溥，禮科給事中羅大紘，翰林院編修劉孔當，崇禎年間進士王辰，明末清初著名的思想家、哲學家方以智，清順治年間進士伍柳，翰林院編修張貞生，康熙年間進士管學宣，乾隆年間

---

**418**　（明）羅洪先：《睡起示武功道人》，載《武功山志》卷八《詩文志》，（明）張程纂修，（清）張光勳增修，何明棟、羅宗陽校注，《江西名山志叢書》系列，南昌：江西人民出版社，2000，第 580 頁。

**419**　（明）鄒德泳：《武功》，載《武功山志》卷九《詩文志》，（明）張程纂修，（清）張光勳增修，何明棟、羅宗陽校注，《江西名山志叢書》系列，南昌：江西人民出版社，2000，第 620 頁。

**420**　（明）馬效良：《初遊》，載《武功山志》卷九《詩文志》，（明）張程纂修，（清）張光勳增修，何明棟、羅宗陽校注，《江西名山志叢書》系列，南昌：江西人民出版社，2000，第 625 頁。

進士劉希甫、陳道等人都曾飽覽武功山美景，也留下了眾多的詩詞篇章。

## （四）紅色文化

國內革命戰爭時期，武功山是井岡山革命根據地所轄範圍，為贛西邊陲百里紅色革命根據地，尤其是在井岡山鬥爭時期，宛希先奉毛澤東的命令率部在武功山一帶開闢九龍山革命根據地，成為井岡山根據地的一大屏障。武功山一帶留下了毛澤東、彭德懷、王震、蕭克、陳毅等老一輩無產階級革命家的足跡，譜寫了眾多可歌可泣的英雄事蹟。一九三四年紅軍主力部隊長征後，譚余保領導的湘贛邊界游擊隊以武功山為依託，在這裡堅持了三年艱苦卓絕的游擊戰爭。一九三七年十一月，陳毅為了聯絡上湘贛紅軍游擊隊，冒險喬裝上武功山傳達國共合作共同抗日的指示，被紅軍游擊隊誤以為是「叛徒」，身處險境，後陳毅終於取得了游擊隊的信任，達到了預期目的。這支隊伍下山後改編成新四軍一支隊二團一營，在陳毅的率領下奔赴抗日前線。


# 三、風景名勝

## （一）白鶴峰

白鶴峰，一名金頂，也稱絕頂，為武功山主峰，相傳白鶴真人在此沖舉。白鶴峰一帶風景異常優美，尤其是雲霧彌漫之際，讓人感到像是置身於海上蓬萊仙島。古人的這段描述可謂恰到好處：「風薄雲至，烈烈鼓怒，如廣陵八月潮。雲自下起，彌漫山

谷，際天一色，浩如望洋。人在頂上猶居海島中。風驅雲砅如岩洞，如百川之投巨壑。及其風霽也，蓬勃徐出，則又如萬灶煙浮也。雲之瀚湧，各依岩巘林木，肖像萬類，隨所命而合，真奇境也。他山安得有之乎。」[421]

白鶴峰的日出景觀也非常壯觀，自古便是看日出的最佳地方。黎明之際，登上絕頂，「俯黑中，忽有物如火，俄如金在冶而欲流，一躍而升，而復赤而滿地也。彩雲夾之，變態倏不能狀」[422]。明代楊廷筠觀日出後題詩一首：「極目扶桑天際東，長鯨忽吐寶珠紅。蒼茫海沸金波立，燦爛榆收玉宇空。絕頂山光初似髻，平原夜色久猶龍。已知日觀峰前見，咫尺何須讓祝融。」[423]

最為奇特的是以白鶴峰為中心，其周邊海拔一六〇〇多米的高山之巔，綿延著十萬畝高山草甸。草甸接天摩雲，生長旺盛，登上峰際，放眼望去，綠油油的一片，蔚為壯觀。武功山的高山草甸海拔之高、面積之廣，在世界同緯度名山中都是絕無僅有

---

**421** （明）劉守：《遊武功記》，載《武功山志》卷七《詩文志》，（明）張程纂修，（清）張光勳增修，何明棟、羅宗陽校注，《江西名山志叢書》系列，南昌：江西人民出版社，2000，第 538 頁。

**422** （明）劉陽：《日觀記》，載《武功山志》卷七《詩文志》，（明）張程纂修，（清）張光勳增修，何明棟、羅宗陽校注，《江西名山志叢書》系列，南昌：江西人民出版社，2000，第 516 頁。

**423** （明）楊廷筠：《觀日出》，載《武功山志》卷八《詩文志》，（明）張程纂修，（清）張光勳增修，何明棟、羅宗陽校注，《江西名山志叢書》系列，南昌：江西人民出版社，2000，第 556 頁。

的。

　　白鶴峰頂的古祭壇是武功山一大奇觀。在海拔一九○○多米
的高山之上，分佈著葛仙壇、汪仙壇、沖應壇、求嗣壇等四座古
祭壇。這些古祭壇均用石塊壘疊而成，為山下百姓祭天祈福之
處。其中，最為出名的是葛仙壇。葛仙壇為紀念葛仙翁而設，文
天祥曾手書壇名。《武功山志》記載：「壇處山巔，舊有石岩，
後人磊石成之。每霜降木落，有金燈萬炬浮空而下，旋繞壇界而
去，豈仙人有時而聚會也與。四方之士，聞其靈異，齎糧倍程，
禮謁禱祀，鮮弗應者。宋時安福縣令彭龜年以禱雨拜壇下，立
應，書石為紀。又信國文公之尊甫，嘗躬祿於此，後丞相生而有
紫氣之兆。逮長魁天下，書『葛仙壇』三大字，以額茲山，昭靈
貺也。然則武功之感應，古今相傳，非一日矣。」[424]以葛仙壇為
中心，這裡歷史遺存眾多，其中丹池、雷岩等為歷代文人墨客所
爭相吟詠。丹池不但水清，而且可以治療疾病。明人遊記中有詳
細記載：「壇前設有丹池，淵然湛映天碧。汲者累百千不少變。
飲之香甘，可以療疾……」[425]雷岩在絕頂後，為一天然石洞。
洞中怪石林立，大風吹過，洞中不時傳來陣陣雷鳴的聲響，故有
雷神曾居住洞中之說。岩洞在明代保存完好，登山者多到洞中探

**424** （元）趙儀可：《葛仙壇記》，載《武功山志》卷七《詩文志》，（明）
張程纂修，（清）張光勳增修，何明棟、羅宗陽校注，《江西名山志
叢書》系列，南昌：江西人民出版社，2000，第 511 頁。

**425** （明）劉鑒：《武功記》，載《武功山志》卷七《詩文志》，（明）張
程纂修，（清）張光勳增修，何明棟、羅宗陽校注，《江西名山志叢
書》系列，南昌：江西人民出版社，2000，第 520 頁。

幽。明代劉鑒的《武功記》有這樣的描繪：「啥呀蒼茫，呼吸溟澤，其中空曠如屋，可容千萬人。而神雷實居其間，俯而窺之，則燁電掣至，風雨會起，岩壁風洞，上通絕頂，下達龍潭，恕號激烈，起虎嘯而動龍吟。一日之間為晦冥隱顯者，不知凡幾。又石筍挺突，石柱與首岩並峙，壁立萬峻。」**426**雷岩內有「州字崖」題刻，相傳為古飛仙所題。

白鶴峰是文人爭相遊覽和賦詩的地方。登臨白鶴峰的歷代文人墨客絡繹不絕，留下了幾十首讚美白鶴峰的詩文。宋代王庭珪遊覽白鶴峰後題詩云：「昔人騎鶴嶺頭歸，應有仙居在翠微。絕壁藤蘿無處問，時聞清唳遏雲飛。」**427**明景泰年間禮部尚書彭華登上絕頂後賦詩一首：「攝衣飛步上層巔，回首人間一惘然。千里渺茫雲似水，諸峰羅列樹連天。風鳴石洞生寒雨，火伏丹爐嫋篆煙。何日歸休無一事，閑身不惜訪群仙。」**428**此外，明代的張程、清順治年間進士伍柳等人的詩篇也非常優美。

## （二）三天門

三天門位於武功山南麓，是從安福方向登武功極頂的必經之

---

**426** 內容同註 425。

**427** （宋）王庭珪：《白鶴峰》，載《武功山志》卷十一《增補志》，（明）張程纂修，（清）張光勳增修，何明棟、羅宗陽校注，《江西名山志叢書》系列，南昌：江西人民出版社，2000，第 659 頁。

**428** （明）彭華：《登絕頂》，載《武功山志》卷八，《詩文志》，（明）張程纂修，（清）張光勳增修，何明棟、羅宗陽校注，《江西名山志叢書》系列，南昌：江西人民出版社，2000，第 565 頁。

路，海拔一〇〇〇米。武功山群峰雄奇險峻，上出重霄，唯獨三天門一帶有一面積約四平方公里的高山盆地，平坦如村居，「蓋武功之路多峻，惟此路至平，似言登山者苦於峻，正欲圖一坪而不可得，不圖為平之至於此也」[429]。所以，古時稱此為「圖坪」或「途平」。

「圖坪寬平坦衍，各寮相望，羽流仙客，多匯於此」[430]，是武功山著名的道場，明洪武八年（1375），元朝丞相史天澤之孫史谷蟾隱居於此創建圖坪庵。據載，當年史谷蟾於洪武年間初入武功山，遇一人龐眉皓首者，稱李道真，對其曰：「此道場久廢，與子復之。」[431]於是他便在此創建圖坪庵。圖坪庵為道教觀宇，祀奉葛仙翁，卻仍以庵名，是因為當年史谷蟾「以釋迦之學來遊其地，卓錫建剎，是山遂大彰顯，四方禱祀登覽往來不絕，稱江右福地。乃其所祀雖崇尚葛公而仍以庵名，從其教也」[432]。

**429** （明）吳雲：《圖坪山考》，載《武功山志》卷七《詩文志》，（明）張程纂修，（清）張光勳增修，何明棟、羅宗陽校注，《江西名山志叢書》系列，南昌：江西人民出版社，2000，第550頁。

**430** （清）阮複祖：《廣濟宮記》，載《武功山志》卷十《詩文志》，（明）張程纂修，（清）張光勳增修，何明棟、羅宗陽校注，《江西名山志叢書》系列，南昌：江西人民出版社，2000，第649頁。

**431** （明）張程纂修，（清）張光勳增修，何明棟、羅宗陽校注：《武功山志》卷六《靈驗志》，《江西名山志叢書》系列，南昌：江西人民出版社，2000，第495頁。

**432** （明）張程：《重修圖坪庵太極宮記》，載《武功山志》卷七《詩文志》，（明）張程纂修，（清）張光勳增修，何明棟、羅宗陽校注，《江西名山志叢書》系列，南昌：江西人民出版社，2000，第532頁。

嘉靖三十五年（1556），圖坪庵毀於火災。道人悟銓、元柱等率其徒與仙公木像募化四方，四方人士爭先佈施，庵得以重建。圖坪庵實為一道教建築群，中為葛仙殿，題曰「太極宮」，後為觀音堂，左為玄壇殿，又左為玉皇殿，殿后有敕書閣。此外，道人私廬如觀妙、飛仙、白鶴諸樓依次環向分佈左右。而最為有名的則首推廣濟宮。廣濟宮崇禎八年（1635）建，其後嗣而續之，代有其人，或建鐘英草堂，或建兩儀坊牌，宮之後有臥雲軒、獨醒齋、賓月軒、漱芳軒，雨沼花砌，各極其勝。宮之前正天中門樓，又有文昌閣。宮內有覺斯齋、青雲樓，又有碧雲樓、紫氣樓、盤谷軒，建築頗為華麗，「觀者如置身瓊樓玉宇之上」。[433]

　　三天門一帶山明水秀，為武功山難得的勝境。山中「琳宮梵宇，金碧輝煌，諸峰左右拱揖入其抱。前望瀑布飛流奔騰萬丈，儼重白練，有若半天風雨來者。下則溪聲澎湃，環繞如帶，居然山中一大勝概也」[434]。圖坪庵在明清兩代香火都十分旺盛，四方信徒和慕名遊覽者絡繹不絕。《武功山志》記載：「圖坪在高山下，四壁回環如幄，羽流亦多，故富子稍知嚮往，而樓居爽塏，宜人薦神。逸士多於此避炎。惟爍石流金恒如秋月，至風雨之夕有擁絮披褐者，真仙地也。八月以後，士女雲集，祈禱金缽

---

**433**　內容同註 432。

**434**　（清）劉希甫：《重修三天門記》，載《武功山志》卷十《詩文志》，（明）張程纂修，（清）張光勳增修，何明棟、羅宗陽校注，《江西名山志叢書》系列，南昌：江西人民出版社，2000，第 642 頁。

之聲晝夜不息，喧如市井。」**435**三天門一帶濃郁的道教文化和宜人的自然風光自古便為文人所爭相題詠。據不完全統計，現存有關三天門的詩文有二十多首。明代鄒守益有《遊圖坪》長詩一首，張鼇山賦詩三首，發出「此山此水乾坤愛」**436**的讚歎，明代嘉靖年間兵部主事王時槐亦留有《遊圖坪》詩：「逶迤千嶂合，突兀一峰高。獨躋雲霄迥，寧辭杖屨勞。夜寒星傍幘，天近月侵袍。此夕憐人世，無心到桔槔。」**437**

## （三）九龍山

九龍山位於金頂東南七公里左右，相傳九山下各有一龍蟠居於此而得名。又因九山圓如童首，又名九童山。九龍山萬山環繞，林木翁鬱，又是武功山著名的佛教勝地，古人稱其「九龍高峙萬山叢，寶殿霏微霧靄中」**438**。九龍山勝佛禪林「瑰巍翁蔚，

**435** （明）張程纂修，（清）張光勳增修，何明棟、羅宗陽校注：《武功山志》卷二《壇宇志》，《江西名山志叢書》系列，南昌：江西人民出版社，2000，第 473 頁。

**436** （明）張鼇山：《入圖坪有感》，載《武功山志》卷八《詩文志》，（明）張程纂修，（清）張光勳增修，何明棟、羅宗陽校注，《江西名山志叢書》系列，南昌：江西人民出版社，2000，第 579 頁。

**437** （明）王時槐：《遊圖坪》，載《武功山志》卷八《詩文志》，（明）張程纂修，（清）張光勳增修，何明棟、羅宗陽校注，《江西名山志叢書》系列，南昌：江西人民出版社，2000，第 584 頁。

**438** （明）朱世守：《望九龍》，載《武功山志》卷九《詩文志》，（明）張程纂修，（清）張光勳增修，何明棟、羅宗陽校注，《江西名山志叢書》系列，南昌：江西人民出版社，2000，第 621 頁。

為武功冠」**439**，是武功山最為有名的寺廟之一。勝佛禪林為寧
州大和尚所創建，在此之前，相傳有仙人劉蓬頭曾結茅山中。劉
蓬頭不知其名，曾「結茅獨棲，蓬頭垢面，絕粒食苦菜。山外人
往往窺其寢處，無煙火。如此者三年，後不知所去。手植桃花數
株，經久不長不凋，歲開花不實」**440**。到了嘉靖三十二年
（1553），僧寧州從湖南安仁縣古爽雲遊到九龍山創建佛宇，於
是四方僧眾雲集，堪稱巨剎。雖然劉蓬頭曾在九龍山結廬修煉，
但真正被譽為開始祖師的還是寧州大和尚。寧州當年率其徒眾開
創九龍山可謂歷經千辛萬苦，「翦荊棘，平土石，勞筋骨，餓體
膚，歷百苦以成一逸」**441**，嘉靖四十三年（1564）十月落成。
寧州圓寂後，其徒悟仁、悟真、悟全等繼承了寧州的衣缽，修葺
廬室，弘揚佛法。勝佛禪林寺宇建築眾多，東為飯堂，西為禪
室，前為山門，後為石淨室，殿左右翼為鐘鼓樓，止景橋在門之
前，千塔在山之右，鎮山塔在淨室之後，這些建築合起來稱之為
「九龍山勝佛禪林」。九龍禪林前百步許，溪水澎湃，礧磈險

---

**439** （明）胡直：《勝佛禪林記》，載《武功山志》卷七《詩文志》，（明）
張程纂修，（清）張光勳增修，何明棟、羅宗陽校注，《江西名山志
叢書》系列，南昌：江西人民出版社，2000，第 529 頁。

**440** （明）張程纂修，（清）張光勳增修，何明棟、羅宗陽校注：《武功
山志》卷四，《仙釋志》，《江西名山志叢書》系列，南昌：江西人民
出版社，2000，第 491 頁。

**441** （明）劉邦寀：《鎮山塔記》，載《武功山志》卷七《詩文志》，（明）
張程纂修，（清）張光勳增修，何明棟、羅宗陽校注，《江西名山志
叢書》系列，南昌：江西人民出版社，2000，第 523 頁。

峽，於是悟仁、悟真、悟全等緣貲召匠，大建橋其上，繼其師寧州之志而名曰「止景橋」。止景橋別具特色，「南橋止景」一直是文人爭相題詠的對象。

## （四）箕峰

箕峰俗稱雞峰，雄峙於白鶴峰前，分大小兩箕峰。箕峰為武功東南之勝境，登上箕峰，「舉目數百里青翠在望，俯視眾山如培嶁，煙雲乍起乍滅，不可狀名，亦山中大奇觀也」**442**。清乾隆年間進士陳道題有《箕尖峰》詩。箕峰也是武功山道教活動比較集中的地方。東有金庭宮，西有元覺宮，中有太極殿，上有玉皇殿，宮殿輝煌，四周飛瀑流泉、山雨欲來，雲煙繚繞，仿佛人間仙境。

## （五）明月山

明月山為武功山東北端山麓部分，因山勢呈半圓形，宛如半輪明月而得名。明月山山勢磅礴，奇峰怪石甚是壯觀。在明月山下溫湯鎮，還有罕見的富硒溫泉，日出水量達七〇〇〇噸，常年水溫在六十八至七十二度，溫泉早在西漢初年即被發現。明月山溫泉含有二十多種對人體十分有益的微量元素，尤其是罕見的富

---

442 （明）張程纂修，（清）張光勳增修，何明棟、羅宗陽校注：《武功山志》卷二《壇宇志》，《江西名山志叢書》系列，南昌：江西人民出版社，2000，第473頁。

硒，對心血管等多種疾病都有明顯的療效。明月山主峰海拔一七三五米，海拔一〇〇〇米以上的山峰就有十二座。明月山潭下村老山的瀑布——雲谷飛瀑為宜春八景之一。瀑布寬約六米，落差七十米。清朝詩人江為龍鑑賞雲谷飛瀑後，對瀑布的壯觀讚不絕口，隨即賦詩一首：「輕煙漠漠鎖山腰，一道泉流玉屑飄。氣吐白虹晴欲雨，瀑飛翠壁夜聞潮。終年匹練寒幽谷，盡日銀河瀉紫霄。我欲振衣千仞上，飽餐靈液滌塵囂。」

## （六）集雲庵

集雲庵為武功山四大名庵之一，在大小箕峰前集雲山中。集雲山也稱為小桃源，因集雲山中的溪流桃花澗而得名。相傳古時有避秦人居此，恰似陶淵明筆下的武陵源。葛公沖舉後，赤烏年間（238-251）首建道場，題曰：「小桃源」。清代張光燕題詩曰：「小小桃源別有天，武功宛若武陵然。雲間雞犬時鳴吠，世上滄桑任變遷。不為避秦來卜築，只因學道去求仙。此中人語難參透，底事漁郎向外傳。」[443]至元十三年（1276）普立禪師在此興建寺廟，因山中多雲氣而更名「集雲庵」。集雲庵附屬建築頗多，先後建成後殿、仙公殿、玄帝殿、注生殿。庵前有七層金燈塔，石質結構。集雲庵興盛時一派繁榮景象，七大宮觀皆環繞於

---

**443** （清）張光燕：《小桃源》，載《武功山志》卷十一《增補志》，（明）張程纂修，（清）張光勳增修，何明棟、羅宗陽校注，《江西名山志叢書》系列，南昌：江西人民出版社，2000，第 662 頁。

太極殿,「千石之鐘,萬石之虡,樓觀翠飛,像設而嚴,器精而堅,高明鉅麗,行有坦衢,止有潔廬,渴有精飲,神器歆歘,為大道場」**444**,實為武功之勝境。

## (七)白法庵

白法庵位於齊雲山,與九龍寺並稱為武功山巨剎之一,為白雲禪師創建。白雲禪師為福州人,原名張明星,別號白雲。他於嘉靖三十五年(1556)雲遊至武功山,見武功山層巒疊嶂,虎嘯龍吟,遂隱居於齊雲山白雲峰悟禪。萬曆十七年(1589),白雲禪師「感白鶯之瑞而創剎」,名曰「白法庵」。白法庵興盛時殿宇巍峨,山門聳峙,前來禮佛參禪的的人士也絡繹不絕,「十方法眾,雲蒸麟集,將跨匡廬而與五台諸山並駕中原」**445**。明人吳雲題詩云:「嶺雲常入座,窗外白漫漫。崖暗晴猶雨,山高夏亦寒。葷薑辛去濕,麻筍細加餐。池湧金魚聚,當軒任客看。」**446**

---

**444** (元)李濂:《集雲庵記》,載《武功山志》卷七《詩文志》,(明)張程纂修,(清)張光勳增修,何明棟、羅宗陽校注,《江西名山志叢書》系列,南昌:江西人民出版社,2000,第 522 頁。

**445** (明)劉元卿:《檀波羅蜜碑記》,載《武功山志》卷七《詩文志》,(明)張程纂修,(清)張光勳增修,何明棟、羅宗陽校注,《江西名山志叢書》系列,南昌:江西人民出版社,2000,第 539 頁。

**446** (明)吳雲:《白法庵客堂》,載《武功山志》卷九《詩文志》,(明)張程纂修,(清)張光勳增修,何明棟、羅宗陽校注,《江西名山志叢書》系列,南昌:江西人民出版社,2000,第 630 頁。

## （八）石城洞

　　石城洞，又名書林洞，是武功山葛峰附近一天然石洞，洞內可容納數百人。《武功山志》記載：「洞口奇石，四面壁立如廊。由小竇秉燭而入，澗水中流，有風花雪月，四時景象，人物奇異，不可名狀。前後相距可六里許，俗名『書林洞』。」[447]石城洞洞內乳石千奇百怪，宛如畫境，「跡所謂外洞者，周覽之，其石佳麗若彩繪，植而樛屈者如松，蹲而怒起者如獅，仰而承滴者如玉盤，昂首而吸者如龜，撼門並立者如華表，屈者如廊回，邃者如瑤房，起伏雜遝，莫可名狀，恨不冥搜耳」[448]。明代以前即有隱士居於此洞，明代馮呈兆等在洞內聚徒講學。石城洞更是在武功山一帶遠近聞名，慕名前來遊覽的人甚多，並留下了眾多題詠，萬曆年間進士羅大紘、王德新、鄒德溥等人都留有詩篇，萬曆年間劉元卿還編纂有《石城洞志》。

　　此外，武功山的瀘瀟峰、石鼓山、龜山、瀑水岩、紗帽潭等景點自古就小有名氣。

---

[447]　（明）張程纂修，（清）張光勳增修，何明棟、羅宗陽校注：《武功山志》卷一《山水志》，《江西名山志叢書》系列，南昌：江西人民出版社，2000，第464頁。

[448]　（明）劉元卿：《書林洞記》，載《武功山志》卷之七，《詩文志》，（明）張程纂修，（清）張光勳增修，何明棟、羅宗陽校注，《江西名山志叢書》系列，南昌：江西人民出版社，2000，第534頁。

**參考文獻：**

（1）安福縣誌編纂委員會：《安福縣誌》，北京：中共中央黨校出版社，1995。

（2）萍鄉市志編纂委員會：《萍鄉市志》，北京：方志出版社，1996。

（3）周英才：《陳毅涉險武功山》，《黨史文苑》，2000年第 2 期。

（4）武功山旅遊網，http://www.wugongshan.cn


## 第六節 ▶ 千姿百態的丹霞勝景——龜峰

### 一、地理環境

龜峰，位於弋陽縣城西南十五公里處龜峰鄉境內，總面積一○七平方公里。龜峰景區怪石林立、奇峰如畫，自古就有「江上龜峰天下稀」[449] 之美譽。龜峰以「三十二峰八大景」聞名於世。方循矩的長詩對龜峰千姿百態的丹霞勝景與豐富的人文景觀作了很好的描繪：

　　　　弋寺多名勝，龜峰景更妍。石屏高萬仞，峭拔勢參天。

---

**449**　（明）李夢陽：《同汪抑之閑齋遊龜峰》，載同治《弋陽縣誌》卷十三《藝文·文徵》，臺北：成文出版社有限公司，1989，第 1563 頁。

獰獸趨雲表，仙麑踞石巔。鐘聲何隱隱，旗影自翩翩。羅漢
長依舊，觀音獨屹然。淨瓶留法水，香合帶祥煙。蜃氣樓臺
近，麑音洞壑偏。象牙如玉削，鷹嘴似鉤懸。迦葉空中見，
靈芝雨露鮮。爐空沉麝冷，筍古薜蘿緣。獅踞披苔蘚，龜游
傍碧蓮。插岡雙劍古，穿石一星圓。蟾勢疑奔月，獸形若赴
淵。石倉經歲久，天柱與雲連。鸂鶒不沉水，犁牛自伏田。
猿啼秋月下，虎臥夕陽邊。屏供禪參佛，橋過跡問仙。何當
邀道者，洗耳共聽泉。**450**

　　龜峰地貌獨特，是壯年晚期至老年早期丹霞峰林的典型代
表。龜峰丹霞地貌位於揚子古板塊和華夏古板塊古逢合帶北側，
印支運動後，該區進入濱太平洋大陸邊緣活動階段，經歷了伸展
拉張→碰撞擠壓→拉張斷陷等構造發展過程，並伴有大量的火山
岩噴發和大規模的岩漿侵入，沉積了數千米厚的中生代紅色陸源
碎屑岩；第四紀以來，在新構造運動的影響下，該區地殼不斷上
升，上升的結果產生了地層的斷裂，斷塊升降差異較大，經歷了
長期的風雨剝蝕以及地表水、地下水侵蝕溶解等大自然的物理性
作用，地表岩石和地形遭受破壞，自然的鬼斧神工逐漸使龜峰形
成了今天的這種特殊地貌特徵。龜峰丹霞地貌景觀類型齊全，以
石牆、石樑、石柱、石崖、峰叢、嶂谷、單面山、豬背山、造型

---

**450**　（明）方循矩：《龜峰》，載同治《弋陽縣誌》卷十三《藝文·文徵》，
　　　臺北：成文出版社有限公司，1989，第1543-1544頁。

石、扁平洞、峰窩狀洞穴等地貌類型最為壯觀。這些景觀形成於不同發展階段，具有丹霞地貌發展過程的完整性，是丹霞地貌形成與深化過程的典型代表。景區內奇峰異石隨處可見，流泉飛瀑懸空而掛，丹崖赤壁倒映在碧波蕩漾的清水湖中，形成丹霞地貌峰林、峰叢的「天然盆景」。明代著名地理學家、旅遊家徐霞客在《徐霞客遊記》中寫道：「蓋龜峰巒嶂之奇，雁蕩所無。」**451**

　　龜峰屬氣候溫暖，雨量充沛，屬亞熱帶溫潤型氣候。年平均氣溫為十七至十八度，年平均降雨量為一八一五毫米。溫暖濕潤的氣候為植物的生長創造了天然的有利條件，龜峰山清水秀，環境幽靜，古木參天，修竹成蔭，奇花異草四季飄香。據統計，這裡各類森林植物超過千餘種，森林覆蓋率高達百分之六十六點五以上，還保存了一批珍貴稀有的瀕危樹種，最蔚為奇觀的是古水松群。龜峰周圍保存的水松達一千餘株，最多的一群達九十九株；最大的胸圍達七米，最大的樹齡為千年以上，以至植物學界、林學界都有「看水松，去龜峰」的說法。景區內還保存著胸圍七米的千年古香樟，唐代種植的四季桂，胸圍三點七七米的羅漢杉，胸圍五點五米的重陽木，胸圍三米的古銀杏、南方紅豆杉、竹柏等，還有半原始的苦櫧和甜櫧林、半原始的小葉櫟林等。龜峰這樣完好的植被在丹霞山區並不多見。

---

451　（明）徐宏祖：《徐霞客遊記》卷二上，四庫全書本。

## 二、歷史文化

### （一）山名由來

　　龜峰，因有石峰似龜而得名，又因其遠觀似圭璋，明代正德年間曾一度更名為圭峰。明代廣信府太守金銑的《圭峰唱和詩序》中對此有記載：「去弋邑縣治之西幾二十里許，有山曰龜峰。峰凡三十有二，惟龜峰獨尊，故總名之曰龜峰，以其峰之絕頂有石肖龜故也。遠而望之，又若圭璋，然故李少卿易以今名，誠一郡之偉觀也。」[452]龜峰景區各種象形石栩栩如生，尤其是近千隻象形石龜，如情侶龜、母子龜、縮頭龜、探海龜、昂首龜等，這些石龜大小不一、靜噪不同、惟妙惟肖、無奇不有，真可謂是「無山不龜，無石不龜」。整個景區遠遠望去，又如一只碩大無朋的昂首巨龜，宋代名相陳康伯在其《龜峰》一詩中有形象的描述：「形勢如龜秉賦奇，昂頭曳尾向溪湄。」[453]

### （二）佛教文化

　　龜峰是著名的佛教聖地。晉代就有僧人在龜峰附近的南岩石窟修行，唐太和年間（827-835）僧人神曜重修南岩寺，並在石壁上始鑿石龕。南岩寺一直香火旺盛。於唐乾寧二年（895），

---

**452** （明）金銑：《圭峰唱和詩序》，載同治《弋陽縣誌》卷十一，《藝文·集部》，臺北：成文出版社有限公司，1989，第 1236 頁。

**453** （宋）陳康伯：《龜峰》，載同治《弋陽縣誌》卷十三，《藝文·文徵》，臺北：成文出版社有限公司，1989，第 1555 頁。

僧人茂蟾在龜峰開山建寺，寺名始為靈勝寺。宋咸平年間（998-1003），「宋真宗改曰瑞相。太子少保趙公抃，龍圖閣學士韓西元吉，皆常賦詩。」[454]瑞相寺保存有唐宋時期佛雕四十餘座，是佛教禪宗的發祥地之一。

## （三）詩詞文化

龜峰的碧水丹山、奇峰怪石吸引了無數的遷客騷人來此遊覽，並留下千古流傳的詩詞曲賦。其中著名的有溫庭筠、王安石、楊萬里、李覯、陸游、趙師秀、陸九淵、朱熹、危素、費宏、李夢陽、汪俊、陸深、徐霞客、夏言等人，他們在這精美絕倫的「江南盆景」中流連忘返，留下了數以千計雄奇的詩文篇章是龜峰文化中的瑰寶。宋代名相陳康伯游龜峰寫下了著名《龜峰》詩：「形勢如龜秉賦奇，昂頭曳尾向溪湄。恍如獻瑞在宮日，猶似呈書出洛時。石色蒸霞紅甲潤，苔痕滋雨綠毛垂。千年屹立雲霄外，高壽喬松可等期。」[455]明代進士高明寫下《賦龜峰贈黃石崖》，發出「雲霄事業陳丞相，圭璧文章謝疊山」的讚譽和「若教移向幽燕地，殊勝長城壯漢關」[456]的讚歎。

---

**454** 同治《弋陽縣誌》卷 3，《建置·寺觀》，臺北：成文出版社有限公司，1989，第 385 頁。

**455** （宋）陳康伯：《龜峰》，載同治《弋陽縣誌》卷十三，《藝文·文徵》，臺北：成文出版社有限公司，1989，第 1555 頁。

**456** （明）高明：《賦龜峰贈黃石崖》，載同治《弋陽縣誌》卷十三，《藝文·文徵》，臺北：成文出版社有限公司，1989，第 1569 頁。

　　龜峰的摩崖石刻也堪稱一絕，自中唐以來的歷代文人多在此留下了寶貴的書法石刻。據統計，自唐代至今，崖刻已多達二〇〇多處。這些石刻都有著較高的藝術價值。摩岩石刻主要集中在「振衣台」和「一線天」一帶，其中又以振衣台和招隱庵為多，除此以外，各景點還散佈有「龜峰」、「四聲谷」、「一線天」、「淵默雷聲」、「摩尼洞天」、「別有洞天」、「天然三疊」、「阮嘯」等字體較大的石刻。龜峰一帶的摩崖石刻主要有篆、隸、楷、行、草各式，刀技精湛，風格殊異。首開先河的是唐代大曆四年進士、官居禮部尚書的李益，他在展旗峰石壁上刻寫了一個大大的「佛」字，古樸厚拙，筆力剛勁，入石三分，又撰寫一首詩於「佛」字左側：「龜山名與鶩山齊，兩度遊觀思不迷。三十二峰真色相，百千萬載古菩提。崖前飛瀑如廬岳，林好長橋似虎溪。愧我後時詢靖節，往來浪得此一題。」

## （四）軍事文化

　　龜峰還因其是一處奇險和要衝之地而成為兵家必爭之地。清咸豐年間，太平天國將領羅大綱部在龜峰各險要處壘石築城牆，抵禦曾國藩部，然終因兵力單薄抵抗不了清軍大兵壓境，兵敗撤離。咸豐八年（1858）八月十五日，曾國藩這位武職文人住進龜峰。在龜峰居住的半個月期間，曾國藩寫下了四封家書，以寄託他「修齊治平」的心境。咸豐十一年（1861）八月，太平天國忠王李秀成自湖北領新兵三十萬又在龜峰附近與清兵大戰一場。同治三年（1864），沛王譚星率部到龜峰安營紮寨，修建城堡，駐紮下來。

## 三、風景名勝

### （一）瑞相寺

位於縣城西南十公里處，圭峰鄉境內，邑人稱其為「圭峰寺」。關於其修建的過程，我們可以從《建置·寺觀》中略知一二：「龜峰寺在玉亭鄉，唐乾寧間僧茂蟾開山，宋釋慧光建法化後塔於本山。」[457]僧人茂蟾於唐乾寧二年（895）在龜峰開山建寺，寺名始為靈勝寺。宋咸平年間（998-1003）宋真宗御批，將靈勝寺更名為瑞相寺。宋隆興年間（1163-1164）南宋名相陳康伯奏請於朝廷，將瑞相寺更名為顯親崇福寺，陳康伯卒後又複名瑞相寺。元延祐五年（1318），由禪師從正主持。元至元五年（1339），寺毀於大火，後好施者鳩工拾材修復，其規模超過了原寺廟。明洪武十一年（1378），邑人舒貴卿捐資建香火院。明崇禎帝御賜為龜峰寺。明末，龜峰寺又毀於大火，僅存一殿。清順治初年（1645），僧知能住持龜峰寺，漸次修復，後其弟子碧濟繼領院事。清乾隆年間，僧靈崖秀重修龜峰寺。此後龜峰寺香火逐漸衰落。

### （二）南岩寺

南岩寺，又名南岩佛窟或南岩佛洞，位於弋陽城南三公里

---

**457** 同治《弋陽縣誌》卷三《建置·寺觀》，臺北：成文出版社有限公司，1989，第384頁。

處，為江南罕見的天然石窟寺。南岩寺建寺歷史悠久，晉代僧人始於此處修行。唐太和年間（827-835）僧人神曜重修，並在石壁上始鑿石龕。宋嘉定年間（1208-1224），邑人王元長建殿門、堂廡、鐘樓及架橋之亭，又續鑿石為諸佛像，後毀。元至正年間（1341-1368）僧人嗣正再修。明崇禎年間（1628-1644）重修，邑人范有韜贈匾曰：「自然天地」。清康熙五年（1666）僧人園修增修。道光八年（1828），僧人義林募款修神像。咸豐三年（1853），僧人空凡又重修堂房和廂房，後經民國年間再度重修。唐、宋、元、明、清等歷代僧人的接踵而至的增修使得南岩寺始具規模，香火鼎盛，朝拜者絡繹不絕，成為名揚江南的千年古剎，直至解放前夕才漸漸冷落。清弋陽知縣劉臨孫曾游此地，他在《游南岩記》中如此描述：「岩下洞穴，逶迤空中，而曠度可置千餘人……寺隨岩架立，不瓦而棟，不檐而藩……佛像古潔，若世尊羅漢諸像，不下數十，皆就壁斷石，成之如畫，懸空立，令人肅肅生悸矣」。**458**若不是親眼所見，劉臨孫也斷然不敢相信「南岩堪遊，與龜峰並」**459**。可見，在當時的人們眼中，南岩寺已毫無疑問能與龜峰相媲美。南岩寺三面紅岩環繞，七洞錯落相伴，岩下洞穴寬七十米，高三十米，進深三十米，可置千餘人。南岩寺洞內現存石龕四十餘座，摩崖石刻十餘條，依岩環

---

**458** （清）劉臨孫：《弋陽縣誌》卷十二《藝文・文徵》，臺北：成文出版社有限公司，1989，第 1484 頁。

**459** 同上。

列成半圓形，龕內雕有釋迦牟尼、文珠、普賢、觀音及十八羅漢等佛雕，這些佛雕歷史悠久、技藝精湛、造型逼真，體現了我國古代勞動人民高超的石雕技藝。

## （三）三疊龜峰

位於景區中心南面二〇〇餘米處。一座如劈似削的石柱拔地而立，高達七十七餘米，峰頂有三塊形似烏龜的巨石相重疊，故而得名。

## （四）雙劍峰

緊接三疊龜峰東側。有一長條形巨石，拔地高約七十四米，中間一縫，上分下連，似連非連，似一對寶劍直插地面，故名。明人胡夢泰詩云：「倚天雙劍自何處，夜夜精光射鬥邊。神物不應常拭用，胡教韜耀匣中眠。」[460]

## （五）雙釵峰

緊依三疊龜峰西側。以三疊龜峰為中心。與雙劍峰相對稱，此峰上歧下合，分開部分極像釵柄，突兀而起，拔地高七十餘米，似雙釵相連，故稱之。

**460** （明）胡夢泰：《雙劍峰》，載同治《弋陽縣誌》卷三《建置·寺觀》，臺北：成文出版社有限公司，1989，第 394 頁。

## （六）老人峰

位於三疊龜峰東下側，有一孤立石峰，海拔約五十一米，其身材勻稱，輪廓分明，神態悠閒，分明就是一位拱揖靜坐、垂目養神的老翁。此峰從不同角度看，形態各不相同。從西向東平視，頂端一石與中段一石交接處，可見三個洞孔，觀其景，形成「落而不落，斜而不墜」之奇景，這就是「老人峰」，又因其泰然自若、超凡脫俗的神態，又被人們稱為「道者峰」；若專看「老人峰」頭部，則活像一隻古人烹食的鼎鑊，稱之為「三足鼎立」；若整體看，又極似一位頂盔貫甲的武士，可稱之為「武士峰」；在同一角度，從右往左看，又可視為海豚戲球之貌；站在西側觀景台從高往低看，則儼然一村姑背著一隻巨大的背簍滿載而歸；當你駐足景區中心以南的好漢坡，從南向北觀看，「老人峰」又變成了一隻巨大的田螺，故又稱「螺螄峰」；若細一端詳，你會發現，它更像一隻大熊貓，有鼻子有眼，憨態可掬。同一景觀，站在不同的位置，從不同的角度觀賞，會產生各種不同的效果，看到各不相同的景致。真可謂是「移步換景，步移景異」。

## （七）金鐘峰

位於三疊龜峰東側六〇〇餘米處，海拔三一五米。石峰巨大，山色黝黑，峰如高懸的古鐘，故名。此峰還有「天氣預報」的功能，俗云「雲蓋金鐘峰，無雨亦有風」，頗為靈驗。沿龜峰外湖尾攀頂，可觀龜峰全景。晚上登臨，則可觀弋陽、貴溪兩縣的萬家燈火。

## （八）展旗峰

位於三疊龜峰北面三〇〇餘米處，與三疊龜峰遙相對峙，高一一〇餘米，山體博大，東高西緩，像一面迎風獵獵、嘯天欲飛的旌旗，而崖壁上的無數條水痕小溝恰似旗的皺褶，故稱展旗峰。此峰山石堅硬，整板一塊，無絲毫裂縫，世所罕見，是中國第二丹霞巨岩。此峰有一八〇多條流水線從峰頂直通山腰，遇有暴雨，雨水飛瀉而下，唐代詩人李益「崖前飛瀑如廬嶽」，說的就是這種景況。

## （九）獅子峰

位於三疊龜峰東側五〇〇米處。該峰三面峭壁，一面陡坡，形若雄獅，故名。此峰形態變幻，造化巧極。從正面看，雄獅眈眈相向，氣勢雄偉；繞側後眺望，則儼然一隻席地而臥、回首吼叫的猛獅。它的頭仿彿能隨著遊人轉動，大嘴張開，連口中利齒亦清晰可數，昂首長嘯之中透出威武之神態，氣勢懾人。

## （十）望郎峰

在三疊龜峰東側，有一孤立長條形石峰，高四十餘米，像一身著羅裙女子，神情憂鬱，依山遠眺，似在盼郎早歸，神態淒婉動人。

## （十一）奇人峰

位於三疊龜峰東南約五〇〇〇米處，南天一柱東下側。其小

巧玲瓏，既像一具無皮無肉的骷髏頭，更像科幻片中的外星人，故稱其為「天外來客」。又因此峰「五官俱全」，卻又「五官不正」，人們說他像舞臺上的卓別林，也有人乾脆稱其為「奇人峰」。南宋著名愛國志士謝疊山曾登臨此峰，留下自己真實心境的寫照：「三十二峰峰最高，腳踏高處真人豪。近觀靈山一掊土，俯視彭蠡無波濤。眼明始見滄海闊，心閑卻憐塵世勞。後百千年誰獨立，萬古一覽皆秋毫。」**461**登臨此峰確有一覽眾山小的開闊胸襟！

（十二）觀音峰

位於三疊龜峰東南一一〇米處，高約九十餘米。此峰狀若頭戴鳳冠，身穿袍裙、慈眉善目、普度眾生的觀音菩薩。那超然脫俗的儀表、參透人世間美醜的慈目、雍容華貴的矍笑、普度眾生的睿智，被大自然的鬼斧神工雕琢得形象傳神、淋漓盡致。

（十三）蛤蟆峰

又稱「蟾蜍峰」。位於三疊龜峰南邊百米，從三十六峰門樓前觀望，一座高約百米體積巨大的山峰，眼球暴突，渾身黝黑，皮膚起皺，似一隻張開大嘴、向天乞食的蛤蟆，惟妙惟肖。有人題詩嘲之：「堪笑蟾蜍不自量，終年饞吻向天張。天鵝自有翅，

---

**461** （宋）謝枋得：《龜峰》，載同治《弋陽縣誌》卷十三《藝文・文徵》，臺北：成文出版社有限公司，1989，第 1519-1520 頁。

憑爾癡心想斷腸。」同治版《弋陽縣誌》中有這樣的記載:「石蟾蜍能納雲氣,以占晴雨。」每逢天氣由晴轉雨,石蟾蜍周圍便雲霧繚繞,並有光暈異彩出現,不就便有雨滴散落。

## (十四)孝子哭墳

位於龜峰景區的東北隅,離龜峰五華里的山丘上。有一大一小兩座相距百米的石峰,大的高數十丈,狀如年輕男子,身穿喪服,跪在地上叩頭痛哭。小的腳大頂圓,狀如石墓。兩石峰相互掩映、相得益彰,情景動人,形成一幅感人至深的絕妙景觀——孝子哭墳。

**參考文獻:**

(1)弋陽縣誌編纂委員會:《弋陽縣誌》,海口:海南出版公司,1991。

(2)姜勇彪等:《江西弋陽縣龜峰丹霞地貌景觀特徵與形成機制》,《山地學報》,2008 年 01 期。

(3)祝群歡:《龜峰》,《國土綠化》,2001 年 01 期。

(4)張松等:《江西龜峰丹霞地貌景觀類型與成因分析》,《資源調查與環境》,2008 年 01 期。

## 第七節 ▶ 通江達海的南北要衝——大庾嶺

### 一、地理環境

　　大庾嶺，五嶺之一。位於大余縣以南十公里，是江西大余縣與廣東南雄市的天然分界線。大庾嶺屬南嶺山脈東段分支，呈東北至西南走向，為贛江和北江的分水嶺，海拔七四六米，地勢險要 ，「此蓋五嶺之第一嶺也，其山延袤二百里，螺旋九磴而至頂。……山極峻，登者難之」[462]。山體多由花崗岩和變質岩組成，「蒼岩疊巘，壁立峻峭」[463]。

　　大庾嶺屬亞熱帶季風氣候區，溫暖濕潤，四季分明，日照充足。其山勢盤互，形成綿延百里的天然屏障，對冬季的寒潮南下起著一定的攔阻作用，使嶺南和嶺北的氣候寒暖有所不同。嶺北常見霜雪，嶺南則很少有霜雪，且南側降水比北側稍多，所以這裡又是江南和嶺南小氣候的天然分界線，嶺上梅花「南枝落，北枝開」[464]就是由這一氣候差異所造成的。

　　大庾嶺植被豐富，林木繁茂，以常綠闊葉林為主。嶺上尤以多梅著稱，「庾嶺有梅，古昔已然」[465]。大庾嶺早在何時有梅，

---

**462** 同治《南安府志》卷三《山川》，贛州地區志編纂委員會辦公室，1987，第 59 頁。

**463** 雍正《廣東通志》卷十《山川志》，四庫全書本。

**464** （唐）白居易原本，（宋）孔傳續撰：《白孔六帖》卷 99，《梅》，四庫全書本。

**465** 乾隆《保昌縣誌》卷三《山川》，《中國地方誌集成》，江蘇：江蘇古籍出版社，1996，第 588 頁。

已無從考證，但可以肯定的是，至少在三國時，大庾嶺上已經有梅花了。東吳陸凱率兵南征，正值梅花開放，想起好友范曄，於是折梅一枝，「詣長安與曄，兼贈詩曰：折梅逢驛使，寄與隴頭人。江南無所有，聊贈一枝春」[466]。歷代，「庾嶺寒梅」都著稱於世。由於大庾嶺南北氣候差異的緣故，庾嶺寒梅一樹分南北，南枝花落，北枝花開，由來已久，自古稱奇。正如宋代朱翌的《猗覺寮雜記》中記載：「梅用南枝事，共知《青瑣》、《紅梅》詩云：南枝向暖北枝寒。李嶠云：大庾天寒少，南枝獨早芳。張方注云：大庾嶺上梅，南枝落，北枝開。南唐馮延巳詞云：北枝梅蕊犯霜開。則南北枝事，其來遠矣。」[467]清代和民國間，時人還曾親眼目睹並記錄了這一奇特景觀。乾隆年間《保昌縣誌》載：「於今臘月嶺上梅花盛開，秀色迷離，清香馥郁。所謂南枝先，北枝後，猶然如故。」[468]民國七年，大庾知事吳寶炬也賦詩云：「我至大梅關，快登張相閣。放眼看梅花，丰姿競綽約。氣候有燠寒，秉氣分厚薄。南枝開燦爛，北枝將破萼。」[469]庾嶺以紅梅為多，「其上多產梅，尤多紅梅」[470]。明南安知府張弼《贈

**466** （明）馮惟納：《古詩紀》卷六十四，四庫全書本。

**467** （宋）朱翌：《猗覺寮雜記》卷上，《四部叢刊》本。

**468** 乾隆《保昌縣誌》卷三《山川》，《中國地方誌集成》本，江蘇：江蘇古籍出版社，1996，第588頁。

**469** 民國《大庾縣誌》卷十三《藝文·詩》，吳保炬等修、劉人俊等纂，臺北：臺灣成文出版社，1989，第1656-1657頁。

**470** 嘉靖《南安府志》卷八《山川》，《天一閣藏明代方志選刊續編》，上海書店影印，1990。

紅梅斂事》中有「庾嶺小紅梅，風標天下絕」**471**的讚譽。清人
屈大均《廣東新語》卷二十五載：「嶺上梅微與江南異，花頗類
桃而唇紅，故驛名紅梅。蓋嶺頭雪少，積陽之氣所發，故梅多紅
而香烈。」當然，嶺上也不乏白梅，自宋代就有「紅白梅夾
道」**472**的記載，至清代道光年間已是「嶺上累經增植，白者為
多，至結子之梅，花白瓣單」**473**。

　　大庾嶺上亦多松樹，明人葉權就有「今雖名之為松嶺可也，
何取梅哉！」**474**的感歎。庾嶺松樹不但姿態萬千，而且多為古
松，高大粗壯，夾道成蔭，「大者十餘抱，枝柯百尋，嫋嫋若藤
蘿下垂而多倒折，葉黝黑，望若陰雲，夾道有數百株，左回右
轉，多張曲江手植」**475**。

　　大庾嶺舊時多猿，「大庾嶺有白猿洞，洞多梅樹，白猿嘗攀
掛其上，花與猿，皓然莫辨也。行者聞風生，始知為白猿吟嘯。
復有緋猿，善啼，啼必三聲」**476**。

　　大庾嶺盛產仙茅，仙茅也稱婆羅門參，根、莖可入藥。據文

**471** 同治《南安府志》卷二十八《藝文十一》，贛州地區志編纂委員會辦
公室，1987，第 734 頁。

**472** （宋）王鞏：《聞見近錄》，四庫全書本。

**473** 道光《直隸南雄州志》卷九《物產》，臺北：成文出版社有限公司，
1967，第 176 頁。

**474** （明）葉權：《賢博編》，北京：中華書局，1987。

**475** （清）屈大均：《廣東新語》卷二十五《木語》，續修四庫全書本，
上海：上海古籍出版社，1995，第 773 頁。

**476** 同上。

獻中記載，大庾嶺仙茅「葉似蘭蕙，花六出。其根獨莖而直，傍有短細根相附。八月采之，濯以嶂下流泉，色白如玉，以酒蒸曬，嘗服補益真氣，土人多以餉客」[477]。明代南安知府張弼曾有《仙茅》詩云：「庾嶺仙茅舊有名，隨時采服發常青。」[478]

燕山造山運動時期，由於花崗岩漿的大量侵入，大庾嶺山區形成了豐富的礦產資源，其中鎢、錫、稀土等有色金屬中外聞名，被譽為是「有色金屬之家」、「世界鎢都」。

## 二、歷史文化

### （一）山名由來

大庾嶺自古有多個稱謂：台嶺、梅嶺、大庾嶺、塞上、東嶠、連谿山。其中，以大庾嶺和梅嶺稱謂最為普遍。

大庾嶺因漢武帝時樓船將軍楊僕的裨將庾勝在此築城而得此名，唐李吉甫的《元和郡縣誌》卷三十五載：「漢伐南越，有監軍姓庾，城於此地，眾軍接受庾節度，故名大庾。」在清同治十三年刊本的《大庾縣誌》中有「形似廩庾，因名之」之說，這一說法流傳不廣，很少為人們所接受。

唐宋以後，「梅嶺」逐漸成為人們習慣的稱謂。關於梅嶺之

---

**477** （清）屈大均：《廣東新語》卷二十七《草語》，續修四庫全書本，上海：上海古籍出版社，1995，第815頁。

**478** （明）曹學佺：《石倉歷代詩選》卷四百〇八，四庫全書本。

得名，有兩種說法：其一，因嶺上梅花而得名，「其上多梅，又名梅嶺」[479]；其二，因有越人首領梅鋗曾駐兵嶺下，後人便稱之為梅嶺。這種觀點以清屈大均《廣東新語》中闡述最為詳盡：「梅嶺之名，則以梅鋗始也。鋗本越勾踐子孫，與其君長避楚，走丹陽皋鄉，更姓梅，因名皋鄉曰梅里。越故重梅，向以梅花一枝遺梁王，謂珍於白璧也。當秦並六國，越復稱王，自皋鄉逾零陵至於南海。鋗從之，築城滇水上，奉其王居之，而鋗於台嶺家焉。越人重鋗之賢，因稱是嶺曰梅嶺。」[480]其實，在《史記》、《漢書》中均未有梅鋗「築城滇水上，奉其王居之」的記載，此說法並沒有可信的史實依據。而且，秦以前的文獻都把大庾嶺稱之為台嶺，很少有稱為「梅嶺」的，就連《元和郡縣誌》和《水經注》中都沒有梅嶺這一名稱。因此，此觀點在清代就遭到大庾知縣余光璧的質疑，現代學者對此也多有考訂，認為「梅嶺因梅鋗得名的這一說法並不可靠」，「荒謬之處不難窺視」[481]，「梅鋗避居台嶺之事實難成立，古台嶺改為梅嶺與這位功高勳殊的反秦名將無關」[482]。可見，梅嶺之得名是因嶺上多梅的緣故。

---

**479** 天順《明一統志》卷五十八，（明）李賢等撰，四庫全書本。

**480** （清）屈大均：《廣東新語》卷三，《山語》，續修四庫全書本，上海：上海古籍出版社，1995，第 487 頁。

**481** 程傑：《論庾嶺梅花及其文化意義——中國古代梅花名勝叢考之三》，《北京林業大學學報》，2006 年第 2 期。

**482** 羅耀輝：《梅嶺得名小考》，《廣東史志》，1995 年 Z1 期。

## （二）通江達海的繁華商道

大庾嶺自古就是中原通往嶺南的交通要道，「梅嶺為江廣襟喉，南北之官輅，商賈之貨物，與夫諸夷朝貢，皆取道於斯」[483]。隋朝開通大運河，南北水路交通逐步成為我國對外貿易的主要通道，廣州也逐步成為我國對外貿易的重要港口。於是，在五口通商之前，中原南下到廣州的貨物就由大運河南下，經揚州溯長江而上，抵達鄱陽湖，再沿贛江而上，入章水，翻越大庾嶺進入南雄，然後順湞水而達廣州，從廣東方向的貨物進入中原則反其道而行之。從此，大庾嶺成為通江達海的交通要塞。在張九齡開鑿嶺路之前，大庾嶺交通要塞的地位已初見端倪，南來北往的人們多取途於小梅關。唐玄宗開元四年（716），左拾遺內供奉張九齡奉命開鑿嶺路，「緣磴道，披灌叢，相其山谷之宜，革其阪險之故。歲已農隙，人斯子來，役匪逾時，成者不日，則已坦坦而方五軌，闐闐而走四通」[484]。從此，南來北往的官員商賈不絕於途。

明代至清五口通商之前，是大庾嶺古商道最為繁華的時期。明成化間，嶺上「商賈如雲，貨物如雨，萬足踐履，冬無寒

---

**483** （清）周禮：《重修梅嶺路記》，同治《南安府志》卷十九《藝文二》，贛州地區志編纂委員會辦公室，1987，第 485 頁。

**484** （唐）張九齡：《開鑿大庾嶺路序》，載《曲江集》卷十七，四庫全書本。

土」[485]，呈現出一派極其繁忙的景象。萬曆年間傳教士利瑪竇
翻越大庾嶺，他所見到的是：「旅客騎馬或者乘轎越嶺，商貨則
用駄獸或挑夫運送。他們好像是不計其數，隊伍每天不絕於
途。」[486]可見當時大庾嶺商路的繁華。乾隆二十二年（1757），
清政府規定廣州「一口通商」，大庾嶺交通要塞的地位變得更為
重要，商業也更為繁榮。嘉慶時「長亭短亭任駐足，十里五里供
停驂。蟻旋魚貫百貨集，肩摩踵接行人擔」[487]是當時道旁客棧
飯店、茶坊酒肆鱗次櫛比的真實寫照。五口通商以後，大庾嶺商
路的地位一落千丈，原來依附於廣州與江西、湖南轉運業務的十
萬路夫失業，為楊洪起義準備了大量兵源，導致了這一地區社會
的巨變。[488]一九三三年一月，大庾到南雄的贛粵公路建成通車，
大庾嶺古商道完成了它一千多年的使命，逐漸趨於廢棄。

## （三）華夷分野

由於嶺南開發較晚，宋代以前，嶺南的經濟文化發展較中原
地區相對落後，在世人的眼中還是煙瘴之地，未被開化的蠻荒之

**485** （明）桑悅：《重修嶺路記》，同治《南安府志》卷二十一《藝文四》，
贛州地區志編纂委員會辦公室，1987，第 524 頁。

**486** 利瑪竇撰，何高濟等譯：《利瑪竇中國札記》，北京：中華書局，
1983，第 279 頁。

**487** （清）楊煒：《丁卯春聞滿山均己發花喜而記之》，道光《直隸南雄
州志》卷十八《賦》，臺北：臺灣成文出版社，1967，第 345 頁。

**488** 梁允麟：《嶺南古史商榷》，廣州：嶺南美術出版社，1997，第 262
頁。

地，朝廷貶謫的官員大多流放在這裡。因此，大庾嶺又成為時人眼中的「華」與「夷」，「化內」與「化外」的分野，也是中原文化與嶺南文化的分界線。早在唐初，宋之問就把庾嶺看成是「嶻起華夷界」。[489]南宋楊萬里也曾這樣寫到：「贛之為州，控江西之上流，而接南粵之北陲，故里顧一路之兵鈐，而外提二境之戎昭，其地重矣。」[490]這裡的「裡」與「外」就是指政治上的「化內」與「化外」，空間上以大庾嶺為界，嶺南在當時就是化外邊陲之地。《方輿勝覽》中稱南安軍「控江西上流，接南荒之境」[491]，可見大庾嶺以南的地區在時人的眼中是「蠻荒」之地。這種把梅嶺作為華夷分界的標誌一直延續到清代，清人趙開雍《登梅嶺》詩中還有「高攀一線嶺，下瞰百蠻天」[492]的詩句。至今在梅關門樓上還有保存完好的清光緒癸末年春閩汀李化題寫的「梅止行人渴，關防暴客來」的對聯，我們不難看出，這裡的「行人」是指在嶺上行走的具有合法身份的越嶺者，而「暴客」則多指嶺南那些還沒有取得戶籍的「蠻夷」，他們還不是王朝統治下的「編戶齊民」。

**489** （唐）宋之問：《早發大庾嶺》，道光《直隸南雄州志》卷十七《詩》，臺北：成文出版社有限公司，1967，第 315 頁。

**490** （宋）楊萬里：《章貢道院記》，《誠齋集》，四部叢刊本。

**491** （宋）祝穆：《方輿勝覽》卷二十二，四庫全書本。

**492** （清）趙開雍：《登梅嶺》，同治《南安府志》卷二十七，《藝文十》贛州地區志編纂委員會辦公室，1987，第 709 頁。

## （四）修路植梅

　　嶺路年久就會出現路面壞損的情況，如不及時維修，將會給行人帶來不便，因此，為保持嶺路的暢通，「踵而修者，代有其人」[493]。更為有趣的是，修路往往都伴隨著植梅。因為庾嶺寒梅自古聞名，而梅嶺上沒有梅的現象又時有發生，南來北往的士大夫和宦游者們見到梅嶺無梅，總難免有點沮喪，因此，「好事者往往增植之」[494]。宋人祝穆《方輿勝覽》中記載：「嶺上有寺，有婦人題云：妾幼侍父任英州司寇，父代歸，以大庾有梅嶺之名，而反無梅，遂植三十株於道旁。又題此詩於壁間云：英江今日掌刑回，上得梅山不見梅。輟俸買將三十本，清香留與雪中開。」[495]這是梅嶺人工植梅最早的記載。此後，有關歷代過嶺的士大夫和當地官員植梅修路的記載不絕於史冊。現將歷代修路與植梅的活動整理如下表：

### 表 2.1　歷代修路與植梅一覽表

| 年代 | 倡修人（捐資人） | 修路植梅情況 | 引注的文獻 |
|---|---|---|---|
| 北宋初年 | 英州司寇之女 | 種（梅）三十株於道旁 | 祝穆《方輿勝覽》。 |

---

[493]　（清）周禮：《重修梅嶺路記》，同治《南安府志》卷十九，《藝文二》贛州地區志編纂委員會辦公室，1987，第 484 頁。

[494]　乾隆《保昌縣誌》卷三《山川》，《中國地方誌集成》，江蘇：江蘇古籍出版社，1996，第 588 頁。

[495]　（宋）祝穆《方輿勝覽》卷二十二四庫全書本。

**續上表**

| 年代 | 倡修人（捐資人） | 修路植梅情況 | 引注的文獻 |
|---|---|---|---|
| 北宋嘉祐八年（1063 年） | 江西提點刑獄蔡挺、廣東轉運使蔡抗 | 「陶土為甓，各築其境，仍復夾道植松，以休行旅」、「並嶺以北路表曰梅關。」 | 《大清一統志》卷255；同治《南安府志》卷3，《山川》。 |
| 淳熙年間 | 南安府知軍管銳 | 多植梅，以實其名。 | 同治《南安府志》卷3《山川》。 |
| 元泰定二年（1325 年） | 南雄路總管亦馬都丁 | 增植松梅。 | 道光《直隸南雄州志》卷10《山川》。 |
| （後）元至元四年（1338 年） | 南雄路總管楊益 | 增植松梅。 | 道光《直隸南雄州志》卷10《山川》。 |
| 明永樂末年（1424 年） | 南雄知府陳錫 | 關梅路松，約禁砍伐，更為補植。嶺路重加甃砌，以便往來。 | 道光《直隸南雄州志》卷6《名宦》。 |
| 明正統十一年（1446 年） | 南雄知府鄭述 | 重砌嶺路九十里，補植松梅五千餘株。 | 道光《直隸南雄州志》卷20《藝文·記》。 |
| 明成化十五年（1479年） | 南安知府張弼 | 重修嶺路，起郡治，迄梅嶺鋪，凡二十里許，俱甃以石。 | 同治《南安府志》卷3《山川》。 |
| 明正德九年（1514年） | 廣東右布政使吳廷舉 | 增植松梅萬五千餘株。 | 道光《直隸南雄州志》卷20《藝文·記》。 |
| 明天啟四年（1624年） | 大庾知縣陳九錫 | 重甃梅嶺路二千三百餘丈，修補之數如之，又建望梅閣於紅梅鋪南。 | 同治《南安府志》卷15《名宦》。 |
| 明崇禎初年 | 博羅人張萱 | 植三百株。 | （清）屈大均：《廣東新語》卷25《木語》。 |

**續上表**

| 年代 | 倡修人<br>（捐資人） | 修路植梅情況 | 引注的文獻 |
|---|---|---|---|
| 清乾隆六年<br>（1741年） | 大庾知縣<br>余光璧 | 種梅核凡三千餘顆。 | 乾隆《大庾縣誌》<br>卷 20《藝文》。 |
| 清嘉慶三年<br>（1798年） | 兩廣總督吉慶 | 捐白金千兩交該署守，<br>庀材鳩工，修整嶺路，<br>並於路旁種植松梅，以<br>資蔭憩。 | 道光《直隸南雄州<br>志》卷 21《藝文》。 |
| 清嘉慶十一年<br>（1806年） | 廣東候補道<br>楊煒 | 丙寅三月行至大庾嶺不<br>見梅花，……因分俸，<br>屬署保昌王大令名遑，<br>種梅數百本。 | 道光《直隸南雄州<br>志》卷 18《詩》。 |
| 清道光三十年<br>（1850 年）、<br>咸豐元年<br>（1851 年） | 南安知府<br>汪報閏 | 每歲以九百緡為繼修之<br>費」、「計自嶺頂至郡<br>城，長二十五里。 | 同治《南安府志》<br>卷 19《藝文二》。 |
| 清光緒十四年<br>（1888年） | 南安知府周浩 | 遂捐俸為之倡，諸君子<br>亦樂解囊，無吝嗇。凡<br>種桃、梅、李之屬六千<br>數百株。 | 民國《大庾縣誌》<br>卷 10《藝文・記》。 |

## （五）梅嶺詩歌

　　「一路梅花一路詩」，庾嶺寒梅傲霜鬥雪、冰清玉潔、千古聞名，梅嶺的詩總是與梅分不開的，過嶺的文人大多托梅言志，借景抒懷，留下了有關梅嶺的題詠數百篇，形成了獨特的梅嶺詩歌文化。其中東吳的陸凱，唐代的宋之問、張九齡、沈佺期，宋代的蘇軾、戴復古、羅願、張九成、朱熹、文天祥，元代的伯顏、聶古栢，明代的戚繼光、湯顯祖、何維栢、劉傑、丘浚，清

代的朱彝尊、屈大均、袁枚、胡定等人的名篇佳作廣為流傳。

現存最早的有關梅嶺的詩歌是上文所提到的三國時東吳陸凱的那首《贈范曄》，寥寥二十字，卻包含了無限的詩情畫意，道出了朋友間最真摯的感情，平淡而又高雅。詩中的「一枝春」作為梅花的象徵，向人們預示著寒冬即將遠去，美好的春天即將來臨，以此祝願人們美好的心願定能實現。大概從陸凱贈詩開始，「一枝春」就成為梅花及贈別的代稱了，可見影響之深遠。

唐宋時期，嶺南在人們的眼中還是一令人畏懼的「煙瘴」之地，未被開化的「蠻荒」之地，一度成為朝廷流放被貶官員的地方，翻越梅嶺的遭貶謫官員成了嶺上一道特殊的風景。梅關是從中原進入嶺南的最後一道關口，因此，貶謫嶺南的官員一走到這裡，想到自己官場失意、生死未卜，都難免觸景生情，天涯淪落之感油然而生，個個極其傷感。於是，他們借梅詠志，留下了傳誦千古的詩篇。唐光宅元年（684），宋之問貶嶺南欽州，途經梅嶺，留下了《題大庾嶺北驛》和《度大庾嶺》等詩篇。其中《度大庾嶺》：「度嶺方辭國，停軺一望家。魂隨南翥鳥，淚盡北枝花。山雨初含霽，江雲欲變霞。但令歸有日，不敢恨長沙。」**496**表達了詩人對中原的眷戀和對自己不幸遭遇的無限傷感之情。蘇東坡謫居嶺南七載，過梅嶺時寫下了多篇題詠，其中《贈嶺上梅》：「梅花開盡百花開，過盡行人君不來。不趁青梅嘗

---

**496** 康熙《御定全唐詩》卷 52，四庫全書本。

煮酒，要看細雨熟黃梅」[497]，生動描繪了一副充滿詩情畫意的古道梅景，從中可以看出詩人的超脫與豁達。與那些客死他鄉的貶謫官員們相比，蘇東坡畢竟是幸運的，沒想到自己七載之後還能奉詔北歸。當他北行至大庾嶺時，在一旅店小憩，遇一老翁，於牆壁上題贈一首《贈嶺上老人》：「鶴骨霜髯心已灰，青松合抱手親栽。問翁大庾嶺頭住，曾見南遷幾個回？」[498]欣慰之餘，也透露了幾分無奈。

文天祥和戚繼光的梅嶺詩則充滿了豪情與悲壯。文天祥曾多次轉戰於梅關古道南北，最後在嶺南兵敗被俘，在押至北京途中經過梅嶺，作《安南軍》：「梅花南北路，風雨濕征衣。出嶺誰同出？歸鄉如不歸。山河千古在，城郭一時非。餓死真吾志，夢中行采薇。」[499]詩中那捨生取義的一身正氣，令人肝腸回蕩，肅然起敬，是梅嶺詩歌中最具豪邁與壯烈的一首。著名的抗倭名將戚繼光萬曆年間曾調鎮廣東，經梅嶺時寫下《度梅關》：「溪流百折繞青山，短髮秋風夕照間。身入玉門猶是夢，復從天末出梅關。」[500]這位身經百戰的名將南征北戰、出生入死，把梅關看成玉門關，頗顯鞠躬盡瘁，死而後已的風範。

元明以後，行走於嶺上的貶謫官員漸漸地少了，悲憤傷感的

---

**497**　（宋）蘇軾：《東坡全集》卷 25，四庫全書本。

**498**　同上。

**499**　（宋）文天祥：《文山集》卷 19，四庫全書本。

**500**　（清）朱彝尊：《明詩綜》卷 54，四庫全書本。

貶謫詩歌也相應地減少了。然而，在這繁華的古驛道上，古松成蔭，梅花夾道，總能令南來北往的文人墨客詩興大發，「如是無詩句，梅花也笑人」**501**，於是吟詠庾嶺松梅，頌懷曲江功績的詩篇漸漸成為主流。如明代文淵閣大學士丘浚的《題大庾嶺紅梅》三首、《大庾嶺路松》，清代著名詩人袁枚的《過梅嶺》，清乾隆翰林院編修杭世駿的《大庾嶺謁張文獻祠》都是傳世的代表之作。

## （六）軍事要塞

大庾嶺「據南北之咽喉，為戰守必爭之地」**502**，所以，這裡自古就是著名的軍事要塞。秦始皇三十三年（前214年），尉屠睢指揮五十萬大軍為五軍南下征百越，其中「一軍守南野之界」，**503**次年，在大庾嶺上築秦關，「其曰秦關者，以始皇三十四年，所適治獄吏不直者所築也。《南康記》云：南野三十里至橫浦，有秦時關，其下曰塞上。」**504**梁大寶元年（550）正月，陳高祖霸先嶺南起兵，北討侯景，「高祖發自始興，次大庾嶺。

---

**501** （元）聶古柏：《梅嶺題知事手卷》，同治《南安府志》卷二十六《藝文九》贛州地區志編纂委員會辦公室，1987，第 683 頁。

**502** （清）顧祖禹：《讀史方輿記要》卷八十三《江西一》，《續修四庫全書》第608冊，史部，上海古籍出版社，2003 年版，第 401-402 頁。

**503** （漢）劉安：《淮南鴻烈解》卷十八《人間訓》，《叢書集成初編》本，上海：商務印書館，1937，第 714 頁。

**504** （清）屈大均：《廣東新語》卷三《山語》，《續修四庫全書》本，上海：上海古籍出版社，1995，第 487 頁。

路養出軍頓南野，依山水立四城以拒高祖。高祖與戰，大破之」[505]。隋開皇十年，番禺俚帥王仲宣反隋，曾「立九柵，屯大庾嶺」[506]，隋將裴矩大破之。至德二年（757）二月，江西採訪使皇甫侁與永王璘大戰於大庾嶺，永王璘戰敗被執。咸豐年間，太平軍石達開部九千人浴血梅關，堅守二十餘日。北伐時期，國民革命軍也曾兩度梅關，挺進贛南。

## （七）革命名山

大庾嶺還是一座革命名山。毛澤東、朱德曾率紅四軍攻佔梅嶺。一九三二年，紅一方面軍入粵，七月三日，紅一軍團一部攻佔梅關，擊潰敵軍一個團。後紅一軍團與紅五軍團匯合，組織了著名的「水口戰役」，在大庾嶺下南雄水口一帶擊潰粵軍十五個團的「圍剿」。一九三四年十月中央主力紅軍長征以後，陳毅、項英等同志從中央蘇區突出重圍，在贛粵邊界以油山為中心，堅持了三年艱苦卓絕的游擊戰爭。當時，梅山就是其中一重要的游擊根據地。一九三五年十月，「北山事件」後，項英、陳毅和贛粵邊界特委機關由北山山區翻山越嶺向油山轉移，巧渡梅關，陳毅寫下了《偷渡梅關》：「敵壘穿空雁陣開，連天衰草月遲來。攀岩附葛君須記，萬載梅關著劫灰」，記載了當時的艱難險阻。

---

**505**　（唐）姚思廉：《陳書》卷一《本紀第一·高祖上》，四庫全書本。

**506**　（唐）魏徵等：《隋書》卷六十七《列傳第三十二·裴矩》，四庫全書本。

一九三六年冬天，游擊根據地又發生了「梅山事件」：一個名叫陳海的地下交通員叛變，送假情報進山，聲稱黨中央已經派人來大庾，騙陳毅等人下山到大庾縣城地下交通站與中央來的同志接頭聯繫。陳毅不知是計，與梅山區委書記黃贊龍兩人一起化妝下山，他們一到縣城，就發現交通站已經被國民黨包圍搜查，這時有人告知陳海已經叛變，陳毅和黃贊龍立即機智脫險。當陳毅返回梅嶺時，又遇見搜山的國民黨士兵下山，於是陳毅藏身於梅山齋坑一石洞中。敵人搜山二十餘日一無所獲，竟放火燒山。幸虧天降一場瓢潑大雨，將火澆滅，陳毅躲過此劫。正是在這種境遇下，陳毅視死如歸，寫下了氣吞山河的《梅嶺三章》：

　　一九三六年冬，梅山被圍。余傷病伏叢莽間二十餘日，慮不得脫，得詩三首留衣底，旋圍解。

　　斷頭今日意如何？創業艱難百戰多。此去泉台招舊部，旌旗十萬斬閻羅。

　　南國烽煙正十年，此頭須向國門懸。死後諸君多努力，捷報飛來當紙錢。

　　投身革命即為家，血雨腥風應有涯。取義成仁今日事，人間遍種自由花。

一九六〇年，陳毅元帥滿懷深情地為大余題詞：「大余的梅

山和梅關都是老革命根據地，是革命人民的故鄉之一。」[507]

「江南名山曰大庾」[508]，大庾嶺以其特殊的地理位置和特有的文化積澱，在中國歷史版圖上扮演了極其重要的角色，見證了中國南方的開發歷史，見證了「海上絲綢之路」的繁華，不愧為一聞名中外的千古文化名山。

## 三、風景名勝

### （一）梅關古驛道

梅關古驛道即大庾嶺驛路，是古代中原通往嶺南最為繁華的官方驛道，也是江南現存最長、最完好的古驛道。唐開元四年（716），左拾遺內供奉張九齡奉詔開鑿，並在驛道沿途興建了驛站、茶亭、客棧等。從此，「諸夷朝貢，四方商賈，貿遷貨物，上及仕宦，俱於是焉取道」[509]。成為我國南方「海上絲綢之路」的樞紐要地。宋嘉祐八年（1063），江西提點刑獄蔡挺與時任廣東轉運使的兄長蔡抗協議，以磚石分砌梅嶺南北路，夾道植松，以便商旅憩息。此後，歷代官員均有修葺，其中尤以明成化十五年（1479）南安知府張弼所修為最，將府城驛使門至梅關近二十

---

**507** 江西大余縣誌編纂委員會：《大余縣誌》，海口：中國三環出版社，1990，第40頁。

**508** 乾隆《大清一統志》卷二百五十五，《南安府》，四庫全書本。

**509** （清）甘棠：《重修梅嶺路記》，同治《南安府志》卷十九，《藝文二》贛州地區志編纂委員會辦公室，1987，第483頁。

里的路程「砌而砥之」[510]，全以卵石鋪設路面，以長條青石固其邊幅。現存的梅關古道長約八公里，路面鋪砌青石及鵝卵石，寬四米，最寬五點五米，梅關前的路面僅二點五米。

## （二）梅關

在大庾嶺絕頂，古稱秦關，又稱橫浦關，有新舊二處。西元前二一三年，秦征服百越後，在大庾嶺上築橫浦關，後人稱之為秦關，秦關舊址在今天的小梅關，此為一處。唐張九齡開鑿嶺路，入粵之路改經此路，秦關逐漸廢棄。現在殘存的梅關在古驛道上，為唐以後的新關，人們稱之為大梅關。該關始建於北宋嘉祐八年（1063），江西提點刑獄蔡挺「立關於嶺上，植柱碣名梅關，以分江廣之界」[511]，故有「唐開路、宋立關」之說。梅關關樓地處梅嶺山巔，兩峰夾峙，形如一道城門，高聳於梅嶺分水界上，是著名的「一步跨兩省」的地方。明成化十九年（1483年），南雄知府江璞易名為嶺南第一關。梅關因戰爭等破壞，關樓累圮累修，現存的殘關關樓是明萬曆二十六年（1598年）重修的。原關樓分兩層建築，上層為瓦房，下為城門。今上層已倒塌，僅存關門。門洞深五點五米，內寬三點五米，高三點五米，洞門內兩側牆留有閘門逢道和閂門洞眼，說明關門也重疊數層，

---

510 民國《大庾縣誌》卷二，《地理·津梁》，臺北：成文出版社有限公司，1989，第 167 頁。

511 乾隆《大清一統志》卷二百五十五，《南安府》，四庫全書本。

真所謂「一夫當關，萬夫莫開」。城門上，南北二方都有石匾：北面石匾陰刻的是「南粵雄關」四個大字，未注落款；南面「嶺南第一關」為萬曆年間南雄知府蔣傑題刻。南面城門二側有聯曰：「梅止行人渴，關防暴客來」，是光緒癸未年閩汀李化題。東側是登關樓的惟一蹬道。西側三米，豎立有一塊赭紅色大石碑，碑高二點七米，寬一點二米，上刻有「梅嶺」兩個大字，剛勁有力，為清康熙年間南雄知府張鳳翔所立。

## （三）接嶺橋

接嶺橋是古驛道上重要的橋樑，它坐落在地形險峻、溪深水急的梅山水上，為單孔石拱橋，自大庾登嶺從此處開始。橋長八點五米，寬三點六五米，拱高一點三米，麻條石砌成。此橋始建於唐開元年間，舊名禮錫橋。明成化九年（1473年）大庾朱華捐俸重建，並於橋前建一亭。時郡太守盧浚作記並分別給橋和亭取名為接嶺橋、息肩亭，「橋曰接嶺，以登嶺自茲始也。亭曰息肩，以任負者茲乎憩也。」[512]道光三十年（1850年），南安知府汪報閏砌梅嶺路重修，至今保存較完好。

## （四）大庾驛

大庾驛即梅嶺驛，舊址在大庾嶺下接嶺橋附近，也稱梅花

---

**512** （明）盧浚：《接嶺橋記》，同治《南安府志》卷二十一《藝文四》
　　　贛州地區志編纂委員會辦公室，1987，第 529 頁。

園。《明一統志》載：「梅花園在大庾嶺下，舊有官驛，庭院甚整，知軍趙孟適扁名。蓋以自此而上，嶺曲皆梅故也。」[513]唐宋之問《題大庾嶺北驛》詩當是在此。明清時官驛移於城內驛使門，稱水馬驛，現已無存。

## （五）雲封寺

雲封寺，又名掛角寺。在關樓南坡，唐代僧人古崖創建，初名梅山院。因「世傳江外一寺飛入廣之清遠峽，過此而一角掛於關之側，由是建寺，故俗呼為掛角寺」[514]，宋大中祥符三年（1110年）賜名雲封寺。元大德元年（1297年），嶺北參政鐵柱於寺院內建觀音閣。明洪武二十五年（1392年）立為叢林。雲封寺「自是為過客題留勝地」[515]，歷代文人有關雲封寺的題留甚多，其中宋張士遜的《雲封寺》詩最為有名：「百越回轅度翠微，全家還愒白雲扉。白雲知我帝鄉去，旋拂征鞍也要歸。」[516]寺左有張文獻公祠，為後人紀念張九齡開鑿嶺路之功而建。元至正丁酉，達魯花赤密里沙始建於雲封寺側。明成化十九年（1483

---

**513** 天順《明一統志》卷五十八，（明）李賢等撰，四庫全書本。

**514** 道光《直隸南雄州志》卷三十三，《雜誌》，臺北：成文出版社有限公司，1967，第 558 頁。

**515** 道光《直隸南雄州志》卷二十四，《古跡略·寺觀》，臺北：成文出版社有限公司，1967，第 448 頁。

**516** 道光《直隸南雄州志》卷十八，《詩》，臺北：成文出版社有限公司，1967，第 336 頁。

年），南雄知府江璞遷於寺後。正德七年（1512年），南雄知府
張嶺重修。清康熙年間，南安知府靳襄將張弼祠移入張文獻公祠
內，以紀念他倆開嶺路、修驛道的功績。明清兩代，張文獻公祠
幾乎是逾嶺的官員和文人墨客必拜之所，因此留有詩歌數十首，
在梅嶺詩歌中佔有很大的比重。祠在「文革」中被毀，僅留下一
塊塗湘過嶺的詩碑。

## （六）六祖廟

距關樓一五〇米梅嶺古道側有六祖廟，傳唐代為紀念六祖慧
能途經梅關而建，歷代均有修葺。六祖是指達摩在中國的第六代
傳人，六祖慧能姓盧，唐廣南人。聞五祖弘忍在黃梅東山寺說
法，便到東山寺任役，做了一舂米的行者。五祖授徒很多，年老
圓寂前欲在眾僧中求一法嗣，以傳衣缽，於是讓寺僧各自述一
偈，並許諾：誰的偈能參透佛的要義，就把衣缽袈裟傳給誰，繼
為六祖。上座神秀很快便作了一偈云：「身是菩提樹，心如明鏡
台。時時勤拂拭，莫待惹塵埃。」偈公佈後，一般和尚都認為他
的偈好，點破了修煉的方法，但五祖認為此偈並未見性。這時，
不識字的慧能針對神秀的偈，也請人寫了一偈：「菩提本無樹，
明鏡亦非台。本來無一物，何處惹塵埃。」五祖看後，認為「此
偈至『本來無一物』處即是空諸所有徹法源底」[517]，慧能才是
真正悟到了佛性，決定把衣缽袈裟傳於他。於是半夜密傳衣缽於

**517** （元）釋念常：《佛祖歷代通載》卷22，四庫全書本。

慧能，慧能得衣鉢後連夜離開，日夜兼程，當行至大庾嶺頭，明上座追及，慧能即置衣鉢於石上，云：「不可以力爭。」明上座盡其神力，鉢卻依然拿不動。明上座有所感悟，知道自己不能取這些法物，連忙說到：「本為法來，非為衣鉢也。」慧能云：「不思善、不思惡，正恁麼時，如何是明上座本來面目？」**518**明上座聽後當即大悟離去。這就是流傳久遠的「舉衣不動」的佛家故事。慧能逾嶺後，在廣東四會一帶藏匿了整整十五年，直到唐高宗儀鳳元年（西元 676 年）才公開露面，登壇說法，使禪宗在南方發揚廣大。後人將六祖放衣鉢的地方稱之為「放鉢石」，在放鉢石附近建六祖廟。

六祖廟前有卓錫泉，又稱錫杖泉。相傳慧能自黃梅受衣鉢後，為躲避追奪一路奔波，至大庾嶺甚渴，便以錫杖卓石，頓時泉湧，清冷甘美，後人將此泉取名為卓錫泉。

## （七）來雁亭

來雁亭，也叫半山亭，在梅關南側。傳說來雁亭旁過去有塊企岩石，古時，北雁南飛梅嶺，都會成群結對棲息於石上，人們便將石旁避雨亭更名為來雁亭。歷代騷人墨客路過這裡，都會進亭憩息，借景抒情，以來雁亭為題賦詩。宋工部尚書余靖在亭上賦詩云：「南方舊說無燕雁，歲序嚴凝亦暫來。天外每隨寒雨過，春前先逐暖風回。人稀弋射矰休避，俗厭魚餐網莫猜。況是

**518** 內容同註 517。

兄弟封境接，登臨因此幾徘徊。」[519]來雁亭歷經滄桑，毀於清末民初。

此外，嶺上夫人廟，望梅閣，憩雲亭、白猿洞等名勝，現均無存。

**參考文獻：**

（1）江西大余縣誌編纂委員會：《大余縣誌》，海口：中國三環出版社，1990。

（2）楊志堅：《梅嶺、梅關、古道與梅花》，《火山地質與礦產》，第 20 卷第 2 號。

（3）羅耀輝：《梅嶺得名小考》，《廣東史志》1995 年 Z1 期。

（4）饒偉新：《贛南地方文獻與大庾嶺梅花的文化象徵意義》，《古籍整理研究學刊》，2006 年第 6 期。

（5）程傑：《論庾嶺梅花及其文化意義──中國古代梅花名勝從考之三》，《北京林業大學學報》2006 年第 2 期。

（6）陳小芒、廖文華：《梅嶺題詠與貶謫文化》，《社會科學輯刊》2003 年第 5 期。

（7）王朝安：《梅嶺詩漫談》，《海南大學學報》，1987 年第 4 期。

---

**519** （宋）余靖：《來雁亭》，道光《直隸南雄州志》卷 17，《詩》，臺北：臺灣成文出版社，1967，第 317 頁。

（8）鄭文：《梅關古驛道的興衰》，《南方文物》，1984
年第 2 期。

（9）王元林：《唐開元後的梅嶺道與中外商貿交流》，
《暨南大學學報》2004 年第 1 期。

（10）胡水鳳：《繁華的大庾嶺古商道》，《江西師範大
學學報》，1992 年第 10 期。

（11）廖聲豐：《清代贛關稅收的變化與大庾嶺商路的
商品流通》，《歷史檔案》，2001 年第 4 期。

（12）黃志繁：《梅關古道》，《尋根》，2007 年第 3 期。

## 第八節 ▶ 拔地通天的第一險峰——翠微峰

### 一、地理環境

翠微峰古稱金精山，位於寧都縣城西北五公里處。翠微峰屬
低山高丘地形，整個地勢由西北向東南傾斜，一般海拔二五〇米
至四五〇米，相對高度約二〇〇米。據統計，在方圓二十平方公
里的山區內，海拔三〇〇米以上的石峰就有九十四座。群峰中以
「金精十二峰」最為出名，主峰翠微峰海拔四二六點八米。

遍佈景區的險峰怪石、奇岩幽洞、綠樹秀水組成了翠微峰絕
佳的自然風光。這一帶「奇石四十里，率拔地作峰，形互異，低

昂錯立，岩壑幽深」[520]，自古便以奇特的丹霞地貌著稱。景區
內丹崖翠壁，石峰奇詭不一，初入其間，非常令人震撼，南宋詩
人曾原一形容這裡：「拏龍而驤馬，囷立而屏張，截者玉削，跂
者鵬飛，銳者圭列，展者旗揚，界立者如劍剖鋸分，擘峙者如鐵
城環門，冗聚者蜂巢燕壘，石脂搖光者膏凝液流，高岫出雲者炊
氣鬱蒸，千奇萬異，駭目怵心」[521]。由於歷經了七〇〇〇多萬
年的風霜雪雨，翠微峰一帶到處是千姿百態的奇岩幽洞。這些岩
洞大小不一，有的如半月，有的似長廊，周邊竹木環繞，流水潺
潺，為隱居和修道的佳境，如精金洞、蓮花洞、蛤蟆洞、普道
岩、老君岩、東暘岩等即為宗教活動場所。精金山動植物資源豐
富，森林覆蓋率達百分之八十九點九，又是一處難得的綠色家
園。山中溝壑縱橫，不乏飛瀑流泉，普道泉、朝陽泉、觀霞泉、
桃泉、靈泉、精金瀑、大石瀑等眾多名泉名瀑又給這裡增添了不
少靈氣。「翠壁丹崖倚碧穹，一壺天地畫圖中」[522]，南宋名臣崔
與之這兩句詩是對翠微峰秀麗多姿的丹霞地貌的最佳描繪。

　　翠微峰物產較為豐富，尤其盛產茶葉，為寧都產茶區之一。
清代，精金岕茶一度成為貢品。精金岕茶生長於翠微峰主峰以西

**520**　（清）彭士望：《翠微峰易堂記》，載《寧都直隸州志》卷三十一《藝
　　　文志》，臺北：成文出版社有限公司，1989，第 2373 頁。

**521**　（宋）曾原一：《寧都精金山記》，雍正《江西通志》卷一百二十《藝
　　　文》，四庫全書本。

**522**　（宋）崔與之：《題精金洞》，載《寧都直隸州志》卷三十一《藝文
　　　志》，臺北：成文出版社有限公司，1989，第 2928 頁。

的冠石，體態自然、香味清純、有健胃消食之功效。《寧都直隸州志》載：「明末清初，寓賢林時益、彭士望結廬於精金附近的冠石，環山麓種茶，名曰岕茶，右為紫雲峰，最高爽，茶味尤美，四方爭重價購之。」又載：「林隱居冠石，課子弟種茶為業，種、采、制、貯各得其法，世稱林岕。味醇消食，優於四方，遠銷江、浙、粵和南洋一帶。」[523]民國初年，邑人曾逸塵和精金洞三清宮住持段齋人合作種制岩茶，號雨前岩茶。該茶點種於精金洞內外翠微峰麓和石鼓、瑞竹、三巘諸峰，曾一度遠近聞名，供不應求。此外，翠微峰的板栗、毛竹、中草藥、油茶也久負盛名。

## 二、歷史文化

### （一）山名由來

翠微峰古時稱金精山，是以金精十二峰為核心的群峰之統稱。現在人們多習慣以其主峰翠微峰之名取代了金精山這一稱謂。關於金精山山名的由來，有兩種說法：一是因漢代真人張麗英在此得道升仙，張麗英自稱為金星之精，故名。據史書記載，張麗英本為民女，天生異質，十五歲時，在山中拾得兩顆仙桃，一顆贈予她的母親，仙桃卻落地化成石頭，張麗英自己吃下另一

---

523 道光《寧都直隸州志》卷十二，《土產志》，臺北：成文出版社有限公司，1989，第823頁。

顆仙桃，馬上就忘了饑渴，桃核落地亦化成石頭。此後，張麗英便在此修煉成仙。時值長沙王吳芮征戰福建時路經此地，被她的美貌吸引了，想娶她為妾，派使者求親，她的父母想要答應這門親事，張麗英不甘受辱，於是她對使者說：「吾名隸仙階，暫混塵境，幸無辱。」[524]，使者還報吳芮，吳芮便率兵入山求之。張麗英已乘雲升空，並在空中告誡吳芮等人：「吾金星之精，降治此山，汝宜為民立壇祈福。」[525]吳芮等慌忙致謝。自此，金精山之名由此而來。另一種說法是因坐落於于都西部而得名，「意昔人謂西方之屬為金，故名之曰金精」[526]。

## （二）宗教名山

翠微峰是著名的宗教名山，翠微峰群峰中的奇岩幽洞是修道參禪的佳境。《雲笈七籤》將精金山列為第三十五福地。精金山道教歷史可以追溯到漢代。西漢初年民女張麗英在精金山修道成仙，邑人便在洞內建仙女祠奉祀。此後，「仙屨以祈雨應」[527]，精金山名聲逐漸遠播，慕名前來朝拜、修道者不絕。山中岩穴之

---

**524** （宋）曾原一：《寧都精金山記》，雍正《江西通志》卷一百二十《藝文》，四庫全書本。

**525** 同上。

**526** （明）朱敏：《精金山記》，載道光《寧都直隸州志》卷三十一《藝文志》，臺北：成文出版社有限公司，1989，第 2345 頁。

**527** （宋）曾原一：《寧都精金山記》，雍正《江西通志》卷一百二十《藝文》，四庫全書本。

內先後建有靈泉觀、陽靈觀、玉虛觀等。到了宋代崇寧年間，徽宗趙佶封張麗英「靈泉普應真人」，精金山從此名揚天下，山中道教活動進入鼎盛時期。元明兩代，精金山道教香火保持旺盛。明清易代之際，山中道觀遭到毀壞，道教活動漸趨衰落。此後，歷經太平天國、北伐戰爭、土地革命、解放戰爭等戰火的摧毀，道教走向衰落，解放初期，山中道教活動幾乎處於停滯狀態。

翠微諸峰也是佛教建剎參佛的好地方，佛寺也遍佈山中。精金山區的佛教活動始於明末，明崇禎七年（1336），飛泉岩始建有寺廟。清光緒年間，曹洞宗弟子大洲和尚從贛州通天岩來到青龍岩建寺，經過幾代禪師的經營，至民國年間成為寧都四大寺廟之一。此外，山中清代至民國年間還興建有青陽寺、清蓮寺、石泉寺、伏虎寺、油籮庵等。

## （三）名人文化

翠微峰一帶群峰聳立，洞谷幽深，很早就有文人隱士在此築廬隱居。南唐禮部尚書衷愉曾奉母隱居於東㘆峰東側山腰的東㘆岩，宋代朱子名門曾興宗在箕簹谷建水竹幽居精舍隱居於此，並在此授徒講學，四方求學者雲集，名揚四方。明末，滿族入主中原，明朝滅亡，寧都士紳魏兆風舉家遷移至翠微峰隱居。此後，其子魏祥、魏禧、魏禮三兄弟與志同道合的李騰蛟、彭士望、丘維屏、林時益、彭任、曾燦等九人聚居在翠微峰，建草廬「易堂」授徒造士、著文立說，世稱易堂九子。易堂九子生活於明末清初易代之際，他們視滿清王朝入主中原為「國仇家難」，誓不與清廷合作，堅守名族大義，懷抱「任天下於一身，托一生於天

下」的宏願，不僅文學造詣頗深，而且培養出了大批優秀學子，成為我國清初一個久負盛名的文學集團和教育集團。

易堂九子隱居翠微峰歷時半個世紀之久。起先，他們中魏氏三兄弟與彭士望、林時益同居易堂，李騰蛟、曾燦居翠微峰西側三巘峰，與易堂隔谷相望，邱維屏居城東塘角村。後來林時益、彭士望遷居翠微峰西南冠石。九子在翠微峰主要活動有三：造士、出遊交友、著文。**528**「易堂九子」在翠微、三巘、塘角辦學授徒，人稱「易堂三館」，造就了一大批學子，分散於幾個省數十個縣，其門人如顏李學派重要人物王源、文學家梁份、魏世效、方苞等在全國都享有聲譽。九子經常出遊交友，行程數萬里，遍及十五個省，廣泛接觸社會，結交了大批愛國志士，他們與當時文人集團北田五子、程山七子、髻山七子和愛國志士方以智、屈大均等往來密切。九子著述頗豐，涉及文學、哲學、理學、教育等諸多學科，尤其在文學上有很深的造詣。九子的文學宗旨是提倡經世致用，其文學主張與實踐完全有別於宋明理學與明末文風，可謂起到了開一代風氣之先的歷史作用。易堂與南豐的程山、星子的髻山被後人稱之為「清初江西三山學派」。九子中以魏禧的成就最高，魏禧散文享譽文壇，文論自成一家，與侯方域、汪琬合稱清初三家，他的代表作《大鐵錘轉》至今被選為中學語文課文。

**528** 王檢生：《易堂九子與清初文稿》，《南方文物》，2003 年第 1 期。

### （四）軍事險峰

翠微峰突兀險峻，易守難攻，在戰火紛飛的亂世是縣人聚居避亂的佳境，自然而然也就成為兵事爭奪的要點。早在西漢年間就有邑人避戰火而隱居於翠微峰山區。此後，梁代高州刺史李遷之亂、宋高宗建炎四年（1130）虔州農民李敦仁起義，元世祖至元二十六年（1289）農民起義軍鐘明亮，明正德年間洌頭起義等戰亂就有大批士紳舉家居此避亂。清順治年間寧都農民起義軍曾攻下翠微諸峰。咸豐三年至同治四年（1853-1865）太平軍與清軍八次在寧都交戰，邑人也多進山躲避戰火。據《翠微峰志》中不完全統計，自宋至清，邑人聚山避亂不下五十次之多，期間經常會有爭奪之戰發生。

一九二九年二月，紅四軍攻佔寧都，第二年十月，以魏伯和、溫子和為首的地主豪紳，避居翠微諸峰。一九三一年十二月十四日，原國民黨二十六路軍在寧都起義，以嚴唯神為首的寧都靖衛團和地主武裝五〇〇餘人躲入翠微峰山區，分散在翠微、石鼓、蓮花等山寨要塞修築工事，與紅軍對峙。一九三二年二月，紅軍獨立團開始圍攻翠微峰，激戰中，紅軍傷亡較大，後改強攻為圍困，到十二月十九日，翠微峰上敵軍糧盡，下山向紅軍投降。

翠微峰又是反共慣匪黃鎮中最後抵抗人民解放軍的據點。黃鎮中又名黃才梯、黃辟疆，寧都縣長勝鄉青茅寨人，一九三〇年春受靖衛團團長嚴唯神的指使混入紅軍中任過職。同年冬，帶三十五人持槍叛逃後，即為蔣介石效命。先後當過國民黨的寧都保衛總團團長、江西保安三十團和十九團團長、獨立三十三旅旅長、第三戰區參議暨寧、廣、石、瑞、雩五縣聯防指揮部指揮

官。四野東路部隊第四十八軍進軍贛南時，他任國民黨江西省第八行政區督察專員兼保安司令、江西豫章山區綏靖司令部中將司令官。一九四九年三月六日，國民黨軍政要員白崇禧、何應欽來到寧都，在翠微峰精金洞召集第八行政政區軍政要員開會，授意黃鎮中集中五〇〇〇人槍，修築工事，固守翠微峰。三月十八日，黃鎮中召集寧都、廣昌、石城、瑞金、于都、興國、會昌、崇仁、永豐、南城、南豐、宜黃、臨川十三縣的骨幹三〇〇餘人開「戡亂建國會」。會後黃鎮中開始著手在翠微峰囤積糧物，修築工事。八月解放軍主力進佔興國後，黃鎮中糾集了五〇〇餘人的「戡亂大隊」、七〇〇餘人的獨立團、二〇〇餘人的特務營、三〇〇餘人的獨立營，並聚集所屬部常備第八師、直屬營、興國保安隊、特務隊及反動地主武裝共約二〇〇〇餘人盤踞翠微峰，企圖憑險頑抗，以保存反動勢力，伺機反攻。八月二十七日，人民解放軍四野第四十八軍一四四師將翠微峰團團圍困。八月三十日起展開了解放翠微峰的週邊戰鬥。九月二十三日早晨解放軍發起總攻，經過數小時激戰，攻下翠微峰，共擊斃傷敵二五〇餘名，活捉黃鎮中及國民黨江西七區專員、少將副司令官湯宗威等官兵一九〇〇餘名，解放了翠微峰。解放初上映的戰鬥故事片《翠崗紅旗》就是以此為題材和主要外景拍攝的。

## 三、風景名勝

### （一）精金洞

　　精金洞是古精金山區的中心腹地，是由石鼓、披髮二峰相夾

而形成的天然洞穴。精金洞面積一點五萬平方米左右。相傳漢代真人張麗英曾在此洞中巧施妙計戲耍吳芮，並在此修煉成仙，精金洞因此而聞名天下。精金洞以壁峭、洞幽、泉美著稱。洞內南側有靈泉，靈泉自峭壁間飛流而下，高十餘米，形似瀑布，終年不竭。靈泉泉水清澈，水質甘甜，明代朱敏《精金山記》中記載：「試以瓜漬泉流間，少頃，取剖而食之，則冰齒弗敢咽矣」**529**。精金洞內南側岩穴之內的高崖之上泉水飛灑而下，橫流亂瀉，古人將水聚集於人工造的水槽之內，並在水槽尾端鑿制一葫蘆形蓄水池蓄水，人們形象地稱之為金線吊葫蘆，乾隆版的《寧都縣誌》即對此景有記載。靈泉與金線吊葫蘆相映生輝，今歷代遊客流連忘返，《寧都直隸州志》中記載：「兩山合峙，瀑布自巔飛注石台，曲折成渠，泉極清冽。騷人墨客，遇盛暑，每環坐石上，流斛為樂」。**530**

精金洞內亭臺樓閣俱全。洞中古時曾建有陽靈觀。陽靈觀又名靈泉觀、玉虛觀，始建於漢代。相傳張麗英飛升後，鄉人即精金洞建仙女廟奉祀，後興建陽靈觀。傳說宋代陽靈觀殿前岩頂懸掛有木鶴，能隨四時轉指。陽靈觀幾經興廢。明末甲申之變，道觀殿宇毀圮。清順治年間，道人卜醇醇和李咸齋、彭天若等人修復。康熙初年又毀於瀑布水。康熙十七年（1678），楊禦李與主

**529** （明）朱敏：《精金山記》，載《寧都直隸州志》卷三十一《藝文志》，臺北：成文出版社有限公司，1989，第 2347 頁。

**530** 道光《寧都直隸州志》卷五《山川》，臺北：成文出版社有限公司，1989，第 382 頁。

持僧人再度重修。咸豐年間，道觀殿宇曾一度被地方團練、駐軍、豪紳所占，道教活動曾一度停止。光緒年間道觀又毀於火災。後由信徒捐錢重建。民國十八年（1929），主持曾克蓬重建。解放戰爭時期，精金洞被國民黨江西豫章山區綏靖司令部佔據，道觀遷至精金洞口。

北宋崇寧年間（1102-1105），徽宗趙佶御書「靈泉普應真人」封贈漢代仙女張麗英，並在洞內建御書閣，此閣毀於明代。此外，洞內古時還建有百花亭、碧虛觀、真人祠、飛升壇等。百花亭，古稱葆光亭，始建年月失考，毀於乾隆年間。

精金洞一代是翠微峰最為出名的名勝，歷代文人爭相吟詠，留下了幾十首讚美的詩篇，其中最為有名的是南宋紹熙右丞相崔與之的「翠壁丹崖倚碧穹，一壺天地畫圖中。青鸞有路三山遠，玉洞無塵萬境空。虛室尚留丹灶冷，靈泉直與海波通。客游到此應忘返，自覺仙凡迥不同」。[531]此外，精金洞一帶石刻較多。位於精金洞口北側山壁上有「精金福地」四字石刻，該題刻為北宋皇祐四年（1052）年所題，落款「成都閬溫盱江李仲莊同游精金福地皇祐壬辰中周弁題記」。洞口北側山壁上還有「游精金」題刻，「平寇頌」等題刻。

---

**531** （宋）崔與之：《題精金洞》，載《寧都直隸州志》卷三十一《藝文志》，臺北：成文出版社有限公司，1989，第 2928 頁。

（二）翠微峰

　　位於精金洞東北側，是古精金十二峰的主峰，因「林木蔥蔚，蒼翠輝明」[532]而得名。翠微峰山體呈南北走向，長約八〇〇米，東西寬約一一〇米，海拔四二六點八米，孤峰突兀，拔地通天。山峰四周，懸崖峭壁，懸崖高處達一六〇多米，低處有近一一〇多米。翠微峰異常險峻，自古登上峰頂只有一條人工開鑿的臺階，狹窄處僅容一人攀爬。正如魏禧《翠微峰記》描述：「就使於甕口砌其閘，三尺童子折荊而守之，雖萬夫誰敢進者」。[533]自宋至清，文人墨客和高僧名道等探遊後無不讚不絕口，留下了大量的詩篇。

　　翠微峰峰頂南側邊沿，有桃泉，泉水清冽，是九子的生活用水，顯得異常珍貴，「當極涸，晝夜不逾十數斛，恒洗井。泉盛時，一日夜可復」[534]，豐水季節可供數百人飲用。至今泉井尚存。在峰頂北端，石罅中有泉砌石為井，泉水在飲用之餘還可以澆菜。該井現在已經淤塞。

　　翠微峰峰頂南高北低，樹木蔥鬱，孤峰之巔，清泉四季不竭，是隱居的佳境。明末邑人彭宦首次開鑿石級，築盧室於峰

**532** （清）彭士望：《翠微峰易堂記》，載《寧都直隸州志》卷三十一《藝文志》，臺北：成文出版社有限公司，1989，第 2373 頁。

**533** （清）魏禧：《翠微峰記》，載《寧都直隸州志》卷三十一《藝文志》，臺北：成文出版社有限公司，1989，第 2396 頁。

**534** （清）彭士望：《翠微峰易堂記》，載《寧都直隸州志》卷三十一《藝文志》，臺北：成文出版社有限公司，1989，第 2375 頁。

巔。清順治三年（1646），魏祥、魏禧、魏禮、李騰蛟、丘維屏等人結廬講學於此，建有「易堂」、「東房」、「勺庭」、「吾廬」等，翠微峰就成了易堂九子集聚點，九子在峰巔躬耕自給，辦館興學，授徒造士，潛心著述，為翠微峰增添了寶貴的人文異彩。

翠微峰上清初時期建築頗多，其中易堂是峰頂建築群的主體部分。清順治二年（1645）冬，魏禧三兄弟、曾燦、李騰蛟、邱維屏等人集資千金，向原山主彭宦買下翠微峰，建廬室於峰頂，這些建築以易堂最為出名。易堂位於翠微峰頂中段，依山勢而建，坐北朝南，長約十五米，寬約七米。易堂之名來源有三：一是諸子講《易》；二是「卜得離之乾，遂名易堂」[535]；三是隱含著思念明朝之意，因為「易」上為「日」，下為古文篆寫的「月」，「日」、「月」合起來就是「明」。易堂東南側，建有廬室八九間，分別為林時益、彭士望、李騰蛟、曾燦等人的居室。易堂西北角為魏禮的住宅勺庭，康熙五年（1666），魏禮在易堂附近構屋五楹，名曰吾廬。康熙三十九年（1700），魏禮長子世俲在翠微峰頂建廬舍，當時七十七歲的彭任為之題「地山草堂」匾額懸於堂上。魏世俲的巨著《耕廡溫稿》即在地山草堂完成。易堂在嘉慶十年（1805）前後毀於火災。一九二四年前後三魏後裔魏伯和等集資在易堂遺址上建造了魏征君祠作為三魏父親魏兆鳳的享堂。

---

[535] （清）彭士望：《翠微峰易堂記》，載《寧都直隸州志》卷三十一《藝文志》，臺北：成文出版社有限公司，1989，第 2377 頁。

## （三）精金十二峰

　　古精金十二峰的名稱和位置歷代文獻記載中均有差異。解放後，經文史工作者實地勘察、綜合論證，認定精金十二峰分別為：翠微峰、雙桃峰、合掌峰、披髮峰、石鼓峰、凌霄峰、三巇峰、蓮花峰、伏虎峰、望仙峰、獅子峰、瑞竹峰。翠峰峰上文已作具體介紹，在此便不再重複，其餘十一峰將在如下做一一分述。

　　雙桃峰又名仙桃峰，位於翠微峰西南側，因峰上有雙石並立形如核桃而得名。宋曾原一《精金山記》云：「雙石顆中出孤木，枝葉扶疏。如帶葉果酊者，仙桃峰也。」**536**仙桃峰是攀登翠微峰必經之地，又是東入精金洞的前沿門戶，歷史上曾是兵事要地。

　　合掌峰位於翠微峰北側，因形如兩掌相合而得名。合掌峰下三面環溪，山基形如小船，峰狀尤如船上桅杆直立，故又有桅杆石之別稱。合掌峰四周岩面裸露，懸崖峭壁，險不可攀。

　　瑞竹峰位於翠微峰之北，因峰上翠竹茂盛而得名。清代寧都廩貢楊錫齡曾建赤竹山房居住於此，峰上泉水清列，四時不竭。

　　伏虎峰位於翠微峰之北，與合掌峰對峙，因形如怒虎當道而得名。伏虎峰綿延三〇〇餘米，北面有臺階可攀上峰頂。

　　三巇峰位於翠微峰西面，山峰四面聳立，北端有一排蜿蜒百

---

**536**　（宋）曾原一：《寧都精金山記》，雍正《江西通志》卷一百二十六《藝文》，四庫全書本。

餘米洞石階古道抵達山頂。三巑峰頂上連綿起伏，藤蘿倒掛，古
木參天，環境非常優美。彭士望曾撰楹聯贊曰：「石嶂古曾開，
仙府樓臺蒼壁上；雨簾晴不卷，人家雞犬白雲中」。清順治三年
（1646）前後，彭任在此建廬室，名曰一草亭，彭任自二十三歲
左右上山，在一草亭住了六十餘年，寫下了《禮記類編》等著
作。順治九年（1652），李騰蛟在峰頂建半廬，從翠微峰頂遷居
於此。同年，彭士望在峰頂建值松草堂，從翠微峰移居於此，到
順治十四年，彭又從此遷往冠石與林時益同居。彭任等人在三巑
峰授徒造士，學子多達一百多人，是易堂三館之一。

望仙峰位於精金洞西口，古時精金洞內建有陽靈觀，山峰恰
與觀內靈泉仙龕相對，因此而得名。望仙峰上遍佈翠竹，經常霧
氣濛濛，是產茶葉的好地方。

披髮峰位於精金洞頂北側，因其西南崖壁流水痕跡黑如潑
墨，宛如長髮飄逸而得名。披髮峰三面懸崖峭壁，只有自石鼓峰
頂經過一條狹長而短的山脊，方可到達峰頂。峰麓東側崖壁之上
有「精金勝概」等石刻，北側有八仙洞。

石鼓峰位於精金洞頂之南，與雙桃峰相望。舊時峰上黃竹叢
生，故又稱黃竹峰、黃竹寨。石鼓峰海拔達四一〇點五米，峰頂
廣平，可供千人居住，峰上有兩股山泉極旱不竭。石鼓峰因地勢
險峻，舊時成為邑人避亂的隱居之地。

凌霄峰俗稱馬腦寨，位於精金洞頂最南端，海拔四六八點五
米，為翠微山區諸峰之冠。凌霄峰東、西、南三面皆為懸崖峭
壁，唯北部與石鼓峰相連的懸崖東側有一石縫直立，古人鑿有石
蹬，但險要處也需手腳並舉、借助木梯方可到達峰巔。凌霄峰歷

代是邑人避亂之處，也是軍事爭奪的要地，因此，古時即在在登山途中設有寨門一座，以扼守險關。

蓮花峰位於翠微峰西南方，因山形似一朵綻開的蓮花而得名。蓮花峰頂奇岩秀水，樹木蔥鬱，有小桃源之稱。清代，峰上曾建有村寨。

獅子峰位於大石寨南側，因其北低南高，形似一翹首伏獅而得名。

## （四）篔簹谷

篔簹谷位於蒼山與淩霄峰之間的谷地。東、西、北三面崖壁直立如牆，谷中翠竹繁茂，竹子別名篔簹，故名篔簹谷。《寧都直隸州志》載：「篔簹谷，州西七里。與精金山對峙，群峰獻奇，修竹數十畝，翠筱蒙密。中有飛來峰，左有獅子峰，右曰釣台。有泉一泓，曰瓢泉。」[537]宋代朱子名門曾興宗在此建精舍隱居，名曰水竹幽居。曾興宗在此授徒講學，四方求學者雲集，篔簹谷名揚四方。自宋代至清代，文人足跡不絕，留下了諸多讚美的詩篇，曾興宗的「渭川千畝竹，可比萬戶侯。我有篔簹谷，此豈為食謀」[538]之句就是其中的代表作。

**537** 道光《寧都直隸州志》卷五《山川》，臺北：成文出版社有限公司，1989，第 387 頁。

**538** （宋）曾興宗：《居篔簹》，載《直隸寧都州志》卷三十一《藝文志》，臺北：成文出版社有限公司，1989，第 2827 頁。

**參考文獻：**

（1）唐小峰、彭秋英主編：《翠微峰志》，南昌：江西人民出版社，1994。

（2）寧都縣誌編纂委員會：《寧都縣誌》，江西寧都印刷廠內部發行，1986。

（3）遲憲平、程學新：《翠微峰剿匪記》，《黨史文苑》，2005 年 23 期。

（4）王檢生：《易堂九子與清初文稿》，《南方文物》，2003 年第 1 期。

## 第九節 ▶ 鍾靈毓秀的藥幫祖山——閣皂山

### 一、地理環境

閣皂山位於樟樹市東南二十公里處，屬武夷山西延支脈。閣皂山峰巒疊出，古木參天，綿亙二○○餘公里，邊緣跨樂安、新幹、豐城三縣市，因其高聳於贛江東岸，固有「清江碧嶂」之稱。閣皂山共有九十九峰，主峰淩雲峰海拔八○七點五米。

閣皂山地處中亞熱帶季風區，氣候溫和，四季分明，降水豐富，日照充足。年平均氣溫十四點七至十六度，年均降水量一七○○毫米左右。山中七月平均氣溫為二十八度左右，比樟樹市區要低二度。隨著海拔高度的增高，山上的氣溫比市區更低，山上樹木蔥鬱，雨水豐沛，因此閣皂山的氣候十分宜人，有「夏眠需

蓋被，寒冬鮮有冰」、「著衣臺上三冬暖，鳴水亭前六月涼」**539**
之說。閣皂山境內生態狀況非常好，空氣中負氧離子含量為六點
五萬個／立方釐米，山中泉水眾多，空氣品質和水質都超過國家
一級標準。加上時常群峰環繞、雲蒸霞蔚、小徑橫斜、風景優
美，「閣山深處水雲佳，一派清流映彩霞」**540**，不愧為耽玄棲真
者之窟宅。元吳澄題《閣皂山》云：「吳漢仙跡兩峰齊，欲拾瑤
花路恐迷。寶殿青紅隨地湧，林巒蒼翠接天低。九重香案分雲
篆，八景琅函記玉題。仙鶴翔空清似水，步虛聲在朵梅西。」**541**
這是閣皂山作為道家仙境最好的描寫。

　　閣皂山擁有豐富的動植物資源，山中植被豐富，森林覆蓋率
達到了百分之八三點四，其中古樹名木有二十九種，如六朝古
松，千年銀杏、宋元時期的金桂、銀桂、羅漢松等；山中尤盛產
各種藥用植物，如茯苓、松脂、麥門冬、杜仲、天門冬、首烏、
葛根、烏藥、全胡、桔梗、玉竹、淡竹葉、金銀花等多達幾百
種。山上生長有大片林地，隨著海拔的升高，不同類型的林地呈
梯級分佈，類型較為豐富，海拔由低到高依次分佈有油茶林、亞

---

**539** （宋）陳孟陽：《答清江錢大尹問山中景》，載《閣皂山志‧題詠》，
　　（明）俞策撰，（清）施閏章修訂，傅義校補，南昌：江西人民出版
　　社，1996，第 61 頁。

**540** （清）黃邦哲：《閣皂山》，載《閣皂山志‧題詠》，（明）俞策撰，
　　（清）施閏章修訂，傅義校補，南昌：江西人民出版社，1996，第 77
　　頁。

**541** （元）吳澄：《閣皂山》，載《閣皂山志‧題詠》，（明）俞策撰，（清）
　　施閏章修訂，傅義校補，南昌：江西人民出版社，1996，第 64 頁。

熱帶常綠闊葉林、常綠針葉林、亞熱帶常綠、落葉針闊混交林和
灌木林。閣皂山也是珍稀動物的樂園，這裡有獸類十五種，其中
國家級保護動物六種，分別為穿山甲、蘇門羚、獐、豺、豹貓、
雲豹；省級保護動物四種，為黃麂、黃鼬、狐狸、松鼠。鳥類二
十六種，其中鴛鴦、畫眉、喜鵲、翻角貂、金腰燕、黑琉黃鵬、
綠頭鴨、長嘴劍鴉等十三種為重點保護鳥類。此外，山中遍佈棘
胸蛙、烏梢蛇、銀環蛇、蝮蛇、眼鏡蛇、水蛇及鱉、烏龜、鷹嘴
龜等兩栖和爬行動物種群。

## 二、歷史文化

### （一）山名探源

閣皂山俗稱閣山，又名閣嶺，因「形如閣，色如皂」[542]而
得名。關於閣皂山的得名記載，宋楊申《閣皂山景德觀記》中有
詳細的記載：「據清江郡五十里，有山曰閣皂，方廣嚴麗，如天
一閣，望之宏遠，其色為然。此名也，唐儀鳳中，道士孫道沖請
於朝廷，命以賜之。」[543]而元代學者吳澄則持另一種觀點，他認
為，「漕舊作皂，黑色也。古無此字」，而「閣」為「合」之借

---

**542** （明）俞策撰，（清）施閏章修訂，傅義校補，《閣皂山志·山考》，
南昌：江西人民出版社，1996，第 1 頁。

**543** （宋）楊申：《閣皂山景德觀記》，載《閣皂山志·記文》，（明）
俞策撰，（清）施閏章修訂，傅義校補，南昌：江西人民出版社，
1996，第 22 頁。

字，因此閣皂山應作「閣漕山」，並作《閣皂辨》云：「漕者，水通流之名也……而此山名為閣漕，皆是兩山之間，中通一水，謂兩山之水合同為一而通流也，故曰同漕。閣漕者，併合之，合借用闤闠之閣爾。」**544** 其實，閣皂山正式命名僅自唐初始，而「皂」字漢代便已經通行，吳澄的這個觀點並不為人們所贊同。其實，從今天看來，以形色而命名更符合此山的特徵。閣皂山以崇真宮所在的東峰為核心，此山東有太極峰，西有掛壁峰，南有淩雲峰，北有丁仙峰，四峰環繞聳峙，故其形如閣。皂，原為鬥櫟實，可染黑，所以黑色也成為皂。閣皂山古木繁茂，多呈深青色，非常接近黑色，故又稱為皂。所以，山形似閣，山色如皂正是閣皂山的特色。北宋陶弼的詩描寫道：「萬仞天門閣皂形，陰陽不似眾山青。一區海上神仙宅，數曲人間水墨屏。」**545**

## （二）神仙之館

　　閣皂山為道教靈寶派的祖庭。靈寶派為早期道教派別之一。靈寶派以專門傳播《靈寶經》而得名，由東晉末年葛巢甫創立。靈寶派尊三國時琅琊人葛玄為祖師。《雲笈七籤》卷三記載：「至三國時吳主孫權赤烏之年，有琅琊葛玄字孝先，……志尚山水，入天臺山學道。精思遐徹。未週一年，感通太上，遣三聖真人下

---

**544** 同治《清江縣誌》卷十，《軼事》，臺北：成文出版社有限公司，1975，第 1623-1624 頁。

**545** （宋）陶弼：《閣皂山》，載《邕州小集》，四庫全書本。

第二章・山岳風景名勝

377

降，以靈寶經授之。……孝先凡所受經二十三卷，並《語稟》《請問》十卷，合三十三卷。孝先傳鄭思遠，又傳兄太子少傅海安君字孝爰，孝爰付子護軍悌，悌即抱朴子之父。抱朴從鄭君盟，鄭君授抱朴，於羅浮山去世，以付兄子海安君。至從孫巢甫，以隆安之末傳道士任延慶、徐靈期等。世世錄傳，支流分散，孳孕非一。」[546]從中我們可以看出，靈寶派早期的傳承譜系為葛玄得《靈寶經》傳鄭隱及其兄葛孝爰，葛孝爰又傳子葛悌，葛悌又傳葛洪，葛洪又向鄭隱求道，傳從孫葛巢甫，至晉安帝隆安末又傳道士任延慶、徐靈期等。直至南朝劉宋時陸修靜「祖述三張，弘衍二葛。郤張之士，封門受籙。遂妄加穿鑿，廣制齋儀，糜費極繁，意在王者遵奉」[547]。陸修靜對靈寶經書進行了系統整理和闡釋，並系統地撰訂齋醮科儀，使靈寶派在社會上產生了很大的影響。於是，「靈寶之教，大行於世」[548]。靈寶派的基本信仰是長生成仙，立教的主旨是勸善度人。其修煉方法主要是符籙咒術，用之來招神役鬼，消災除病。又特別重視齋醮科儀，與天師道比較接近。它的齋醮科儀不僅只是達到個人成仙的目的，而且要借此幫助別人行善得道，類似於佛教的普渡眾生。

　　唐杜光庭的《福地記》中將閣皂山列為第三十三福地（《天

**546**　（宋）張君房：《雲笈七籤》卷三，《道教本始部》，四庫全書本。

**547**　（唐）釋道宣：《廣弘明集》卷四，四庫全書本。

**548**　《道藏》第 6 冊，文物出版社、上海書店、天津古籍出版社聯合出版，1988，第 376 頁。

地宮俯圖》中列為第三十六福地，編者按）。<sup>549</sup>《太平寰宇記》稱之為「神仙之游館」<sup>550</sup>。閣皂山的道教歷史悠久，其道教傳播肇基於漢代。據史料記載，「漢張道陵、葛孝先、晉丁令威，嘗修煉於此。」<sup>551</sup>張道陵就曾在閣皂山西峰之西坑掛壁峰築壇修煉，俗稱「天師壇」。北宋道人陳孟陽有詩云：「形如閣皂對清江，吳漢神仙兩道場。」<sup>552</sup>這「吳漢神仙」就指漢天師張道陵和東漢仙翁葛玄。漢代真人丁令威<sup>553</sup>也曾在丁仙峰頂立壇修煉，至今閣皂山群峰中就有丁仙峰之名。他們在閣皂山的修煉活動即為閣皂山道教發展之開端。

東漢建安七年（202），葛玄來到閣皂山，認為「形閣色皂，

---

**549** 唐杜光庭的《洞天福地嶽瀆名山記》中所記載的「七十二福地」實際上只有七十一處，名稱及各所在地與《雲笈七籤》中所輯錄的唐代《天地宮府圖》所載的「七十二福地」順序大不相同。江西的道教名山中《天地宮府圖》載龍虎山為第三十二福地，靈山為第三十三福地，金精山為第三十五福地，閣皂山為第三十六福地，西山為第三十八福地；《洞天福地嶽瀆名山記》中載龍虎山為第二十九福地，靈山為第三十福地，金精山為第三十二福地，閣皂山為第三十三福地，西山為第三十五福地。

**550** （宋）樂史：《太平寰宇記》卷一百〇九，《江南西道七》，四庫全書本。

**551** （明）俞策撰，（清）施閏章修訂，傅義校補，《閣皂山志·山考》，南昌：江西人民出版社，1996，第 1 頁。

**552** （宋）陳孟陽：《答清江錢大尹問山中景》，載《閣皂山志·題詠》，（明）俞策撰，（清）施閏章修訂，傅義校補，南昌：江西人民出版社，1996，第 61 頁。

**553** 丁令威應為漢遼東人，《閣皂山志》援引舊地方誌，疑為有誤，故校正之後的志書中有特別注釋。

土良水清，此真仙人之住宅，吾金丹之地得之矣。」於是在東峰建壇，祭煉多年，後離去。吳嘉禾二年（233），又回到閣皂山，「於東峰之側建臥雲庵，築壇立灶居其中，修煉九轉金丹」[554]。葛玄先後多次來到閣皂山，以閣皂山為中心，先後往返去過南昌西山、萍鄉武功山、修水幕阜山、鉛山葛仙山等名山修道，最終在閣皂山得道。吳赤烏七年（244）八月十五日，葛玄在臥雲庵「白日升天」[555]，被後世道徒尊稱為「太極仙翁」，也稱「葛仙翁」。在葛玄修道所到的諸多名山中，只有閣皂山成為靈寶籙壇之地，這是因為葛玄升仙羽化之前，將靈寶法籙傳付閣皂山。[556]《歷世真仙體道通鑒》卷二十三記載：「仙公以祭煉經法、寶籙、符文、訣目等付閣皂宗壇及沖虛壇，流傳後學，廣度沉淪。」[557]作為靈寶派的開山祖師葛玄的嫡傳弟子是鄭思遠，在給鄭思遠傳授道法時，葛玄告誡其要將靈寶經籙付予閣皂山。《歷世真仙體道通鑒》記載「（葛玄）於天臺名山告鄭思遠曰：『我所授上清三洞、靈寶中盟諸品經籙，吾升舉之日，一通付閣皂名山，一通付吾家門弟子，世世籙傳至人，不可輕授，非人勿示，若得其

**554** 《道藏》第 6 冊，文物出版社、上海書店、天津古籍出版社聯合出版，1988，第 849 頁。

**555** （元）趙道一：《歷世真仙體道通鑒》卷二十三，續修四庫全書本，上海：上海古籍出版社，1995，第 431 頁。

**556** 張澤洪：《閣皂山靈寶派初探》，《中國道教》，2004 年 02 期。

**557** （元）趙道一：《歷世真仙體道通鑒》卷二十三，續修《四庫全書》，上海：上海古籍出版社，1995，第 422 頁。

人，宜傳勿秘。』」[558]此後，葛玄的侄孫葛洪亦來到閣皂山修道。有學者研究表明，葛洪在江西的幾座道教名山三清山、南城的麻姑山、萍鄉武功山、新餘百丈峰、修水梅山、洪州西山、峽江玉笥山、閣皂山等地度過了十個年頭。後葛洪撰成巨著《抱朴子》，將道教神仙方術理論推向了高峰。東晉末年葛巢甫創建靈寶道派，靈寶教徒推葛玄、葛洪為其始祖，以閣皂山為本山。

唐朝時期，從朝廷到民間都崇尚道教。閣皂山的道教發展也是一派興旺景象。儀鳳年間（676-679），朝廷賜山名閣皂，並封為「天下第三十三福地」，這是閣皂山正式命名的開始。唐玄宗開元年間（713-741），道士程信「於閣皂山掘得銅鐘一口，下有玉石尊像一座，高尺餘，隨立草堂」[559]，此草堂就是閣皂觀的前身。唐先天元年（712），道士孫道沖奉詔入京，入內殿修齋，並得賜閣皂山主觀為閣皂觀，孫道沖於是擴大規模，將草堂改為台殿。這時候的閣皂山道派從組織規模、宮觀建設到齋醮儀式，均已初具規模。隋唐期間，山上除閣皂觀外，還有仙人、路山、郭公、臥雲四庵。

宋代是閣皂山道教的興盛時期。靈寶派發展到宋代，便形成了以閣皂山崇真萬壽宮為傳播中心的閣皂宗，閣皂宗為道教符籙三宗之一。閣皂山的靈寶法籙與龍虎山的正一法籙、茅山的上清

---

**558** （元）趙道一：《歷世真仙體道通鑒》卷二十三，續修《四庫全書》，上海：上海古籍出版社，1995，第 427 頁。

**559** （宋）周必大：《記閣皂登覽》，載《文忠集》卷一百八十三，四庫全書本。

大洞法籙共同形成了道教的三山符籙。三大道派的祖庭成為傳授
法籙的宗壇，閣皂山崇真萬壽宮即為傳授靈寶法籙的宗壇。因
此，在宋代，閣皂山與龍虎山、茅山並稱天下三大名山。有宋一
代，閣皂山受敕封頗多，宋真宗在大中祥符元年（1008），賜
「景德」一名於閣皂觀，並賜「龍圖、天章寶文御書一百二十
卷，泰山芝草二，良田二十頃」[560]。徽宗政和八年（1188）又
賜號「崇真宮」，給元始萬神銅印，傳度符籙，敕許龍虎山、閣
皂山、茅山三山為道教傳籙聖地。理宗淳祐六年（1246），加封
葛玄為沖應孚祐真君，複賜銅版傳授符籙。據《閣皂山志》記
載，當時閣皂山的宮、觀、殿、堂、庵、室、樓閣等多達六十多
處。前人的研究表明，宋代閣皂山出了很多有才之士，如陳元
禮、楊固卿、朱季愈、劉貴伯、楊至質等。[561]宋代崇真宮規模
已經很大，熙寧年間楊申記曰：「今學道之士五百人，為屋一千
五百間矣，嗚呼盛哉！」[562]

　　元代，閣皂山香火仍然旺盛。至元十七年（1280），朝廷派
中使咬難到江南各名山訪求高士，並命咬難持香幣到閣皂山設

---

**560** （宋）楊申：《閣皂山景德觀記》，載《閣皂山志·記文》，（明）
俞策撰，（清）施閏章修訂，傅義校補，南昌：江西人民出版社，
1996，第23頁。

**561** 卿希泰主編的《中國道教》第四卷中有論述，上海：上海知識出版
社，1994。

**562** （宋）楊申：《閣皂山景德觀記》，載《閣皂山志·記文》，（明）
俞策撰，（清）施閏章修訂，傅義校補，南昌：江西人民出版社，
1996，第23頁。

醮。至元二十四年（1287）又遣使持香幣再度到閣皂山設醮。元成宗年間（1295-1307），靈寶派與淨明道、南北天師道及上清派等合流，統歸為正一道。惠帝至元三年（1337），又遣使降香。至正十二年（1352），閣皂山遭「山寨鄧克明之變，台殿俱毀」[563]，閣皂山道教漸趨衰微。

有明一代，閣皂山道教傳承未絕，但卻處於衰落階段。洪武初，道士徐麟洲復建崇真觀，在閣皂山，朝廷設置了「靈官」管理山中道眾，「靈官」即道官名，秩八品。明洪武十七年（1384）授五十代孫李半仙為靈官，王圭石副之。二十七年（1394）復授張尊禮為靈官，和宣德初年（1426），授五十二代黃谷虛為靈官。但是到了宣德八年（1433），閣皂山又遭遇山火焚燒，宮觀被燒毀，道眾星散。到嘉靖年間，閣皂山已經「積負虛稅，黃冠星散，僅存一、二人。萬曆間，道士劉開化，欲還舊觀，未果」[564]。萬曆十四年（1586）時，俞策前往閣皂山遊覽，但閣皂山已經「淪為樵牧出入地」[565]。此後至整個清代，閣皂山基本上處於一蹶不振的狀態，康熙年間是「荒榛茂草，丹井故

**563** （明）俞策撰，（清）施閏章修訂，傅義校補，《閣皂山志‧宮觀》，南昌：江西人民出版社，1996，第 15 頁。

**564** 同上。

**565** （明）陸從平：《閣皂山志舊序》，載《閣皂山志‧宮觀》，（明）俞策撰，（清）施閏章修訂，傅義校補，南昌：江西人民出版社，1996，第 2 頁。

在」**566**。

　　民國初年，主持閤皂山道教的著名道士歐陽明性能詩文，精
醫藥，且武功絕倫，曾在北京白雲觀全國道教方丈考試中，榮獲
天字號第一名。歐陽道長常為貧民施診贈藥，富人來求醫，則隨
緣募化，以修治宮觀及山間勝跡，閤皂聲名，因而復起**567**。民
國後期，閤皂山靈寶道派又漸衰敗，道眾散去。解放前夕，閤皂
山只有道士三人和幾間破屋。解放後，道士均回家務農。文化大
革命時期，閤皂山又經歷了一場浩劫。改革開放之後，閤皂山的
道教活動才逐步得以恢復，又有了道士。一九九〇年，樟樹市政
府開始對山中大萬壽崇真宮、山門、接仙橋、鳴水亭、放生池、
煉丹井、道德宮（紫陽書院）、天師壇等十九處名勝古跡逐一進
行修復、重建，面目煥然一新，崇真宮香火斷而復續。

## （三）藥幫祖山

　　樟樹號稱藥都，有「藥不到樟樹不齊，藥不過樟樹不靈」之
說，以閤皂山為其祖山。閤皂山林木茂密，百藥叢生，盛產當
歸、厚朴、杜仲、黃柏、辛荑花等幾百種藥材，是豐富的藥材寶
庫。三國時期，靈寶派開山鼻祖、著名道士葛玄在閤皂山修道煉

---

**566**　（清）施閏章：《閤皂山志序》，載《閤皂山志宮觀》，（明）俞策撰，
　　　（清）施閏章修訂，傅義校補，南昌：江西人民出版社，1996，第 1
　　　頁。

**567**　（明）俞策撰，（清）施閏章修訂，傅義校補，《閤皂山志·葛仙本
　　　傳》，南昌：江西人民出版社，1996，第 123 頁。

丹，采藥行醫。道書中記載，葛玄精通醫術，「尤長於治病」**568**。附近村民有人相隨以採制藥材為生，就近到淦陽（即樟樹鎮）擺攤賣藥，懸壺施診，並代代相傳，開創了樟樹藥業的先河。

此後，葛玄的侄孫葛洪繼承了葛玄的衣缽，也來到閣皂山修煉，並曾在南昌西山、上饒三清山、南城的麻姑山、萍鄉武功山、新餘百丈峰、修水梅山、峽江玉笥山等地采藥行醫，修道煉丹，並傳授炮製技藝，促進了江西醫藥事業的發展，淦陽（樟樹鎮）出現了專門從事藥材買賣的藥販。葛洪對中醫中藥造詣精深，通過對製藥行醫的實踐，撰成《肘後備急方》《急救仙方》《仙傳外科秘方》等醫著，成為中國醫藥史上的重要醫藥方家，世界免疫療法的鼻祖，中國化學冶煉史的鼻祖。葛洪對樟樹藥幫影響至深，樟樹藥幫流傳千百年的製藥規範，第一句就是「遵《肘後》」**569**。葛玄葛洪二人的采藥煉丹，佈道施診，也開創了神仙道教丹鼎派先河。以葛玄、葛洪為代表的醫學家在閣皂山開創了道教醫藥學，在中國醫藥史上寫下了光輝的一頁。自此以後，樟樹的藥業一直延續不斷。

到了唐代，淦陽成為廣州與內地之間的交通津要，也成為南北藥材的中轉要地，淦陽「藥墟」逐步形成，藥市初具規模。宋代以後，清江鎮加工的枳殼、枳實、陳皮等藥材以品質上乘而馳

---

**568** （晉）葛洪：《神仙傳》卷八，四庫全書本。

**569** 楊波：《閣皂山的歷史文化極其旅遊發展》，江西師範大學碩士論文，2007。

名，宋室南渡，北方的醫學和藥材炮製技術漸漸流入清江鎮，藥市日趨繁榮。宋寶祐六年（1258）樟樹建藥師院。明代樟樹遂有「藥碼頭」之號，馳名朝野。明中期藥師院改建為藥師寺，每逢九月在附近開藥市。自此樟樹成為南方藥材集散、加工的中心，獲「藥市」稱譽。約在道光年間，樟樹藥幫正式形成，與京幫、川幫並列為全國三大藥幫。閣皂山被譽為樟樹藥幫的祖山。

作為藥幫的祖山，閣皂山歷代遍佈醫藥大師的行蹤。南朝的陶弘景及號稱「藥王」的唐代大醫藥家孫思邈也曾到閣皂山采藥行醫。明末清初四公子之一的方以智，入閣皂山為道，研究藥材炮製法撰寫《藥地炮莊》一書，對樟樹藥業炮製，有重大影響。清末民初道長歐陽明性，四十年如一日，研讀醫藥典籍上千種，以治療骨折馳名，自製接骨丹有奇效，並受道徒百餘人，悉授以煉丹、製劑、治病之法。

## （四）人文勝地

閣皂山也是文人學士訪真探勝的靈境。其旖旎的風光和悠久的道教文化吸引了眾多的文人墨客前來覽勝，並留下了大量的詩詞遊記。據《閣皂山志》記載，僅崇真宮蒼玉軒「為之賦詩者三百餘人」[570]，可見閣皂山詩詞之盛。漢代的徐稚，南唐的徐鉉，宋代的楊申、周必大、楊萬里、朱熹、洪邁、文天祥、劉辰翁，

---

570 （明）俞策撰，（清）施閏章修訂，傅義校補，《閣皂山志‧題詠》，南昌：江西人民出版社，1996，第60頁。

元代的何中、吳澄、虞集，明代解縉、羅洪先，清代的桑調元、施閏章等都曾登山覽勝，並留下優美的詩詞篇章。如朱熹兩次在閣皂山道德宮講學，因此，道德宮一度被稱為「紫陽書院」。朱熹留下了閣皂山詩八篇，其中《登閣皂山》詩云：「疊疊層巒鎖閟宮，我來舊地訪靈蹤。葛仙去後無丹灶，弟子今成白髮翁。[571]」羅洪先遊閣皂山后題有「閣山萬木遠蒼蒼，百尺風泉帶雨香。丹井共窺容自好，仙台一宿道難忘」[572]之詩句。閣皂山是古臨江八景之一，名「葛峰縹緲」，亦是邑人覽勝吟詠的好地方，明清江知縣秦鏞題《閣皂晴雪》詩：「閣峰縹緲入雲端，積雪猶封禮鬥壇。山遠地偏遊不得，幾回駐馬隔江看。」[573]邑人楊卓也題詩云：「重巒疊嶂矗南天，閣皂於中更屹然。雨後遙看宜霽色，洗開蒼翠待雲眠。」[574]從上述的列舉中我們可以看出此山人文之盛。

571 （宋）朱熹：《登閣皂山》，載《晦庵別集》卷四，四庫全書本。

572 （明）羅洪先：《同萬鹿園遊閣皂》，載《閣皂山志‧題詠》，（明）俞策撰，（清）施閏章修訂，傅義校補，南昌：江西人民出版社，1996，第71頁。

573 （明）秦鏞：《閣皂晴雪》，載《閣皂山‧志題詠》，（明）俞策撰，（清）施閏章修訂，傅義校補，南昌：江西人民出版社，1996，第69頁。

574 （清）楊卓：《閣峰聳翠》，載《閣皂山志‧題詠（輯補）》，（明）俞策撰，（清）施閏章修訂，傅義校補，南昌：江西人民出版社，1996，第88頁。

## 三、風景名勝

### （一）大萬壽崇真宮

位於閣皂山東峰之南麓，為閣皂山主觀，閣皂山的道教核心聖地。該宮觀的歷史最早可追溯到漢代。東漢建安七年（202），葛玄來到閣皂山，在東峰南麓建臥雲庵。葛玄飛升後臥雲庵改名為靈仙館，靈仙館毀於隋。到唐代，道士程信然掘地得玉石像，便在此建草堂居之。唐先天元年（712），道士孫道沖將草堂改為台殿，「因山名觀」**575**，曰閣皂觀。南唐時改名玄都觀。宋大中祥符五年（1012）因避諱改名景德觀。政和八年（1118），朝廷賜名崇真宮，南宋理宗淳祐六年（1246）敕封為「大萬壽崇真宮」。至正十二年（1352），閣皂山遭山寨鄧克明之變，崇真宮台殿俱毀。明洪武初道士徐麟洲復建。宣德八年（1433），閣皂山又遭遇山火焚燒，宮觀被燒毀，雖然道人谷虛稍加修復，但崇真宮已經頹廢不振，俱失往日之風采。至萬曆年間，已經破敗不堪，「惟仙公殿、東嶽殿、丹井尚存，其餘琳宮絳闕，彌望丘墟矣」**576**。清嘉慶二十三年（1818），道士周步雲募緣重修崇真宮。清末民初，主持歐陽明性稍加修葺，總面積二六〇平方米，八字門，西山頂，釉陶瓦。至解放後，宮觀已經損毀較嚴重。文

---

**575** （宋）周必大：《臨江軍閣皂山崇真宮記》，載《文忠集》卷八十，四庫全書本。

**576** （明）俞策撰，（清）施閏章修訂，傅義校補，《閣皂山志・宮觀》，南昌：江西人民出版社，1996，第15頁。

化大革命時期，閣皂山又經歷了一場浩劫，崇真宮破敗不堪。一
九九一年樟樹市政府對山中大萬壽崇真宮進行了修復重建，面目
煥然一新，崇真宮香火斷而復續。

　　其實自宋代起，崇真萬壽宮已經是一組大型綜合建築，分為
宮內建築和週邊建築。南宋左丞相周必大記曰：「凡殿宇皆翼以
修廊，道士數百人，環居其外，爭占形勝，治廳館，總為屋千百
間，江湖宮觀未有盛於斯者。士大夫川浮陸走，無不迂途而
至。」[577] 由此可見崇真宮規模之宏大、香火之旺盛。那時的崇真
宮內部主建築包括靈仙宮、寥陽殿、昊天殿、葛仙公殿、東嶽
殿、藏經殿、御書閣、玉像閣、正一堂、靖應堂、臥雲庵、仙人
庵、路仙庵、郭老庵、丹井室、藏丹室、鐘鼓樓等。此外，還有
週邊持志堂、仁志堂、升志堂、小引堂、逍遙堂、集仙堂、會仙
堂、招仙堂、通真堂、通仙堂、修仙堂、白雲堂、青雲堂、碧雲
堂、卿雲堂、五雲堂、東太極堂、南清隱堂、西中昭堂、北瑞應
堂、拙翁堂、九華堂、壽春堂、貴德堂、清輝堂、會真堂、遇真
堂、聚真堂、修真堂、定真堂、悟真堂、成真堂、玉真堂、慧解
堂、仁和堂、紫霄堂、高明堂、崇仙堂、眾妙堂、博濟堂、義聚
堂、靜隱堂、函籙堂、溥顯堂、歸來堂、靈仙堂和普化堂等四十
九堂。這些建築非常壯觀，宛如仙宮，宋代著名道士白玉蟾的
《昊天殿記》中描述道：「地皆砌以花磚，壁皆粉以銀液」、「下

---

577 （宋）周必大：《臨江軍閣皂山崇真宮記》，載《文忠集》卷八十，四
　　庫全書本。

甃鳳墀，上陳鴛瓦。千楹耀日，萬拱凝煙。高聳溟蒙，雄壓嶵
崒」，[578]從中我們可以看出崇真宮在歷史上是多麼華麗與宏偉。

　　崇真宮作為閣皂山的主觀，歷史悠久，是歷代登山訪真探勝
的文士首遊之地，因而留下了大量的詩文，也增加了崇真宮的文
化內涵。據史料記載，僅崇真宮中的竹軒——蒼玉軒，本是宋代
陳元禮宗師建以自居的，但因「宗師文雅名一時，凡公卿大夫士
無不與之遊，為之賦詩者多至三百人，其尤著者平園周公必大、
艮齋謝公諤、誠齋楊公萬里、野處洪公邁、晦庵朱公熹、樞密羅
公點、……江右人物，於斯為盛」[579]，可以說這裡便是文山詩
海。此外，宋代的楊申、周必大、白玉蟾、劉辰翁、虞集等人都
為崇真宮作記。南宋大理學家朱熹曾題詩贊曰：「磴道千尋風滿
林，洞門無鎖下秋陰。紫台鳳去天關遠，丹井龍歸地軸深。野老
尋真渾有意，道人謝客亦何心。一尊底處酬佳節，俯仰山林慨古
今。」[580]

---

**578** （宋）白玉蟾：《昊天殿記》，載《閣皂山志・記文》，（明）俞策撰，
　　　（清）施閏章修訂，傅義校補，南昌：江西人民出版社，1996，第 28
　　　頁。

**579** （元）虞集：《蒼玉軒新記》，載《道園學古錄》卷四十六，四庫全
　　　書本。

**580** （宋）朱熹：《題崇真宮》，載《閣皂山志・題詠》，（明）俞策撰，
　　　（清）施閏章修訂，傅義校補，南昌：江西人民出版社，1996，第 61
　　　頁。

## （二）紫陽書院

即道德宮。位於閣皂山東峰南坡，占地約八六〇平方米，宋時為供奉太上老君、釋迦牟尼、孔丘之殿宇。據傳朱熹曾兩度在此講學，聽眾達數百人，故後人又稱道德宮為紫陽書院。明代毀於山火，清雍正年間重建。紫陽書院也是歷代名人講學論道之所、唱和燕息之所。紫陽書院內古樹頗多，有距今近八八〇年的參天古銀杏，宋元時金桂、銀桂、四季桂。因此該院清代刻有石碑曰桂苑宮。此外，院內還有羅漢樹、紫玉蘭、紫荊等觀賞和藥用珍貴草木，也多為逾百年之物。紫陽書院後山上還有古松十餘株，大者須兩人合抱，高數丈。這些古松相傳為唐代所植，歷經唐、北宋、南宋、元、明、清六朝，所以被稱之為六朝松。

## （三）一天門

一天門是古時進入閣皂山的第一門，始建於南宋中葉。後毀，現存的門是清光緒二年（1876）重建的。該門全部由豆綠石所建造，高七點一七米，寬四點三米，石坊上門正面橫額書「一天門」，背面鐫刻「三十三福地」，門柱上有楹聯云：「漫設重新磨洗前朝還勝概，靈奇再辟指揮幽壑認玄門。」**581**

---

**581** （明）俞策撰，（清）施閏章修訂，傅義校補，《閣皂山志・名勝（輯補）》，南昌：江西人民出版社，1996，第 15 頁。

## （四）鳴水橋

也稱鳴水台，為江西僅存的兩座宋代橋樑之一，在閣皂山西南穀口。此橋建於北宋政和元年（1111），距今近九〇〇年。此橋為石砌單孔，拱高二點五米，橋長三點三米，寬六點八米，橋兩旁有石欄、望柱，柱上雕有蓮花頭座，橋上曾有鳴水亭。橋洞為弧形，洞壁兩側鑴有石刻，北側為「大宋政和元年辛卯閣皂山道眾化緣信」，南側云「人財物建此橋至四年冬至日畢宮謹題」。橋旁有水泥石碑，碑上刻有「鳴水橋」三字，相傳這三字是文天祥應道德宮孫道士之請所書的墨蹟。

鳴水橋下的是山中眾水匯聚形成瀑布的地方。崇真宮後的山麓有一泉流出，此水名葛憩源，相傳葛玄曾在此休息，因而得名。此水於九龍泉之水匯合後，流至鳴水台附近，水勢加大，形成多級瀑布。「每逢陰雨，則泉石相激，歘坎鐺鞳，若數十鳴鑛」[582]，這就是鳴水台名字的由來。鳴水橋瀑布泉長一九七米，寬約三米，距地面高達數丈，非常壯觀。明代臨江知府徐穎描述為「露盤直瀉上池水，玉柱高搖碧落煙」[583]。歷代登山者多在鳴水橋觀瀑布，因此這裡的題詠甚多。宋代閣皂山道士張通玄有

---

582 內容同註 58。

583 （明）徐穎：《閣山雜詠》，載《閣皂山志·題詠》，（明）俞策撰，（清）施閏章修訂，傅義校補，南昌：江西人民出版社，1996，第 68 頁。

「鳴水台前波卷雪」[584]之句。元代何中詩《閣皂山鳴水台》云：「兩山扼一峽，幾丈落寒水。蜀灘春濤壯，吳江夜潮起。靜聽得天韻，冥參洞玄理。遽得還未能，淹回成自喜。幸茲有台亭，綠蔭極清美。霏霏林香生，鬱鬱山光委。本非塵土胸，偶此一流憩。所聞盡心聞，我耳毋煩洗。」[585]清人錢時雍題詩云：「谽谺交石峽，瀉此千尺水。水石自衝激，琤琮聞數里。跨石結亭台，山峰屹然峙。到山訝砰訇，陟台頻徙倚。殷雷震晴空，白虹飲澗底。靜對疑天樂，鏗戞雜宮徵。誰令空山中，開鑿生奇詭。頗憶葛仙翁，憩息弄清泚。千年人已去，鳴水鳴不止。盡日清音聞，脩然洗俗耳。」[586]

鳴水橋上原鳴水亭畔有多株引路松，「大十圍者凡五，皆唐宋時物」[587]。引路松歷經千年，現在仍有兩株存活。康熙年間臨江知府喻成龍題有《引路松》詩：「一帶青青繞洞真，四時無

**584** （宋）張通玄：《閣皂山》，載《閣皂山志‧題詠》，（明）俞策撰，（清）施閏章修訂，傅義校補，南昌：江西人民出版社，1996，第 63 頁。

**585** （元）何中：《閣皂山鳴水台》，載《閣皂山志‧題詠（輯補）》，（明）俞策撰，（清）施閏章修訂，傅義校補，南昌：江西人民出版社，1996，第 86 頁。

**586** （清）錢時雍：《鳴水台觀瀑布》，載《閣皂山志‧題詠（輯補）》，（明）俞策撰，（清）施閏章修訂，傅義校補，南昌：江西人民出版社，1996，第 89 頁。

**587** （明）徐穎：《閣山雜詠》，載《閣皂山志‧題詠》，（明）俞策撰，（清）施閏章修訂，傅義校補，南昌：江西人民出版社，1996，第 68 頁。

改玉容春。此間迴別桃源徑，何必花流引逸人。」[588]清人錢時雍亦題詩云：「閣皂山中老松樹，虯螭偃蹇擁蒼霧。合抱參天數十株，排列山腰引山路。山松引路入深山，道人終日掩玄關。臥雲庵中臥不起，山自深深松自閑。我撫高松發長嘯，葛翁仙去遺空廟。道人無復似松顏，松風謖謖號萬竅。」[589]

　　鳴水橋東有金沙池，傳說葛玄煉成九轉金丹後，在池內洗丹，忽池水湧漲，金沙為之沸騰，因而金沙池也叫洗藥池。在金沙池東北，唐乾元二年（759）建有放生池，池邊曾有石碑，碑上墨帖模制有顏真卿《天下放生池碑銘》，碑現已無存。

## （五）九龍泉

　　位於閣皂山太極峰西麓，也稱九龍池、九龍塘。傳原崇真宮前放生池內十條錦鯉，受葛仙翁洗藥池水靈氣而化成龍，其中有九條飛入太極峰下的深洞，此洞便稱九龍洞。因此宋代閣皂山道士張通玄稱「九龍出去常存池」[590]。洞內有泉水湧出，名九龍

**588**　（清）喻成龍：《引路松》，載《閣皂山志・題詠（輯補）》，（明）俞策撰，（清）施閏章修訂，傅義校補，南昌：江西人民出版社，1996，第74頁。

**589**　（清）錢時雍：《鳴水台觀瀑布》，載《閣皂山志・題詠（輯補）》，（明）俞策撰，（清）施閏章修訂，傅義校補，南昌：江西人民出版社，1996，第89-90頁。

**590**　（宋）張通玄：《閣皂山》，載《閣皂山志・題詠》，（明）俞策撰，（清）施閏章修訂，傅義校補，南昌：江西人民出版社，1996，第63頁。

泉。九龍洞原本可深入其內，但後來因雷劈巨石而堵塞。不過現在泉水仍四時不絕，泉水清涼甘美，號稱仙水。經現代科學檢測，九龍泉水中含鋅、鈣、鐵、鎂等十二種人體需要的微量元素，是四特酒釀造水的源頭，也是附近山民唯一的生活飲用水。九龍泉自古便被譽為靈泉仙水，吟詠甚多。宋代陳孟陽有「蒼蘚斕斑雙鯉石，寒泉澄湛九龍塘」[591]之句，明顧應祥也有「不見九龍歸古洞」[592]之句。

## （六）東峰

即駱駝峰，是閣皂山名勝古跡最為集中的山峰，也是葛仙翁結廬煉丹的地方。東峰海拔四二五米，面積零點六平方公里。東峰「峰勢蒼茫、靈岩絕巘」[593]，自然景觀和人文景觀最為集中。其中較為有名的有崇真宮、石門、雙鯉石、禮門石、搗藥臼等。

大萬壽崇真宮，已詳於上文，在此便不再重複。東峰後有石門，即閣皂山北大門。此處雙石峻起，形似大門。相傳葛玄初入此山，見巨石當路，遂揮劍劈開，故又稱破劍石。此處宋時石刻

591 （宋）陳孟陽：《答清江錢大尹問山中景》，載《閣皂山志・題詠》，（明）俞策撰，（清）施閏章修訂，傅義校補，南昌：江西人民出版社，1996，第 61 頁。

592 （明）顧應祥：《閣皂山景》，載《閣皂山志・題詠》，（明）俞策撰，（清）施閏章修訂，傅義校補，南昌：江西人民出版社，1996，第 61 頁。

593 （明）俞策：《東峰》載《閣皂山志・題詠》，（明）俞策撰，（清）施閏章修訂，傅義校補，南昌：江西人民出版社，1996，第 70 頁。

甚多，現已經模糊不清。清代著名詩人施閏章題有《石門》詩：
「駱駝峰後近葛源，破劍猶傳有石門。多少遊人留姓字，至今惟
見綠苔存。」**594**

　　由石門前進，著名的雙鯉石橫臥道旁。相傳神仙高琴「嘗騎
雙鯉訪葛仙公於臥雲庵，飲酒醉臥。及醒，而雙鯉已化而為石。
高乃乘仙公雙鶴而去」**595**。雙鯉石因有著神奇的傳說一直被視
為靈跡，有關雙鯉石的典故頻頻出現在閣皂山詩文之中，明代俞
策還專門賦詩一首：「化石雙魚遂不歸，赤鱗曾是拂仙衣。山風
吹雨春雲濕，還似零陵燕起飛」**596**。在雙鯉石南有仙人跡。

　　在東峰南麓崇真宮北二百多米有一巨石突出，中有石窪，周
圍如碗，此處就是葛仙公的搗藥臼。《太極葛仙公傳》中記載，
葛玄在石臼中搗藥，「因墮藥一粟，徐有飛鳥食之，遂不死。至
今月夜，其鳥鳴，作丁當杵臼聲，世名搗藥鳥」**597**。故明代俞
策有「靈禽啼過前峰月，尤作仙家搗藥聲」**598**之詩句。搗藥臼

**594**　（清）施閏章：《石門》，載《閣皂山志·題詠》，（明）俞策撰，（清）
　　　施閏章修訂，傅義校補，南昌：江西人民出版社，1996，第 72 頁。

**595**　（明）俞策撰，（清）施閏章修訂，傅義校補，《閣皂山志·名勝》，
　　　南昌：江西人民出版社，1996，第 7 頁。

**596**　（明）俞策：《雙鯉石》載《閣皂山志·題詠》，（明）俞策撰，（清）
　　　施閏章修訂，傅義校補，南昌：江西人民出版社，1996，第 70 頁。

**597**　《道藏》第 6 冊，文物出版社、上海書店、天津古籍出版社聯合出
　　　版，1988，第 849 頁。

**598**　（明）俞策：《搗藥臼》載《閣皂山志·題詠》，（明）俞策撰，（清）
　　　施閏章修訂，傅義校補，南昌：江西人民出版社，1996，第 70 頁。

旁建有靈禽亭。

此外，東峰之巔有禮鬥壇、禮鬥石等勝跡，相傳是葛仙公禮鬥處。

### （七）其他諸峰

閣皂山共九十九峰，其中，較為出名的有東峰、西峰、丁仙峰、太極峰、淩雲峰、著棋峰等。

西峰也稱掛壁峰，峰上松竹掩映、境極幽美，相傳張道陵曾在此煉丹。西峰上原有天師壇，為張道陵入蜀前修煉處。楊申的《景德觀記》云：「山有漢天師張道陵、真人丁令威、吳葛孝先煉丹壇井，法像隱然。」[599]現遺跡無存。天師壇後有宋代閣皂山傳教儀知在靈寶大師之墓。墓穴四周皆石壁，壁上刻有人物畫像。還有青石碑，上刻知在墓誌銘。

丁仙峰在東峰之北，為丁令威修煉處，上面原有真人壇。丁令威傳說為遼東人，學道靈虛山，後化鶴歸來。俞策有詩云：「密室靈壇紫氣濃，丁仙曾表赤泥封。還家未化遼陽鶴，直是千年住此峰。」[600]

太極峰與東峰並列，海拔四九六米。明清時山上有石庵、白

---

**599** （宋）楊申：《閣皂山景德觀記》，載《閣皂山志·記文》，（明）俞策撰，（清）施閏章修訂，傅義校補，南昌：江西人民出版社，1996，第 22 頁。

**600** （明）俞策：《丁仙峰》載《閣皂山志·題詠》，（明）俞策撰，（清）施閏章修訂，傅義校補，南昌：江西人民出版社，1996，第 70 頁。

玉觀，上塑有睡羅漢，相傳可求夢得子，所以又稱之為夢山。

　　凌雲峰為閣皂山主峰，在南面，海拔八〇七點五米。凌雲峰「高插雲表，雙峰如髻」，有峻極霄漢之氣勢。

### 參考文獻

　　（1）江西省清江縣誌編纂委員會：《清江縣誌》，上海：上海古籍出版社，1989。

　　（2）卿希泰主編：《中國道教》，上海：上海知識出版社，1994。

　　（3）張澤洪：《閣皂山靈寶派初探》，《道教論壇》，2004 年 02 期。

　　（4）楊波：《閣皂山的歷史文化及其旅遊發展》，江西師大碩士論文，2007。


## 第十節 ▶ 清涼秀麗的洞天勝境——南昌梅嶺

### 一、地理環境

　　梅嶺位於南昌市西郊十五公里處，東臨鄱陽湖，北與廬山對峙，「岩岫四出，千峰北來，嵐光染空，連亙三百里」。[601]又因其位於城區之西，故復名西山。梅嶺不與它山接，自成一山系，

---

**601** （宋）余靖：《西山行程記》，載《西山志》，歐陽桂撰，《四庫禁毀書叢刊》本，北京：北京出版社，1998，第 663 頁。

整個地勢由西南向東北傾斜，呈紡錘形，有大小山峰九十九座，天然和人工湖泊五十餘處，方圓一五〇平方公里，最高峰羅漢峰海拔八四一點四米。

梅嶺成山於十五億年以前，但在七〇〇〇萬年以前還只是贛西九嶺山脈南緣的一部分。喜馬拉雅造山運動時期，九嶺山南緣的一部分慢慢向東南面移動，在贛江不遠處穩定下來，形成了今天的梅嶺，故梅嶺有飛來山之說。梅嶺地質構造獨特，山體遍佈經風化剝蝕形成的花崗岩怪石和斷岩，山勢嵯峨、谷壑幽深，至今山谷中隨處可見梅嶺成山時留下的倒石堆。梅嶺那崇山峻嶺間灰黑色的花崗岩壘壘成梯，又形成了許多大小不等的岩洞，其中古時便較為有名的有天寶、洪井、翔鸞、秦人、逍遙諸洞，可謂「崖高倏曉，洞古多奇」[602]。眾多的斷岩構造又形成了遍佈山區的飛瀑流泉，其中以腳魚潭、跌水溝、滴水崖、水口等瀑布最為壯觀，而長達五公里的銅源港瀑布群，有瀑布八十多個，落差近二四〇米，更是令人歎為觀止。清人歐陽桂遊覽了梅嶺瀑布後揮筆寫下了七言絕句《瀑布泉》：「素練飄來勝白紗，輕飛玉屑點袈裟。散珠濺沫俱難消，還疑晴空滾雪花。」

梅嶺地處亞熱帶季風氣候區，四季分明，夏季平均氣溫為二十二至二十五度，向有「小廬山」之美譽，為全國十三大避暑勝地之一。溫暖濕潤的氣候，使得梅嶺植被豐富、林木蔥蘢，森林

---

602 （民國）魏元曠編撰，王諮臣校注：《西山志略自序》，《江西名山志叢書》系列，南昌：江西人民出版社，2000，第5頁。

覆蓋率達百分之六十七。全山有植物八十九科二二三屬二〇〇〇
餘種，野生動物十九科四十一種，鳥類三十三科二〇五種，其中
有十八種屬國家保護鳥類。據專家統計，景區內還有古樹三〇〇
餘株，其中尤以千年銀杏、盆景樟、石中蘭等梅嶺「植物三絕」
最為著名。

　　梅嶺物產豐富，其中較為有名的有茶、羅漢菜、仙茅和草
蘭。梅嶺盛產茶葉，《大清一統志》載：「洪州西山白露鶴嶺茶，
號為絕品，今紫青、香城為最，雙井茶芽亦佳。」[603]眾多的梅嶺
茶中，尤以產於鶴嶺上的鶴嶺茶最為出名，「鶴嶺茶，其味極
妙」[604]，古時即為士大夫所青睞。梅嶺之羅漢嶺盛產羅漢菜，
《明一統志》記載：「羅漢菜西山出，葉如豆苗，因靈觀尊者自
西山持至，故名。[605]」羅漢菜一名花菜，又名瓊枝，屬越中鹿
角菜之類，古人喜食，《江城名跡》就有陳友諒取之為羹的記
載：「陳友諒喜食玉葉羹，取西山羅漢菜和曲江金花魚為之，味
頗佳。」[606]仙茅也稱婆羅門參，根、莖可入藥。梅嶺仙茅叢生於
黃堂隆道宮前，「茅具六味，能致六養，鹹能養氣，辛能養節，
酸能養筋，滑能養胃，甘能養肉，人得茅煮而飲之，可以已疾癘
和榮衛，延年卻老」[607]。據元代「儒林四傑」之一的揭傒斯《仙

---

**603**　《大清一統志》卷二百三十九，《南昌府》，四庫全書本。

**604**　《御定佩文齋群芳譜》卷十八，《茶譜》，四庫全書本。

**605**　（明）李賢等撰：《明一統志》卷十九，四庫全書本。

**606**　（清）陳宏緒：《江城名跡》卷二，《考古》，四庫全書本。

**607**　（元）揭傒斯：《仙茅述》，《揭文安公集》卷十四，《四部叢刊》本。

茅述》中記載，東晉許遜以忠孝積功累行致仙道，到丹陽黃堂拜諶母為師。諶母授以道要，許遜甚是感恩戴德，欲每年前去丹陽拜謁諶母。諶母說她即將仙去，許遜只要回到西山他自己的住宅，到宅南五十里左右找到她手植的那棵飛茅，並在此處為諶母建祠，每年八月前去拜謁就可以了。許遜回到西山，果真找到那已經叢生的飛茅，地名也叫黃堂，於是就地建祠祀諶母，每年八月如期前往拜謁。許遜升天後，他的徒弟們每年八月四日奉許遜的像前去朝拜，天長日久，後嗣者不絕，飛茅在祠前剪而復生，如揚州瓊花，不易其處，這就是梅嶺仙茅的神奇來歷。梅嶺的草蘭葉細，色粗淺，香氣清幽，「素心之品，不亞建蘭。」[608]

「城外青山爽氣浮，重巒疊嶂擁南州。四時秀色含雲霧，萬壑寒光逼鬥牛。野樹迴連空翠合，澗泉長繞畫屏流。由來此地多仙境，那得飆連汗漫遊。」[609]這是明永樂年間狀元曾棨對

集雄、秀、奇、幽於一體的梅嶺秀麗山水最真實的概述。


## 二、歷史文化

### （一）梅嶺釋名

西山梅嶺舊時名曰獻原，《水經注》作散原，《豫章記》作

---

608 （民國）魏元曠編撰，王諮臣校注：《西山志略》卷末《物產》，《江西名山志叢書》系列，南昌：江西人民出版社，2000，第110頁。

609 （明）曾棨：《西山積翠》，載雍正《江西通志》卷一百五十五，《藝文・詩》，四庫全書本。

厭原，《太平寰宇記》稱之為南昌山。太平興國六年（981），析南昌水西十四鄉置新建縣，山隨之改屬焉。又因其「為洪州巨障，隸江之西，因名曰西山」[610]。西山早在漢初就辟有驛道。今人習慣稱西山為梅嶺，源於西山九十九峰之一的原飛鴻山。西漢末年，南昌縣尉梅福為抵制王莽專政，棄官學道，「遇空同仙君，授以內外丹法。後至飛鴻山，結庵修煉，十日功成，神遊體外，丹光燭天。復回九江，乘青鸞飛升而去」[611]。後人為紀念梅福，在嶺上建梅仙壇，壇側建梅仙觀，此後人們就將飛鴻山稱作梅仙山、梅嶺。

## （二）詩文薈萃

「西山不特為洪都巨障，而且為宇內名山。生其地者，理學名儒，忠臣義士，留芳俎豆，振藻藝林。」[612]自古以來，梅嶺秀美的山水和獨特的氣候吸引著無數文人墨客前來棲隱和遨遊，留下古文有一五〇餘篇，古詩詞一一〇〇多首，真可謂詩林之府，翰墨之林。

被譽為「西江勝地」的西山梅嶺先後有張九齡、權德輿、宋齊丘、王安石、張商英、周必大、張位等七位丞相前來探游。唐

---

**610**　（清）歐陽桂：《西山志》卷首《序》，《四庫禁毀書叢刊》本，北京：北京出版社，1998，第 591 頁。

**611**　（明）董斯張：《廣博物志》卷十二，《靈異一・仙》，四庫全書本。

**612**　（清）歐陽桂：《西山志》卷首《序》，《四庫禁毀書叢刊》本，北京：北京出版社，1998，第591頁。

代張九齡曾為洪州都督，好游西山，留有《登城樓望西山作》等多篇詩文。南宋右丞相周必大於乾道丁亥（1167）十一月專程遊覽西山，登天寧寺、遊真觀院、攀香城絕頂、步游洪崖，為後人留下了《西山遊記》和《同兄弟甥侄游西山次子戴韻》兩篇膾炙人口的詩篇。明代吏部尚書張位因招權示威，被朝臣彈劾，神宗下詔革職為民，於是張位隱居南昌，「家住杏花村，身寄桃花嶺」[613]，在西山北麓桃花嶺上建石屋、亭台，並與門徒曹學、寺僧半岩等同遊西山，吟詩自娛，詠留有《題香城寺》等十餘首詩歌。

　　鍾靈毓秀的梅嶺還吸引了施肩吾、朱熹、楊萬里、歐陽修、曾鞏、黃庭堅、湯顯祖、虞集、揭傒斯、解縉、陳三立等數十位文壇鉅子爭相游觀、吟詩題記，為後人留下了許多名詩佳作和人文景觀。特別值得一提的是清末陳寶箴和陳三立，父子倆對西山更是情有獨鍾。父陳寶箴是清末著名維新派骨幹，曾被光緒帝稱為「新政重臣」，子陳三立乃近代詩文名家，同光體贛派代表人物，詩文造詣極高。一八九八年父子倆被革職後，罷歸江西南昌，選南昌西山築「靖廬」而居，「大樂其山水雲物」父子日夕吟詠其中」[614]，陳三立因隱居西山而號「散原」（西山《水經注》作散原），陳寶箴夫婦也永遠長眠於西山「靖廬」之側。

**613** 雍正《江西通志》卷七，《山川》，四庫全書本。

**614** （民國）魏元曠編撰，王諮臣校注：《西山志略》，《附錄》，《江西名山志叢書》系列，南昌：江西人民出版社，2000，第 112、113 頁。

西山作為古豫章十景之一，早在唐代，文人墨客就爭相吟
詠。王勃的《滕王閣序》中就有「珠簾暮卷西山雨」之詩句。西
山梅嶺現存的千篇詩文佳作中，宋代一位無名僧寫的《西山詩》
曾被詩壇公認為是最切題的點睛之作。宋江少虞《事實類苑》中
記載：「洪州西山與滕王閣相對，客多留詩於壁。嘗有僧來讀
之，已而告郡守曰：『詩盡不佳，何不除去？』守愕然詰之曰：
『僧詩能佳乎？』僧因即吟曰：『洪州太白方，積翠倚穹蒼。萬
古遮新月，半江無夕陽。』守異之，遣去。」[615]此事一度成為古
代詩壇的一大趣話。此外，有關西山的專著也在唐代就開始出
現，唐代文學家施肩吾晚年隱居西山，著有《西山集》五卷，宋
代李上交著有《豫章西山記》二卷，可惜均已年久失傳。此後，
清人喻指、歐陽桂、塗蘭玉均撰有《西山志》專書，民國間南昌
人魏元曠著《西山志略》，為後人留下了西山珍貴的史料。

## （三）佛道勝地

「西山為洞天勝境、神仙之府，高僧明賢之所棲隱」[616]，自
古便是一座宗教名山。據統計，梅嶺一帶有寺觀廟壇達一三六
處。道書將這裡列為第十二洞天，第三十八福地。相傳最早居此
修道成仙的是黃帝樂臣伶倫，世人稱之為洪崖先生。周朝時「蕭

---

**615** （宋）江少虞：《事實類苑》卷四十，《詩歌賦詠》，四庫全書本。

**616** （民國）魏元曠編撰，王諮臣校注：《西山志略》卷首《序》，《江西
名山志叢書》系列，南昌：江西人民出版社，2000，第5頁。

史配秦穆公女弄玉，夫婦跨鶴於蕭壇峰上升」[617]。漢代南昌尉
梅福為抵制王莽專政，曾棄官學道於梅嶺。晉代許遜曾為旌陽縣
令，後棄官東歸，「以孝悌為之准式，修煉為之方術，行持為之
秘要」，在西山修道煉丹，開壇布教，創「太上靈寶淨明法」。
傳說東晉寧康二年（374）八月初一，許遜「與仙眷四十二口同
時沖舉，雞犬亦隨逐飛升。」許遜飛升後，其法後經弟子演傳，
至宋元時形成淨明道，時以西山為中心，盛極一時，故西山被後
世道教信徒尊為淨明道發源地，山間主祀許真君的萬壽宮則被尊
為淨明道之祖庭。此外，東漢鄧禹、晉代方士葛洪等也曾在西山
留下仙跡。玉隆、紫清、天寶、淩雲、棲真、太虛、大霄為西山
著名的七大宮觀，自唐代開始，香火一直非常旺盛。梅嶺佛教也
非常興盛，歷史上曾建有寺廟達七十多座。其中最出名的有翠岩
寺、香城寺、蟠龍寺、雲峰寺、奉聖寺、雙嶺寺、安賢寺、六通
寺等八大名剎。

## 三、風景名勝

### （一）洪崖丹井

　　洪崖丹井是南昌最古老的名勝古跡，也是「豫章十景」之
一。它位於梅嶺洪崖山之南，洪崖山原名伏龍山、靈官山，因古
仙人洪崖嘗居此，故名洪崖山。隋開皇九年（589），因洪崖所

---

[617] 雍正《江西通志》卷一百○三，《仙釋》，四庫全書本。

在，改豫章郡為洪州。故王勃的《滕王閣序》中有「豫章古郡，洪都新府」之句，南昌古稱洪州、洪都皆因此而來。洪崖先生為誰，眾說不一。明陶宗儀《說郛》中記載：「洪崖先生有二，其一，三皇時伶倫得仙者號洪崖，……其一，唐有張氳亦號洪崖先生。」[618]伶倫是黃帝的樂臣，受黃帝之命自大夏之西，昆侖之陰，取嶰谷之竹制管而吹，發明了音樂。相傳伶倫此後來到梅嶺，在洪崖處鑿井五口，汲水煉丹，丹成在此仙升，其修煉處被世人視為靈跡。晉代以來，先後有郭璞、歐陽修、周必大、岳飛、胡儼、湯顯祖、朱耷等名流高士到此尋源問宗，題刻留記，使洪崖名聲大振。唐代晉州高士張氳追慕遠古洪崖先生，「隱於南昌西山」[619]，自號洪崖子，世傳張氳行蹤莫測，「每旦乘白驟遊西山，渡章江，入洪城，人未有見其返者」[620]。張氳善嘯，聲若鸞鳳，唐玄宗曾召見於甘露殿，拜官不受。時洪州大疫，張氳賣藥於市，得者即愈。後隱去，不知所終。後世也有人說張洪崖就是遠古洪崖先生轉世。

洪崖石壁峭絕，飛瀑奔流，其下有丹井，丹井深不可測，有「四兩絲線打不到底」之說。相傳唐洪崖子張氳騎雪精（唐玄宗李隆基所賜白驟），攜五位弟子到洪州賣藥，午後便從南昌五台庵晉尚書彭潛惠丹井下，經贛江底部，從丹井中回來。丹井深處

---

**618**　（明）陶宗儀：《說郛》卷二十八《東齋記事》，四庫全書本。

**619**　（宋）李綱：《梁溪集》卷一百四十《贊》，四庫全書本。

**620**　（民國）魏元曠編撰，王諮臣校注：《西山志略》卷三，《江西名山志叢書》系列，南昌：江西人民出版社，2000，第 42 頁。

即洪井洞，《西山志》記載：「洞居水中，人罕能見。宸濠嘗至禱祀求觀，募桔槔涸之，後見底有五井，各方廣四尺許，井形方露，水即湧出，頃刻如初。」[621]鄰近丹井有古壇，相傳為洪崖先生煉丹處，並留有石舂臼。井南為鸞岡，相傳為洪崖先生乘鸞休憩的地方。

洪崖瀑布最為有名，古人描述它「若飛虹垂空，疋練拖玉，觸石成聲，又若迅霆奔擊，長風怒號，遊人非附耳疾呼不相聞也。盛暑時寒氣侵肌，心膽俱栗」。[622]洪崖瀑布泉水清洌甘醇，飲之唇齒為香，宋代文學家歐陽修品之為「天下第八泉」，古時這裡曾建有飲泉亭，古人愛取此水煮茶。南宋丞相周必大遊西山，就曾在了賢長老的陪同下，「芟草徑，坐崖石，汲泉烹茶，縱觀飛瀑」。[623]

洪崖丹井絕壁之上，現保存有眾多摩崖石刻。可以辨認的有清康熙丙辰年（1676）笑堂白書刻的「洪崖」兩個大字，新建縣令游起南題刻的對聯：「兩峽懸流聯瀑布，一泓活水噴洪崖」，宋朝淳熙年間石刻：「海陵周次張、龔蘇中、鄞枚惟，以淳熙乙巳冬，攜樽訪藥臼，徘徊不覺暮矣。曝西日，掬清泉，相與樂而

621 （清）歐陽桂：《西山志》卷一，四庫禁毀書叢刊本，北京：北京出版社，1998，第 602 頁。

622 同治《新建縣誌》卷五《輿地‧山》，臺北：成文出版社有限公司，1989，第 286 頁。

623 （民國）魏元曠編撰，王諮臣校注：《西山志略》卷一，《江西名山志叢書》系列，南昌：江西人民出版社，2000，第 11 頁。

忘歸。」

　　在洪崖丹井之側有紫清宮，即唐洪崖真人張氳的道院。紫清宮初名應聖宮，始建於唐乾元初。時山人申太芝言其地有異氣，於是在此處立應聖之宮抗邪，並在其前建玄元正殿。後洪崖子張氳至西山修煉，唐肅宗賜予他做道院。大概是由於這個原因，應聖宮玄元正殿內曾供奉肅宗李亨的塑像。至南唐時，中主李璟撥款重修宮宇，僕射徐鉉有記。宋代改名為紫清宮。舊時紫清宮旁石壁上刻有三絕句——「去歲無人種，今春乏酒財。從交花鳥笑，半醉臥樓臺」、「入市非為利，過期不為名。有時陪俗物，相伴具營營」、「下調無人來，高心又沒嗔。不知時俗意，教我若為人」[624]，世傳為洪崖子所作，現均已無存。

　　洪崖以其悠久的歷史和秀麗的風景，歷來為文人墨客所讚譽。無怪乎明初國子監祭酒胡儼《洪崖山房記》中讚曰：「洪崖又在西山之西，峰巒秀拔，林壑深窅，嵐光染空，……西山所以專豫章之勝也。岩岫四出，雲霞卷舒，幽泉怪石，流峙潤谷，丹碧照耀，樹林陰森，奇偉夐絕，洪崖又專西山之勝也。」[625]

## （二）翠岩寺

　　翠岩寺為西山八大名剎之首，在洪崖丹井之側、背倚洪崖

---

**624** 同治《新建縣誌》卷五《輿地·山》，臺北：成文出版社有限公司，1989，第 285-286 頁。

**625** （明）胡儼：《洪崖山房記》，載《明文海》卷一百三十，《記》，清黃宗羲撰，四庫全書本。

山。翠岩寺始建於南北朝，是江西最著名的寺廟之一。翠岩寺初名常綠寺，唐朝武德年間改名洪井寺，隨後又改翠岩寺，南唐更名翠岩廣化院，宋朝時恢復舊名翠岩寺。

　　翠岩寺幾經興廢。南唐時，寺廟香火旺盛，保大年間，著名高僧澄源禪師無殷住此寺。無殷深受中主李璟的敬重，李璟曾詔見無殷，宋周必大遊翠岩寺，宿方丈室，親見李主賜給無殷的詔書。建龍元年（960），無殷圓寂，李璟親自書寫祭文，大臣韓熙載作塔銘。宋代周必大游西山時，翠岩寺還是「棟宇宏壯」[626]。宋代後期，寺廟逐漸敗落，明朝竟然廢為民居。清朝順治七年（1650），香城寺僧慧習、可學鳩倡議修復古寺，梅嶺眾寺院僧尼捐衣納缽，贖回舊寺。吏部侍郎熊文舉、知州陳弘緒等人大力支持，並請僧人古雪上人主持該寺。古雪大師四處化緣，將寺廟修葺一新。古雪大師還「募鑄銅佛一尊，坐像長丈六，大亦稱是；銅蓮台一座，較佛身更大，高七八尺；銅鍋一，煮糜可保千僧，名千僧鍋；銅香爐一，高四尺餘；銅瓶一對，高七八尺，闊如之」[627]。翠岩寺又香客滿門，新建文人熊文登曾慕名來遊，寫了一首《題重興翠岩寺》：「猶是前朝寺，蒼煙古霧迷。重興超歷劫，高士憶幽棲。嵐氣層層樹，花光曲曲溪。斷紅藜杖處，何日話橋西。」[628]到清咸豐四年（1854）十月初九，

---

**626** （宋）周必大：《文忠集》卷十六，《泛舟遊山錄》，四庫全書本。

**627** 同治《新建縣誌》卷七十，《寺觀》，臺北：成文出版社有限公司影印，1989，第3543頁。

**628** （清）熊文登：《重興翠岩寺》，載同治《新建縣誌》卷九十二，《藝

南昌知府張賦林、瑞金知縣劉遵侃將銅佛等全部打碎，運到省寶昌局鑄錢，當時得淨銅一一一四一斤。後寺僧振南、慈心等稟請立案，府衙批示：「俟軍務告竣，捐修寺宇，重鑄佛身。」[629]但後來並沒有重鑄銅佛，事情不了了之。抗日戰爭期間，翠岩寺部分殿堂被日本侵略軍燒毀。抗戰勝利後，寺廟得到修繕，又請本鄉石工雷世森在洪崖亭下峭壁上鐫刻了「阿彌陀佛」四個大字。解放後，寺院廢棄，文革期間寺廟被拆除。

翠岩寺附近名勝眾多，有迎笑堂、妙高太、逾好亭、半月軒、聽松堂、奇王廟、靈官台等，其中最為有名的是迎笑堂。迎笑堂在寺後山巔，不知建於何年。迎笑堂是來寺的名流貴客的下榻之處，唐朝以來，先後有劉禹錫、牟融、曹松、歐陽持、岳飛等名人題詩於壁。堂前有九節筇竹和雷護橘，相傳桔熟之時，如果有人偷桔，就會雷聲大作，因此沒有人敢偷摘。此外，堂前還有蟒磐石和鶴巢松。歐陽持有詩云：「迎笑堂前九節筇，閑來無事得從容。時聞雷護堂前橘，夜聽風傳萬壑松。茅屋人家芳草外，竹房僧住翠微中。一蓑煙雨歸來晚，遙聽雲間起暮鐘。」[630]

翠岩寺前有一處名跡叫妙高臺，上面刻有北宋無盡居士張商英（尚書右僕射）的遊寺詩。宋釋曉瑩《羅湖野錄》中載：

文‧詩》，臺北：成文出版社有限公司影印，1989，第 4846 頁。

**629** 同治《新建縣誌》卷七十，《寺觀》，臺北：成文出版社有限公司，1989，第 3544 頁。

**630** （民國）魏元曠編撰，王諮臣校注：《西山志略》卷五，《江西名山志叢書》系列，南昌：江西人民出版社，2000，第 86 頁。

保寧機道者元祐間住洪州翠岩，時無盡居士張公漕江
西，絕江訪之。機逆於途，公遽問曰：「如何是翠岩境？」
對曰：「門近洪崖千尺井，石橋分水繞松杉。」公曰：「尋
常只聞師道者之名，何能如是祇對乎？」機曰：「適然耳！」
公笑而長哦曰：「野僧迎客下煙嵐，試問如何是翠岩。門近
洪崖千尺井，石橋分水繞松杉。」遂題於妙高臺，今有石刻
存焉。**631**

在翠岩寺後峰上有靈官壇，祭祀春秋時期吳國大將伍子胥的
五百將士。伍子胥屯五百人於靈官峰上以備楚國，後他們聞伍子
胥遭誣陷被逼自殺，全部自刎而死，後人設壇祀之。唐末歐陽持
《遊西山歌》中有「靈官壇，高萬仞。靈威五百皆豪俊。一朝死
義不求生，萬古遺芳誰不潛」**632**的詩句。

## （三）香城寺

香城寺「為西山最幽絕處」**633**，位於靈觀峰下錦繡谷中，
四面群峰環繞，層巒疊嶂，蒼松翠竹，景色幽絕，歐陽持《遊西
山長歌》中就有「香城寺，倚高巔；古柏森森不記年。錦繡谷中

---

**631** （宋）釋曉瑩：《羅湖野錄》卷三，四庫全書本。

**632** （民國）魏元曠編撰，王諮臣校注：《西山志略》卷一，《江西名山
志叢書》系列，南昌：江西人民出版社，2000，第 12 頁。

**633** 《大清一統志》卷二百三十八，《南昌府》，四庫全書本。

花早發，桃源洞口柳拖煙」**634**的詩句。香城寺為東晉淨土宗初祖慧遠大師的高徒曇顯建。關於寺名的來歷有兩種說法：一是傳說當年曇顯在此禱山建寺，忽生香木，曇顯取之作殿柱，寺廟建成後，曇顯在佛前誦經，以木屑焚之，香飄數里，於是取名為香城寺。一是晉隆安（397-401）中，有僧人白雲禪師居此，白雲禪師善六戊之法，因有盜賊入山搶掠，他便燃香插山口，香煙結成雲霧，盜賊迷失而去，故稱此寺為香城。

香城寺歷代高僧輩出，人文薈萃，名人題詠甚多。晉曇顯居此就嘗與陸靜修談佛論道；宋代順禪師嗣法黃龍，後曾掛錫於此；妙喜弟子如晦與周必大觀鎮南節度使嚴景所書寫「咸通香城若蘭」寺榜，歎其瘦硬有法；明末御史李匡山罷歸南昌，隱居香城寺學佛，與宋應星兩次會見於此，賦詩唱和，宋應星有《訪香城寺李侍御夜話》詩，這些都是香城寺流傳的佳話。唐代詩人陳陶，明末進士楊廷麟、翰林院編撰劉同升、大學士張位，清代文人陳宏緒、徐世溥均留有詩文。

香城寺是西山建立最早的寺廟之一，規模宏大，香客眾多。清人徐世溥的《香城寺記》中記載：「聞其盛時，雲鐃霞鈸，響徹焰摩。鳴鐘會餐，百釜齊熟。九樓十八殿，……」，可見當時盛況空前。唐朝咸通八年（867），鎮南軍節度使嚴景為寺題寫寺額「咸通香城蘭若」。宋朝李上文作《香城寺志》。明嘉隆間

---

**634** （民國）魏元曠編撰，王諮臣校注：《西山志略》卷一，《江西名山志叢書》系列，南昌：江西人民出版社，2000，第 12 頁。

（1522-1572），寺廟廢棄。明朝萬曆末年，原兵部尚書陳道亨襄力重建，大學士張位作《重修香城寺疏》，籲請「四方名公大士、上智高賢，隨喜餘資，同心盛舉，俾法堂創構而慧日重輝，精舍宏開，宗風再振。」在僧法海的帶領下，寺宇修葺一新，清初香城寺香火最為旺盛。該寺至解放前已毀。

香城寺內外名跡頗多。寺內原有順禪師碑，潘興嗣跋，和慈順塔記等眾多詩刻，可惜現在幾乎無存。香城寺後還有一大硯石，長一丈四尺，寬六七尺，上刻「薌林硯石」，為周必大所題。原方丈室旁有兩株娑羅樹，相傳是靈觀尊者自西土帶來，親手植於此處的。香城寺後原有櫪林一片，最大一株胸圍一丈五尺，宋時樹齡已近千年，號稱「將軍樹」。寺後靈觀峰上有靈觀尊者坐禪室，「靈觀者，隋開皇初，新羅沙彌也，為北禪行道，求價尋償，宿仇而終。」[635]循坐禪室而上，即為著名的「香城絕頂」，是歷代遊人必登之處。

## （四）西山萬壽宮

西山萬壽宮為淨明道之祖庭，也是全世界萬壽宮的祖庭。位於西山南麓的逍遙山上，居南昌市區三十公里。萬壽宮是為紀念晉代著名道家人物許遜而建，至今有一七〇〇餘年的歷史，唐杜光庭的《洞天福地記》稱這裡為第三十八福地。

許遜字敬之，祖籍河南許昌。東漢末年，其曾祖許琰因避戰

---

635 （宋）周必大：《文忠集》卷十六，《泛舟遊山錄》，四庫全書本。

亂，遷居南昌，高節不仕。吳赤烏二年（239）許遜生於南昌縣長定鄉益塘坡。他自幼生性聰穎，「刻意為學，博通經史，明天文地理、曆律五行、讖緯諸書，尤嗜神仙修煉之術」[636]。二十九歲拜孝道之士吳猛學道，後與郭璞訪名山，求棲真之所，相得西山南麓的逍遙山金氏宅（即今天的西山萬壽宮舊址），於是徙居於此。太康元年（280），許遜為四川旌陽縣令，為官清廉，為民興利除害，時逢大疫，用符水為人治病，病者皆痊癒。太元年（290）棄官東歸，又曾到丹陽黃堂拜諶母為師，諶母授以道要。許遜回到西山後「以孝悌為之准式，修煉為之方術，行持為之秘要」，[637]在西山修煉，創「太上靈寶淨明法」。時值南昌洪水氾濫，許遜又帶領百姓治水患，造福州里，民間至今仍流傳有很多許遜斬蛇鬥蛟的故事。許遜活到136歲而終。道教傳說東晉寧康二年（374）八月初一，許遜在西山得道，與仙眷四十二口拔宅飛升，雞犬亦隨逐而去。

　　許遜被道教淨明派奉為祖師，西山則為淨明道之祖庭。淨明道是宋元間在南昌西山興起的一個道教派別，由靈寶派分衍而成，全稱「淨明忠孝道」。據道教傳說，南宋紹興年間，西山玉隆萬壽宮道士何真公祈禱許遜降臨解救戰亂，因得許遜授《飛仙度人經》《淨明忠孝大法》等，建立了龐大的教團，《淨明大法》

---

**636**　（宋）白玉蟾：《晉旌陽令許真君實錄真傳》，載《西山志略》附錄，《逍遙萬壽宮志選編》，《江西名山志叢書》系列，南昌：江西人民出版社，2000，第137頁。

**637**　同上。

遂行於世。元初，西山道士劉玉重整教法教理，元大德元年（1297）正式採用「淨明」為教派名稱，奉許遜為第一代祖師，使之廣為傳播。淨明道的「淨明」就是「無幽不燭，有塵不汙」[638]，即要求修煉者達到內心一塵不染，清心寡欲做孝子忠臣。淨明道教義宗旨是以忠孝為本，敬天崇道，濟生度死。其理論依據也就是以許遜所謂忠、孝、廉、謹、寬、裕、容、忍的「垂世八寶」，尤以忠孝為首，認為恪守淨明忠孝即可得道成仙。元明時期，淨明道在士大夫中頗有影響，被譽為是仙家之「最正者」。元以後歸入正一道。

西山萬壽宮始建於東晉，許遜「飛升」後，鄉鄰和族人便在他的住宅處建起許仙祠。南北朝時期，許仙祠改名為遊帷觀，「遊帷者昔旌陽上升時，嘗飄墮錦帷其處，名之即以其實也」[639]。隋末毀於戰亂。唐高宗永淳年間（682-683）天師胡慧超重建，高宗欽賜「遊帷觀」匾額和香燭幢幡等物。南唐時又重修，徐鉉書寫匾額。

宋代是萬壽宮的興盛時期。宋大中祥符三年（1010），真宗賜內帑增修觀宇，升觀為宮，賜「玉隆宮」匾額，並禁樵采，免租賦，並置官員掌管。宋政和六年（1116），徽宗詔令仿西京洛

638 （晉）許遜：《太上靈寶淨明法序》，載《西山志略》附錄，《逍遙萬壽宮志選編》，《江西名山志叢書》系列，南昌：江西人民出版社，2000，第161頁。

639 （元）柳貫：《待制集》卷十四，《玉隆萬壽宮興修記》，《四庫全書》本。

陽崇福萬壽宮式樣，重建玉隆宮，竣工後徽宗賜門額「黃向門」、殿額「玉隆萬壽宮」，以及真君像香爐等物。此次重建後，西山萬壽宮規模空前，有六大殿（正殿、三清殿、老祖殿、諶母殿、蘭宮殿、玄帝殿）、五閣（玉皇閣、紫微閣、三官閣、敕書閣、玉冊閣）、十二小殿、七樓、三廊、七門、三十六堂。宮外還有接仙台、涼亭、會仙閣、太虛觀等建築。理宗寶慶元年（1225），重賜內帑增修，命大學士真德秀提舉。此時，萬壽宮「金碧壯麗，為東南祀點第一」[640]、「羽士雲集，道風高倡」[641]。元末，萬壽宮毀於紅巾軍。

明朝洪武年間，西山萬壽宮正殿得以重建，至武宗正德十五年（1520），建高明殿，並賜「妙濟萬壽宮」匾額。明萬曆十年（1582），在萬恭、張位、鄧以贊等人的宣導下，萬壽宮得到了全面的修葺，並增建了三清殿，張鄧二人還在正殿之西創建逍遙靖廬，作為講學習靜之所。當時的萬壽宮是「殿宇之峻，　與王者」[642]，再度興盛起來。

**640** （民國）魏元曠編撰，王諮臣校注：《西山志略》附錄，《逍遙萬壽宮志選編》，《江西名山志叢書》系列，南昌：江西人民出版社，2000，第148頁。

**641** （民國）魏元曠編撰，王諮臣校注：《西山志略》附錄，《逍遙萬壽宮志選編》，《江西名山志叢書》系列，南昌：江西人民出版社，2000，第150頁。

**642** （民國）魏元曠編撰，王諮臣校注：《西山志略》附錄，《逍遙萬壽宮志選編》，《江西名山志叢書》系列，南昌：江西人民出版社，2000，第142頁。

清代，萬壽宮進入了一個新的鼎盛時期。自順治初年
（1644）至道光二十八年（1848）

這二百年多的時間裡，西山萬壽宮各殿宇宮經歷了大小規模
不等的十七次重建或維修，萬壽宮規模不斷擴大，奉祀的神靈不
斷增加[643]。清人裘君弨《游萬壽宮記》中描述了當時香火旺盛
的場面：

> 故凡絡繹載道，輿而至止者貴豪，騎而來者富厚，徒步
> 者近，負擔捆載、鳴金引香、鼓吹而跋涉者遠，匍匐而行、
> 繦負而前者童男女，撫杖以觀者父老，衣冠濟楚、雍容安緩
> 者，翩翩士君子之流也。以及肩舁者阿嬌，車御者老嫗與村
> 妝，箬冠芒履、茅團藤錫者，羽叟壺懸、釋子衲佩，莫不望
> 宮駿奔，趨承雜進。瞿瞿然歷階而升，肅肅然入廟而敬。旅
> 陳儀品，晉謁仙庭。祈祀各如其願之所期，許而後止。[644]

咸豐年間，太平軍先後兩次攻佔西山，宮殿幾乎蕩然無存，
其後，同治、光緒、宣統年間均有修復的記載，香火依然旺盛。
民國時期，曾一度設西山管理處。抗日戰爭時期，日軍曾盤踞西

---

[643] 有關清代萬壽宮興盛情況的研究詳見於黃明亮的《明清南昌西山萬壽
宮與地方權力體系的演變》，廈門大學優秀碩士論文，2001。

[644] （民國）魏元曠編撰，王諝臣校注：《西山志略》附錄，《逍遙萬壽
宮志選編》，《江西名山志叢書》系列，南昌：江西人民出版社，
2000，第 152-153 頁。

山萬壽宮，宮殿樓臺摧殘過半，宮中文物被洗劫一空，唯有真君塑像得以保存。抗戰勝利後江西地方政府撥款進行了維修。文革中再度遭到破壞。一九八四年江西人民政府再度修復，並定名為西山萬壽宮。

　　西山萬壽宮歷史上迭興迭廢，但晉代的鐵柱古井和瘞劍栢卻保存完好。瘞劍栢為許真君親手所栽，距今近一七○○年。相傳許真君把蛟龍擒住之後，就把斬蛟劍埋於此樹下，留給後人以備斬蛟除害。鐵柱古井也稱為八角井，為許遜在此修道所挖，井水清澈，八角護欄保存完好。此井相傳與江水相消長，井中舊時有鐵柱，為許遜所鑄，以鎮蛟螭。萬壽宮的「鐵柱仙蹤」為古豫章十景之一。宮內尚存一塊「不朽仙蹤」石碑。歷代文人墨客吟詠西山萬壽宮的詩文甚多，唐代孟浩然，宋代王安石、曾鞏，元代虞集，明代胡儼、張位，清代朱彝尊等都有詩文。

## （五）紫霄峰

　　古稱「西山第一峰」，又名蕭峰、蕭嶺、蕭壇，海拔七九九米。《江西通志》載：「蕭史配秦穆公女弄玉，夫婦跨鶴於蕭壇峰上升。」[645]蕭史是春秋時期的仙人，古書記載：「蕭史者，秦穆公時人也。善吹簫，能致孔雀白鶴於庭。穆公有女，字弄玉，好之，公遂以女妻焉。日教弄玉作鳳鳴，居數年，吹似鳳聲，鳳凰來止其屋。公為作鳳台，夫婦居其上不下數年，一旦皆隨鳳凰

---

645 雍正《江西通志》卷103，《仙釋》，四庫全書本。

飛去。」**646**

　　紫霄峰自古便是登高攬勝的佳境。遊人登上紫霄峰絕頂，便可將西山美景盡收眼底，清初徐世溥《登蕭仙嶺記》記載了他當時游蕭峰登高所攬的勝景：「至蕭嶺，為西山最絕。俯視在下，茫若煙海，田隄蹊谷、山阜平林、深灌川澮、江河城郭、都邑廬舍，皆在青煙中。西北至於廬阜，北至於彭蠡，近都豐城、南昌、武寧、豫章之治，皆可頃刻飛集。天亦稍近，雲在其下，冉冉若錦。俯而臨之，若從地上觀井也。」**647**紫霄峰東南有一日照崖，「東方黎見則日光先見」**648**，是觀賞日出的好地方。峰上舊時有蕭仙石屋，宋代建，可以坐三人，徐世溥游蕭嶺還曾坐石屋中飲酒。在石屋前有石臼，高五六尺，深七八寸，臼中水常年不涸，山下的居民常常取此水以避旱災和蝗蟲災害。在峰側還有鳳太觀，傳為蕭史夫婦吹簫引鳳之處，也是後人祭祀蕭仙的地方，也被譽為是神明昭顯的靈異之地。明代新建解元魏良政有詩曰：「蕭仙樓閣壓層崖，此日登臨亦壯哉。霄漢四垂天闕近，江山一覽畫圖開。秦樓簫斷鸞聲遠，石室雲生雨勢來。俯視南州煙霧

---

**646**　（漢）劉向：《列仙傳》卷上，四庫全書本。

**647**　（民國）魏元曠編撰，王諮臣校注：《西山志略》附錄，《逍遙萬壽宮志選編》，《江西名山志叢書》系列，南昌：江西人民出版社，2000，第 152-153 頁。

**648**　（清）歐陽桂：《西山志》卷二，《四庫禁毀書叢刊》本，北京：北京出版社，1998，第 600 頁。

重，此身今日到蓬萊。」[649]

## （六）羅漢峰

羅漢峰為西山第一高峰，海拔八四一點四米，因上面有羅漢石而得名。晉代曇顯嘗築壇祈雨於此，名羅漢壇。

羅漢峰上諸多小峰之下，分佈有四十八個高山湖泊。羅漢峰北裡許有會仙峰，傳許真君斬蛟時曾與他的十一位高徒會聚於此。在羅漢峰與會仙峰之間有洗藥湖，占地十餘畝。相傳明朝大醫學家李時珍曾帶領弟子來這裡采藥洗藥，故名洗藥湖。因當地還流傳有「八仙」之一的鐵拐李在這裡洗過腳的故事，所以當地人又稱之為「洗腳塢」。

羅漢峰上樹木茂盛，氣候宜人，是著名的避暑勝地。夏季，這裡的氣溫要比南昌城內低六至八度。羅漢峰雄踞諸峰之上，是觀賞風景的好地方，登上峰頂，晨可賞東方日出，暮可攬洪城夜景。「雲連海岱千山雨，風撼雲松萬壑雷」[650]，這是元朝末年詩人符尚仁登嶺避亂留下的佳句。此外，羅漢峰上物產豐富，其中以盛產羅漢菜最為出名，羅漢菜被譽為「西山土產之最佳者」。[651]

---

**649** 雍正《江西通志》卷一百五十五，《藝文》，四庫全書本。

**650** （清）歐陽桂：《西山志》卷四，《四庫禁毀書叢刊》本，北京：北京出版社，1998，第 626 頁。

**651** 同上。

## （七）古墓葬

西山多古墓，紫清峰有許母墓，潭源有罕王墓，翠岩寺西有宋齊安王墓，湟源遐齡峰下有寧王朱權墓，店前有皇姑墓等等。其中寧王墓為江西最大的地下墓葬，皇姑墓為江西最大的地表墓葬。

寧王朱權墓在西山湟源遐齡峰下，朱權於正統七年（1442）為自己建造生墳，並「數往遊焉」[652]。朱權是明太祖朱元璋的第十六子，十三歲受封於大寧，世稱寧王，朱權死後諡獻，故又稱寧獻王。永樂初改封南昌。朱權天資聰穎，好學博古，自稱「大明奇士」。晚年從事戲曲研究並崇奉道教，自號臞仙、丹虞先生。寧王著書頗豐，有《漢唐秘史》等數十種，皆刊刻行世，其中所著《太和正音譜》在中國戲曲史上有著重要的地位。無怪乎清代文學家陳宏緒歎曰：「古今藩王著述之富無與王者！」[653] 墓前原有南極長生宮，宮前有醉仙亭和一對六點九米高的八棱行華表，上刻道家符籙。古墓內外，構造雄偉，青磚砌成，仰頂呈卷棚狀。墓室全長三十一點七米，寬二十一點四五米，高四點五米，有大門、前室、中室、耳室、後室、壁龕、棺台等精美建築。可惜宮殿早在正德年間就已焚毀，現僅存華表，墓內也遭破

---

**652** （清）歐陽桂：《西山志》卷七，《四庫禁毀書叢刊》本，北京：北京出版社，1998，第 654 頁。

**653** （清）歐陽桂：《西山志》卷七，《四庫禁毀書叢刊》本，北京：北京出版社，1998，第 654 頁。

壞，解放後有多次修復。

皇姑墓位於梅嶺店前以西，合水橋以南的山谷中。墓主是清乾隆年間皇姑熊氏和其夫裘曰修，故名皇姑墓。裘曰修是乾隆四年（1739）進士，授編修，曾任禮部、刑部、工部尚書，工詩文，尤善治水。皇姑熊氏為南昌人，相傳裘曰修遭人嫉妒被陷害，蒙冤下獄，熊氏千里赴京救夫，路上碰到皇太后，太后見她與死去的愛女酷似，收其為乾女。誥封一品夫人，她丈夫也因此得救。皇姑墓規模宏大，從山腳到皇姑墓有石階百餘級，名曰「百步金階」，墓前曾有四柱石牌坊，兩對華表，兩旁林立著一對石龜、石羊、石獅、石馬、翁仲，墓正前方是一石柱圍欄的祭台。墓旁有用石頭圍成的石室，傳說裘曰修蒙冤期間，熊氏曾於此避難。

## 參考文獻

（1）李國強、傅伯言：《贛文化通志》，南昌：江西教育出版社，2004。

（2）林軍、甘春瑞：《南昌導遊》，南昌市旅遊局內部資料，2006。

（3）黃明亮：《明清南昌西山萬壽宮與地方權力體系的演變》，廈門大學碩士論文，2001。

## 第十一節 ▶ 譽滿古今的江湖鎖鑰──石鐘山

### 一、山水概述

　　石鐘山位於長江與鄱陽湖交匯處東岸，地屬湖口縣雙鐘鎮。此山分為兩座，位於鎮南的叫上石鐘山，位於鎮北的叫下石鐘山，「上扼湖，下扼江，如蒼龍之雙闕，岌嶪左右。又如人分引兩臂，缺一不可」[654]。兩山相距一二〇〇米，總面積十五萬平方米，海拔六十一點六米。其山體主要是由可溶性的石灰岩組成，歷經億萬年的風化和湖水的侵蝕，故山體裂縫縱橫、洞穴交迭。《太平寰宇記》云：「（石鐘山）西枕彭蠡，連峰疊嶂，壁立峭峻，西南北面皆水，四時如一。」[655]石鐘山下臨江湖，煙波浩渺；山上亭台參差、林木蔥鬱，山水風光與人文景觀相互輝映，有「小蓬萊」之美譽，歷來為遊覽勝地。

### 二、歷史文化

#### （一）山名之源

　　石鐘山歷史悠久，據出土文物考證，西周時期就有人在此捕

---

[654] （清）胡傳釗：《游上石鐘山記》，載《石鐘山志》卷十二，《藝文·國朝文征》，（清）李成謀、丁義方等編撰，徐奠磐、劉文政校注，南昌：江西人民出版社，1996，第 220 頁。

[655] （宋）樂史：《太平寰宇記》卷一百一十一，四庫全書本。

魚狩獵。石鐘山的名字最早見於古籍是在漢代。桑欽《水經》云：「彭蠡之口有石鐘山焉。」關於石鐘山的得名，自古便是眾說紛紜，其代表性的說法主要有以下三種。

其一，以聲定名。北魏酈道元認為，石鐘山「下臨深潭，微風鼓浪，水石相搏，聲若洪鐘」，[656]即因水石相擊發出洪鐘般的聲響而得名。此後，唐代江州刺史李渤親自考察石鐘山，他在山上「忽遇雙石」，並「扣而聆之，南聲函胡，北聲清越，枹止響騰，餘韻徐歇」，[657]他認為是因石質而發聲。宋代大文豪蘇東坡又對酈道元和李渤的說法表示懷疑，神宗元豐七年（1084）六月，蘇東坡和他的長子蘇邁乘舟夜探石鐘山，發現「大聲發於水上，噌吰如鐘鼓不絕」。於是他「徐而察之，則山下皆石穴罅，不知其淺深，微波入焉，涵淡澎湃而為此也。舟回至兩山間，將入港口，有大石當中流，可坐百人，空中而多竅，與風水相吞吐，有窾坎鏜鞳之聲，與向之噌吰者相應，如樂作焉」[658]。即因水浪衝擊穴罅而發聲，他自認為這才是石鐘山得名的真正原因，故作《石鐘山記》，批評酈道元考察過於簡單，譏笑李渤立論過於固陋。

其二，以形得名。明代羅洪先和清代曾國藩、彭玉麟等人，

---

**656**　（宋）蘇軾：《石鐘山記》，載《東坡全集》卷三十七，四庫全書本。

**657**　（唐）李渤：《石鐘山記》，載《石鐘山志》卷十一，《藝文‧歷朝文征》，（清）李成謀、丁義方等編撰，徐奠磐、劉文政校注，南昌：江西人民出版社，1996，第 162 頁。

**658**　（宋）蘇軾：《石鐘山記》，載《東坡全集》卷三十七，四庫全書本。

認為石鐘山並非因「鐘聲」而得名，而是因其山形頗似覆蓋之鐘而得名。羅洪先於丙午（1546）春過湖口，見「臨淵上下兩山，皆若鐘形，而上鐘尤奇」，繼而他緣石以登，仔細探尋，發現「是石鐘者，中虛外竅為之也」。於是，他評論蘇東坡是因為「東坡艤涯，未目其麓，故猶有遺論」[659]，發現蘇軾當時也受了大自然的捉弄，他是六月訪山，適逢水漲，沒有見到石鐘山的全貌。而羅洪先則是在冬春江水下落時，踏山覓蹤，才找到「鐘聲」的真正原因。清代湘軍統帥曾國藩也主張以形定名，他認為：「上鐘岩與下鐘岩其下皆有洞，可容數百人，深不可窮，形如覆鐘。……乃知鐘以形言之，非以聲言之。酈氏、蘇氏所言，皆非事實也。」[660]曾國藩手下的水師將領彭玉麟也贊同他的觀點，認為「蓋全山內空，如鐘覆地，而上鐘山亦中多空洞，且山勢上銳下寬，似宜以形論，不以聲論」，蘇東坡「乃過其門，未入其室也。」[661]此外，清代學者俞樾以認為「當以形論，而不以聲論。」[662]

**659** （明）羅洪先：《石鐘山記》，載《明文海》卷三百六十一，《記三十五》，四庫全書本。

**660** （清）曾國藩：《讀東坡石鐘山記書後》，載《石鐘山志》卷十二，《藝文・國朝文征》，（清）李成謀、丁義方等編撰，徐奠磐、劉文政校注，南昌：江西人民出版社，1996，第 207 頁。

**661** （清）彭玉麟：《石鐘洞序》，載《石鐘山志》卷十二，《藝文・國朝文征》，（清）李成謀、丁義方等編撰，徐奠磐、劉文政校注，南昌：江西人民出版社，1996，第 211 頁。

**662** （清）俞樾：《春在堂隨筆》卷七，續修四庫全書本，上海：上海古籍出版社，1995，第 73 頁。

其三，聲形兼具說。清代胡傳釗在《石鐘山志序》中說：「水石相搏，響若洪鐘，其聲奇；上銳下廣，中空而形如鐘，其形奇。」[663]他認為石鐘山兼有鐘之形與鐘之聲。清代學者郭慶藩也在《舟中望石鐘山》一詩中寫道：「洪鐘舊待洪爐鑄，不及茲山造化工。風入水中波激蕩，聲穿江上石玲瓏。」[664]他指出山形像鑄好的洪鐘，而水石相擊的聲音又恰似陣陣鐘聲，可謂聲形兼具。

對於以上三種觀點，都有其合理的一面。因為構成石鐘山的石灰岩是一種沉積岩，其形成的過程常有鐵礦石和其它一些金屬物質混入，故敲擊這些岩石，就會發出叮鐺之聲，響若洪鐘。而且，由於石灰岩的可溶性，歷經湖水的溶蝕，山體下部形成了巨大的喀斯特溶洞，溶洞不但形似巨大的洪鐘，而且在風浪的拍打下，還會發出洪鐘般的聲音。至於整個山體，若在東南方向看，確實有點似鐘形，故以形得名之說也有一定的道理。所以筆者認為，山似鐘形是石鐘山的外表，風吹浪打發出的聲音則給石鐘山賦予了靈氣。聲形兼具，才是「石鐘」二字的真正內涵。

---

**663** （清）胡傳釗：《石鐘山志序》，載《石鐘山志》，（清）李成謀、丁義方等編撰，徐奠磐、劉文政校注，南昌：江西人民出版社，1996，第14頁。

**664** （清）郭慶藩：《舟中望石鐘山》，載《石鐘山志》卷十六，《藝文‧國朝古今體詩》，（清）李成謀、丁義方等編撰，徐奠磐、劉文政校注，南昌：江西人民出版社，1996，第393頁。

## （二）奇絕山水

　　「石鐘之奇甲天下」<sup>665</sup>，石鐘山襟江帶湖，遙對匡廬，有著奇特秀麗的自然風光，在古代便是一遊覽勝地。山上危崖高聳、怪石嶙峋，整個山就像是無數巨石壘砌而成。清代湖口知縣趙作霖曾有「凌空險峭千重出，插地玲瓏百態生」<sup>666</sup>之句。山下鄱陽湖入長江處，一條清濁線也甚為奇特：「江水西來而濁，湖水南來而清，合流近五十里方混。」<sup>667</sup>而山間「怪石嵯峨岌嶪，碨磊崢嶸。奇形異狀，不可殫名。或如鳳如螭，欲蟠欲飛；或如鬼如獸，將行將驟」<sup>668</sup>。登上山巔，極目遠眺，匡廬之五老峰峻秀挺拔，鄱陽湖煙波浩渺，滔滔長江浩浩蕩蕩，潯陽之山水畫卷，盡收眼底。清代著名的文學家吳錫麒對這一奇特景觀描寫道：「下瞰江心，離絕千尺。涼氣飄泊，浮身若波。復有小艇載魚，孤帆送客。柔櫓之韻，上與鳥道相亂。又水天盡白，煙雲不

**665**　（清）胡傳釗：《石鐘山志序》，載《石鐘山志》，（清）李成謀、丁義方等編撰，徐奠磐、劉文政校注，南昌：江西人民出版社，1996，第 14 頁。

**666**　（清）趙作霖：《石鐘山》，載《石鐘山志》卷十五，《藝文・國朝今體詩》，（清）李成謀、丁義方等編撰，徐奠磐、劉文政校注，南昌：江西人民出版社，1996，第 328 頁。

**667**　（宋）周必大：《石鐘山記》，載《石鐘山志》卷十一，《藝文・歷朝文征》，（清）李成謀、丁義方等編撰，徐奠磐、劉文政校注，南昌：江西人民出版社，1996，第 164 頁。

**668**　（明）何喬新：《石鐘山賦》，載《椒邱文集》卷十五《賦》，四庫全書本。

興。一笛呼秋，涼如雨瀉。半江皴月，靜有風生。漁火猶明，濤聲一枕。為先得我心」**669**，故「士大夫喜幽尋而樂勝賞者，莫不遊焉」**670**。

## （三）儒學聖地

石鐘山在是歷史上是著名的儒學聖地。千百年來，慕名而來的文人墨客在這裡登山覽勝，題詩作賦，留下詩文近千篇，可謂是文山詩嶺。晉代的陶淵明、謝靈運曾在這裡留有足跡。唐代宰相張九齡曾「登湖口鐘山，望匡廬瀑布泉」**671**，江州刺史李渤到山上探訪鐘聲遺蹤，忽遇山石，扣之發聲，認為：「石鐘也，有銅鐵之異焉」**672**，指出石鐘山因石質而發聲，從而拉開了長達一千年多年的石鐘山得名之辯的序幕。宋代大文豪蘇東坡與長子蘇邁夜探石鐘山，發現鐘聲來自水浪衝擊山體穴罅，寫下了傳誦千古的佳作《石鐘山記》，告誡世人不可「事不目見耳聞，而

---

**669** （清）李成謀、丁義方等編撰，徐奠磐、劉文政校注，《石鐘山志》卷3，《建置》，南昌：江西人民出版社，1996，第41頁。

**670** （明）何喬新：《石鐘山賦》，載《椒邱文集》卷十五《賦》，四庫全書本。

**671** （清）李成謀、丁義方等編撰，徐奠磐、劉文政校注，《石鐘山志》卷5，《遊覽》，南昌：江西人民出版社，1996，第58頁。

**672** （唐）李渤：《石鐘山記》，載《石鐘山志》卷十一，《藝文・歷朝文征》，（清）李成謀、丁義方等編撰，徐奠磐、劉文政校注，南昌：江西人民出版社，1996，第162頁。

臆斷其有無」**673**。也正是因為《石鐘山記》的影響，使得石鐘山名揚天下，引得無數文人名士前來探尋遺蹤，登山覽勝，大量的石鐘山詩文也由此而誕生。因此，清人李元度評述道：「自有此說，而天下後世莫不知有石鐘矣。嗣是周文莊有續記，李文正有辭，羅文忠復有記。程文敏有《石鐘山傳》，則仿昌黎傳毛穎，以遊戲出之。何廷秀有賦，邱文莊有後賦，率由蘇子發其端。」**674**北宋參知政事范仲淹寫有《石鐘山唐狄梁公廟碑》，南宋右丞相周必大於乾道丁亥（1167）十月「泛舟至湖口縣，過鐘石之崇壽院，登松壽山嶽廟；次至下鐘石廣福院，有《游石鐘山記》」**675**。元至正二十三年（1363）八月初八，太祖朱元璋幸上鐘觀音岩寺，書「濟岩」二字，並賦詩云：「一色山河兩國爭，是誰有福是誰傾？我來覓跡觀音閣，惟有蒼穹造化宏。」**676**明代開國功臣劉伯溫也登山並賦有《過湖口感懷》等詩四首，吉水狀元羅洪先曾登山探尋鐘聲之源，提出因形得名之說，並寫有《石鐘山記》，此記也在石鐘山詩文中頗有影響。清代湘軍統帥曾國藩於咸豐八年（1858），督師過湖口，「棹小舟石鐘山下，審噔

**673** （宋）蘇軾：《石鐘山記》，載《東坡全集》卷三十七，四庫全書本。

**674** （清）李元度：《石鐘山志序》，載《石鐘山志》，（清）李成謀、丁義方等編撰，徐奠磐、劉文政校注，南昌：江西人民出版社，1996，第 3 頁。

**675** （清）李成謀、丁義方等編撰，徐奠磐、劉文政校注，《石鐘山志》卷五，《遊覽》，南昌：江西人民出版社，1996，第 61 頁。

**676** （清）李成謀、丁義方等編撰，徐奠磐、劉文政校注，《石鐘山志》卷五，《遊覽》，南昌：江西人民出版社，1996，第 65 頁。

呟礮坎鐽輵之聲，登山縱覽」[677]，次日還登山入昭忠祠，祭哭陣亡將士。此外，白居易、顏真卿、蘇轍、黃庭堅、陸游、朱熹、吳澄、楊士奇、王陽明、邱濬、蔣士銓、沈葆楨等一大批儒學名流都曾遊覽過此山，並留有詩文。

## （四）軍事要地

「石鐘山者，峻鄱陽之樊，西江之襟喉，而長江之要呂也。」[678]石鐘山地處鄱陽湖入長江之交通要塞，扼守九江，遮罩江西，軍事上甚至關係到整個長江中下游的安危，「長江之險在湖口，湖口之險在石鐘」[679]，這裡自古便是兵家必爭之地，有「江湖鎖鑰」之稱。所以清人胡傳釗歎曰：「襟帶江湖，鎖鑰城鎮，偉矣哉！」[680]自三國至解放戰爭，此山均為戰守之要害，諸多著名的戰役均發生在此。據地方誌記載，周瑜在鄱陽湖操練水師，就是自石鐘山下率兵進攻赤壁，大破曹軍八十萬；元末朱

---

**677**　（清）李成謀、丁義方等編撰，徐奠磐、劉文政校注，《石鐘山志》卷五，《遊覽》，南昌：江西人民出版社，1996，第79頁。

**678**　（清）賀壽慈：《石鐘山志序》，載《石鐘山志》，（清）李成謀、丁義方等編撰，徐奠磐、劉文政校注，南昌：江西人民出版社，1996，第1頁。

**679**　（清）李成謀、丁義方等編撰，徐奠磐、劉文政校注：《石鐘山志》卷八，《雜識》，南昌：江西人民出版社，1996，第98頁。

**680**　（清）胡傳釗：《石鐘山志序》，載《石鐘山志》，（清）李成謀、丁義方等編撰，徐奠磐、劉文政校注，南昌：江西人民出版社，1996，第14頁。

元璋與陳友諒大戰於鄱陽湖，石鐘山是雙方爭奪的一軍事要地；明正德年間寧王朱宸濠反，石鐘山一帶又是明軍與寧王部將的重要戰場之一；咸豐三年（1853）太平軍攻九江，進入鄱陽湖，佔領湖口縣，扼守石鐘山險要，以抗清軍，直到同治二年（1863）江西境內的太平軍全盤敗退，太平軍石達開部與湘軍水師曾國藩部整整鏖戰十載，留下了極其悲壯的一幕；一九一三年李烈鈞在湖口發動「二次革命」，討伐袁世凱，其司令部就設在石鐘山上；還有抗日戰爭、解放戰爭……石鐘山可謂飽經了戰爭的洗禮，其軍事要塞的地位至關重要。

## （五）園林藝術

石鐘山是一座典型的古典園林，是我國南方精美園林建築的一個縮影。石鐘山在唐代就有建築，此後歷代均有增修，如崇壽院、寶鐘院、挹清亭、江山一覽亭、白雲亭、觀瀾軒、觀音閣、讀書台等。特別是清朝鎮壓太平天國之後，湘軍將領彭玉麟於咸豐年間對下鐘山的建築進行了大規模重建，並增修了很多建築，時人記曰：「請建楚軍水師昭忠祠於其上，餘則為軒、為齋、為別墅、為曲廊，聳者亭，極聳者樓閣，窪者梯以石，稍窪者甃石而池焉，近水遙岑，都供點綴；奇葩怪石，悉入蒐羅……」**681**

---

**681** （清）丁義方：《石鐘山志序》，載《石鐘山志》，（清）李成謀、丁義方等編撰，徐奠磐、劉文政校注，南昌：江西人民出版社，1996，第 10 頁。

修復後的主要建築有昭忠祠、節孝祠、大觀閣、觀音樓、地藏殿、懷蘇亭、報祠禪林、聽濤眺雨軒、六十本梅花寄舫、飛捷樓等各種各樣的古典建築八十餘座，這些建築依山傍水，古樸典雅，別具匠心，佈局嚴謹而又極富於變化，一步一景，處處通幽，體現了清代中晚期江南園林的建築風格。

此外，石鐘山也是一處香火旺盛的佛家道場。唐代即有僧人在此山建寺，唐咸通元年（860），僧雪峰就在上石鐘山建崇壽院；唐龍紀元年（889），有僧人在下石鐘山建寶鐘寺。宋代名僧佛印曾在寶鐘寺參禪多年。明萬曆年間僧智慧在下鐘岩建金台庵。此外，山上還有石佛樓、觀音樓、地藏殿、天花宮等寺觀，直到清代，山上香火都比較旺盛。

## 三、風景名勝

### （一）懷蘇亭

為懷念蘇軾而建，原址在下鐘山南。清康熙四十七年（1708），榷使朝爾岱於此建碑鐫蘇軾《石鐘山記》，乾隆年間知縣趙作霖修。嘉慶年間，學使吳烜鐫《游石鐘山歌》於此，到光緒年間，亭碑均圯。一九七九年重建，移至紫雲廊前。自建此亭，後人至此多有題詠。清代滿族人孟韜曾賦詩刻於亭附近的石壁上，其詩云：「絕壁凌湖口，徘徊去獨遲。尋源失舊碣，紀勝賦新詩。怪石鳴金處，雄風鼓浪時。雙鐘真意趣，千古幾人

知。」**682**清人劉成駒寫有《鐘山懷蘇亭二首》，周偉題有《懷蘇亭和僧孟韜韻》，周皇翊也有《夜登懷蘇亭》詩。

## （二）白雲亭

在下石鐘山觀音閣的後山絕頂之上，此處為狄梁公祠，祀狄仁傑。狄仁傑貶為彭澤縣令，當時湖口地屬彭澤縣。狄仁傑為邑人上疏蠲免民租、赦免死囚，邑人感其恩，「公歸後，邑民作亭，取公望雲思親之意，以寓去思」**683**。歷史上整個湖口境內先後有狄梁公祠五六座。石鐘山上的狄梁公祠便是其中之一。明景泰元年（1450）僧宗鑒於石鐘山上建石亭，故明代御史韓雍的「山僧鑿開白雲根，因之作成白雲亭」**684**之句。嘉靖三十八年（1559）知縣沈詔立木主祀之，並在亭子上題聯曰：「紅日挾飛扶國計，白雲遙指憶親心。」白雲亭很小，「僅可容二三人」**685**，但在明代卻是遊人爭相登高覽勝的地方。登上此亭，「憑欄一

---

**682** （清）孟韜：《懷蘇亭題壁》，載《石鐘山志》卷十五，《藝文·國朝古今體詩》，（清）李成謀、丁義方等編撰，徐奠磐、劉文政校注，南昌：江西人民出版社，1996，第 324 頁。

**683** （清）李成謀、丁義方等編撰，徐奠磐、劉文政校注，《石鐘山志》卷三《建置》，南昌：江西人民出版社，1996，第 41 頁。

**684** （明）韓雍：《題湖口下鐘岩白雲亭》，《襄毅文集》卷二，四庫全書本。

**685** （明）李齡：《石鐘山後記》，載《石鐘山志》卷十一，《藝文·歷朝文征》，（清）李成謀、丁義方等編撰，徐奠磐、劉文政校注，南昌：江西人民出版社，1996，第 176 頁。

望，小孤、五老、香爐、二祖、五祖諸峰，如拱如揖，皆屏列於左右。湖水南來而清，江水西出而濁，咸匯於此，而後朝宗於海。灝瀁汪洋，橫無涯際。遠涵天碧，近漾嵐光。悠然之景，可以遊覽得而不可以筆舌狀。」[686]因此，有很多文人題詩於此。明代南京監察御史韓陽、南京吏部主事夏寅、太常少卿歐陽一敬、長沙人徐達等都曾登亭覽勝，吟詩作賦。該亭清順治年間即毀。

## （三）上鐘觀音岩寺

唐咸通元年（860），僧雪峰建，名崇壽院。宋隆興中，僧守端重建改名為觀音岩寺。宋代該寺規模宏大、香火旺盛，「殿宇數層，殆百間」[687]。至正二十三年（1363），朱元璋住師南湖嘴，幸本寺，御書「濟岩」二字並賦詩。明弘治中，邑民夏清改立岩北之原，嘉靖、萬曆相繼修葺。康熙間參將王之任等重葺。咸豐三年毀，同治四年（1865）重建。後毀於戰亂。歷代遊覽者多登臨此寺，並留下了很多詩篇。宋代蘇東坡遊此，題有《上觀音閣》一首：「岩上觀音岩下湖，儼如南海舊規模。庭前翠竹千竿有，門外紅塵半點無。水繞三山同楚地，勢連五老共洪都。夜來一片無私月，照見摩尼頂上珠。」[688]明正統間御史韓雍留有

686 內容同註685。

687 （宋）周必大：《石鐘山記》，載《石鐘山志》卷十一，《藝文‧歷朝文征》，（清）李成謀、丁義方等編撰，徐奠磐、劉文政校注，南昌：江西人民出版社，1996，第164頁。

688 （宋）蘇軾：《上觀音閣》，載《石鐘山志》卷13，《藝文‧歷朝詩

「絕壁有崖皆起閣，歸僧無路只乘舟」**689**之名句。此外，明人高旭，清人周皇翊等都有題詠。

## （四）下鐘觀音岩寺

唐龍紀元年（889）開創，名寶鐘院。宋嘉祐中佛印修葺並改名「觀音岩寺」。元末毀，明洪武二十五年（1392），邑人鄧道宗重建。嘉靖、萬曆間相繼修葺，仍名寶鐘寺。清順治間兵毀，巡撫蔡士英、參將王之任重建。咸豐三年（1853）又毀於兵燹，九年重建，規模較大。整個寺院形成了一個宗教建築群，大佛殿是寺院的主體建築，在大佛殿右側有地藏殿，左側建有天花宮，大佛殿上有四王殿。

## （五）石鐘洞

下石鐘山絕壁下，為巨大的喀斯特溶洞，大如數間石屋，可容上千人。洞門臨湖，水落門辟，洞內有小山數疊，洞為「石峽子洞，旁歧甚多，遊者所見各異」**690**。石鐘洞內題刻甚多，宋代周必大《石鐘山記》云：「岩洞間多熙、豐、崇、觀以來士大

---

錄》，（清）李成謀、丁義方等編撰，徐奠磐、劉文政校注，南昌：江西人民出版社，1996，第 234 頁。

**689** （明）韓雍：《題湖口下鐘岩白雲亭》，《襄毅文集》卷五，四庫全書本。

**690** （清）李成謀、丁義方等編撰，徐奠磐、劉文政校注，《石鐘山志》卷二《山水》，南昌：江西人民出版社，1996，第 24 頁。

夫題字」，691可惜歷經兵燹，年久無存。洞內左曲右折，有天然石屋三間。彭玉麟、吳坤修曾入洞遊覽，彭玉麟有《石鐘洞序》，對石鐘洞作了詳細描述，現摘錄一部分如下：

> 洞濱江倚湖，冬潮落，則門出焉。透漏玲瓏，莫可言狀。蜿蜒行，歬屼如龍，枯蛤滿峭壁，儼然鱗甲。左右旁通，上下數疊，曲折寬敞，可容千人。最上層，燭而登，平坦溫暖，老蝠如扇。石峽有子洞，蛇而入，復高廣，三人可坐，「丹房」二字題於壁。旁歧多小詩，均新奇可喜，如：「我來醉臥三千年，且喜塵世無人識。」又如：「小憩千年人不識，桃花春漲洞門關」等句，大約皆曩時遊人狡獪之作。墨色黯淡，惜無年代可考。692

## （六）昭忠祠

在下石鐘山頂。清軍鎮壓太平天國運動後，湘軍統帥曾國藩等於咸豐八年（1858）奏請，由彭玉麟等奉上諭建造，是石鐘山

**691** （宋）周必大：《石鐘山記》，載《石鐘山志》卷十一，《藝文·歷朝文征》，（清）李成謀、丁義方等編撰，徐奠磐、劉文政校注，南昌：江西人民出版社，1996，第 164 頁。

**692** （清）彭玉麟：《石鐘洞序》，載《石鐘山志》卷十二，《藝文·國朝文征》，（清）李成謀、丁義方等編撰，徐奠磐、劉文政校注，南昌：江西人民出版社，1996，第 211 頁。

的主體建築。曾國藩於咸豐三年（1853）在衡州製造戰船，設立水師，四年（1854）湘軍水師開往九江，在湖口與太平軍展開血戰，戰爭異常激烈，「戰爭之際，炮震肉飛，血濺石壁」[693]。到咸豐七年（1857），清軍攻克湖口，雙方傷亡慘重，其中，湘軍水師傷亡數千人。於是，「楊載福與彭玉麟會商，就湖口石鐘山上建祠一所，合祀水師陣亡各員弁勇丁，名曰水師昭忠祠，上以體聖主褒崇忠義之意，下以動各營觀感奮發之心。彭玉麟留防湖口，就近兼修，分別正祀附祀，刊刻木主，依次列入，此湖口建水師祠宇之原委也」[694]。昭忠祠建成後由地方官春秋致祭。當時祠宇有數十楹，並置有田產，以租供香火修葺之資金，並募僧人主持。祠分前廡和後廡，前廡祀蕭節瀅、周貞瀅、褚運使、夏運同、副將成章鑒、參將羅勝發、游擊黃國堯、都司史久立、易景照、李洪盛、謝新有、陳友德、郭德山、守備黃開進、白人虎等陣亡的將士，後廡祔祀湘軍水師三千士卒。曾國藩、彭玉麟、李瀚章、李元度、徐樹銘等人為祠撰寫的長短聯達百餘幅。其中，前廡曾國藩書聯云：「巨石咽江聲，長鳴今古英雄恨；崇祠彰戰績，永奠湖湘子弟魂。」彭玉麟書聯云：「忠臣魄，烈士魂，英雄氣，名賢手筆，菩薩心腸，合古今天地之精靈，同此一

693 （清）曾國藩：《石鐘山楚軍水師昭忠祠記》，載《石鐘山志》卷十二，《藝文·國朝文征》，（清）李成謀、丁義方等編撰，徐奠磐、劉文政校注，南昌：江西人民出版社，1996，第 206 頁。

694 （清）李成謀、丁義方等編撰，徐奠磐、劉文政校注，《石鐘山志》卷首《訓典》，南昌：江西人民出版社，1996，第 4 頁。

山結束；蠡水煙，溢浦月，潯江濤，匡廬瀑布，馬當斜陽，極南
北東西之勝景，全憑兩眼收來。」李鴻章之兄李瀚章題聯云：
「烈士競捐軀，看俎豆常新，聖主由來重氣節；英雄長墮淚，痛
干戈未定，將軍且莫破愁顏。」後廡梁作楹題聯云：「接踵聚英
魂，足令楚尾吳頭，山川生色；以身殉國難，信是忠肝義膽，日
月爭光。」

## （七）鎖江亭

在昭忠祠後，彭玉麟於咸豐年間所建，「亭曰『鎖江』，義
取章貢、九江諸流之水，均此會合」[695]，蘊涵著此地是數省鎖
鑰，軍事要塞，故清人李尚清有「憑欄目送時千里，不識長江鎖
住無」[696]之句。登臨此亭，有一覽眾山之氣概。彭玉麟《鎖江
樓》詩云：「一亭高峙豁雙眸，橫鎖西江未許流。萬頃波瀾收水
口，千年磐石鎮山頭。東南關鍵憑天塹，開闢樞機創戰舟。最是
干戈初定後，更宜籌策鞏金甌。」[697]此亭先後有五幅楹聯嵌刻其
上，最有氣派的是清代工部尚書徐樹銘的題聯：「飛氣吐長虹，

**695** （清）楊昇：《石鐘山鎖江亭記》，載《石鐘山志》卷十二，《藝文‧
國朝文征》，（清）李成謀、丁義方等編撰，徐奠磐、劉文政校注，
南昌：江西人民出版社，1996，第 215 頁。

**696** （清）李尚清：《鎖江亭》，載《石鐘山志》卷十五，《藝文‧國朝古
今體詩》，（清）李成謀、丁義方等編撰，徐奠磐、劉文政校注，南
昌：江西人民出版社，1996，第 349 頁。

**697** （清）彭玉麟：《鎖江亭》，載《石鐘山志》卷十六，《藝文‧國朝古
今體詩》，（清）李成謀、丁義方等編撰，徐奠磐、劉文政校注，南
昌：江西人民出版社，1996，第 355 頁。

天與大江成鎖鑰；騫身摘星斗，人從絕頂看光芒。」

## （八）報慈禪林

位於昭忠祠西面，始建於清咸豐八年（1858），是彭玉麟為報答慈恩請僧侶誦經敬佛，為其母親祈福的地方。這裡建築頗多，前為佛殿、殿后有慈蔭閣，中一層為鐘進士樓，下有僧寮。光緒二十九年（1903）曾重修過，後損毀頗多，一九八〇年修復。彭玉麟曾專門題詩一首，並為禪林題聯云：「聽石鐘鏜鞳，即此便是靈山，願我佛西來，廣結無邊善果；苦幻海沉淪，不必遠尋覺路，看大江東去，淘盡多少英雄。」湖口知縣蕭玉春、新淦知縣胡傳釗也都題有楹聯。

## （九）浣香別墅

位於昭忠祠東側。別墅外有上諭亭，此亭原在通濟門（北門）內孝感坊。清乾隆五年（1740）建，咸豐四年（1854）兵毀。咸豐七年（1857）彭玉麟建亭於此，立上諭碑，亭名及碑文為曾國藩手書。別墅分前後兩幢，前幢名聽濤眺雨軒，後幢名芸芍齋，齋後為且閑亭，曾國藩督師兩過湖口，登石鐘山，都是住芸芍齋。浣香別墅裝飾佈置非常講究，「墅內辟地數弓，蒔名花不一種，列石則皺瘦透三者皆具。另撐石筍一枝，望之如奓甫驚雷，已有凌雲之概。對立響石，扣作淵淵聲。」**698**彭玉麟賦詩描

**698** （清）楊升：《石鐘山記》，載《石鐘山志》卷十二，《藝文·國朝文

寫這裡的幽境:「熟小花敧撐怪石,亭疏院敞補回廊。欄杆十二良宵永,月影偷移過粉牆。」[699]別墅的牆壁摩拓有唐代魏徵的墨蹟,並刻有清代工部尚書賀壽慈等人的題詠。魏徵的書辭全文如下:

> 無偏無陂,遵王之義;無有作好,遵王之道;無有作惡,遵王之路;無偏無党,王道蕩蕩;無党無偏,王道平平;無反無側,王道正直;會其有極,歸其有極。曰:皇極之敷言,是彝是訓,於帝其訓。貞觀三年春二月朔日,魏徵書。[700]

聽濤眺雨軒、芸芍齋、且閑亭上彭玉麟、徐樹銘等人都題有楹聯。

征》,(清)李成謀、丁義方等編撰,徐奠磐、劉文政校注,南昌:江西人民出版社,1996,第 217 頁。

**699**　(清)彭玉麟:《浣香別墅》,載《石鐘山志》卷十六,《藝文·國朝古今體詩》,(清)李成謀、丁義方等編撰,徐奠磐、劉文政校注,南昌:江西人民出版社,1996,第 355 頁。

**700**　(清)李成謀、丁義方等編撰,徐奠磐、劉文政校注,《石鐘山志》卷三,《金石》,南昌:江西人民出版社,1996,第 53 頁。

## （十）坡仙樓

在昭忠祠左，彭玉麟為收藏乾隆年間內閣學士、大書法家翁方綱手書蘇東坡《石鐘山記》的墨拓鐫刻石而建。石鐘山原有蘇東坡的石鐘山記碣，但年久蝕落，明正統年間便倒於水中。清乾隆五十三年（1788），內閣學士翁方綱視學江西，過石鐘山，手書《石鐘山記》勒於石間，來往遊人多拓之。昭忠祠竣工之際，彭玉麟得翁方綱書《石鐘山記》墨拓，他「喜見名賢遺跡，不忍湮滅，交幕友大溈山人胡君湘林，鉤而重鐫之，以存湖山故實。就昭忠祠左偏懸崖，創坡仙樓，以藏是石，並貫一聯於樓曰：『石骨聳烽餘，百戰河山增感慨；鐘聲聽浪擊，千秋名士有文章』」[701]。清末九江詩人熊光題《坡仙樓》詩贊曰：「峭巂北平書，俶瑋東坡記。不若樓最奇，直下俯無地。足底石鐘鳴，噌吰宕搖曳。」[702]此樓楹聯亦多，最為出名的是湖口知縣蕭玉春的題聯：「好山好水，客到此間攀石磴；無風無浪，我來何處聽鐘聲。」

**701** （清）彭玉麟：《東坡石鐘山記跋》，載《石鐘山志》卷十二，《藝文·國朝文征》，（清）李成謀、丁義方等編撰，徐奠磐、劉文政校注，南昌：江西人民出版社，1996，第 212 頁。

**702** （清）熊光：《坡仙樓》，載《石鐘山志》卷十六，《藝文·國朝古今體詩》，（清）李成謀、丁義方等 編撰，徐奠磐、劉文政校注，南昌：江西人民出版社，1996，第 374 頁。

## （十一）船廳

　　山巔西南面有廠三楹，其中前楹形狀似船，前臨大江，即為船亭。清代咸豐年間知縣岑蓮乙建。同治年間，鎮軍丁義方修。彭玉麟額書「煙波無際」，此匾額於一九六六年被毀。船亭有楹聯七幅，其中曾國藩題聯云：「水寬山遠煙霞迥；天澹雲閑古今同。」知縣朱寬成題聯云：「樓閣影參差，十年人物英雄，劫後有山共俯仰；江湖流匯合，一派天風雪浪，秋來無處不鏗鏐。」

## （十二）江天一覽亭

　　又名江山一覽亭，位於船廳前，明代天順中僧人宗鋐建，後毀。清咸豐年間重建，彭玉麟題匾額曰「聽鐘聲處」。登上此亭，湖光山色一覽無餘。明成化間工部主事梅愈登亭題詩云：「石上閑亭一望齊，峨然屹立大江西。水聲東去今同古，山勢南來高逐低。沙際日斜漁火亂，崖顛花落鷓鴣啼。長安見說無多遠，彈指煙波望眼迷。」[703]彭玉麟、胡傳釗、熊光等人都曾題有詩文，《石鐘山志》中均有收錄。宋代侍御史楊次山有「濁浪自分清浪影，真山從作假山看」聯語。清代，亭上的楹聯頗多，彭玉麟題聯曰：「江流石不轉，把酒登臨，歎滾滾英雄安在？路險心亦平，憑欄俯仰，喜茫茫風月無邊。」胡傳釗題聯云：「湖心

---

**703**　（明）梅愈：《石鐘江天一覽亭》，載《石鐘山志》卷十三，《藝文·歷朝詩錄》，（清）李成謀、丁義方等編撰，徐奠磐、劉文政校注，南昌：江西人民出版社，1996，第 257 頁。

清濁自分，且來濯足滄浪，水鑒尚多無了願；山面假真誰識？借做填胸塊磊，石鐘疑為不平鳴。」此亭至今尚存。

## （十三）江聲閣

　　原名大觀閣，位於下鐘山右側。明萬曆年間湖口知縣廖汝恒「倚江甃石」**704**，建成此閣，並刻蘇東坡的《石鐘山記》於壁間。清順治十六年（1659），知縣喬缽在重建之後改名江聲閣，並手書閣名於匾額之上。此閣建於江畔，也是一個覽長江勝景的好地方。登上此閣，可「俯江流之壯，覽山石之奇」**705**。清代江西豐城人吳雯炯在行舟過湖口時，望江聲閣，題詩一首：「風迅帆如駛，山懸石作樓。雙鐘何處寺？九派此分流。野闊白雲暮，天高紅樹秋。征鴻同遠客，一一下滄洲。」**706**

## （十四）六十本梅花寄舫

　　位於全山最高處，寄舫「四周皆梅樹，彭公巡閱江海，駐節

---

**704** （明）李材：《大觀閣會記》，載《石鐘山志》卷十一，《藝文·歷朝文征》，（清）李成謀、丁義方等編撰，徐奠磐、劉文政校注，南昌：江西人民出版社，1996，第188頁。

**705** 同上。

**706** （清）：吳雯炯：《舟行望石鐘江聲閣》，載《石鐘山志》卷十五，《藝文·國朝古今體詩》，（清）李成謀、丁義方等編撰，徐奠磐、劉文政校注，南昌：江西人民出版社，1996，第328頁。

養屙處也」[707]。彭玉麟一生酷愛梅花,「一生知己是梅花」[708],他自稱「梅花使者」。彭玉麟在石鐘山最高處建梅花廳養病,稱此處為「臥雪吟香之館」,非常喜歡這裡。寄舫的簷楹被彭玉麟取名為「紫雲廊」,彭玉麟宴請賓客後經常在廊下倚欄賞景。彭玉麟在寄舫吟有梅花詩一百首,胡傳釗、熊光、洪鈞等人都題有詩篇,《石鐘山志》中均有收錄。此處楹聯也很多,彭玉麟的「長嘯一聲秋月白,寄懷千古遠峰青」,頗具英雄氣概。江西巡撫沈葆楨也題聯云:「梅開六十樹,雪是精神,夢寄羅浮忘物我;舫受兩三人,花為知己,笑經滄海載乾坤。」

## (十五)飛捷樓

彭玉麟建,樓成待命名之際,正值一八六四年太平天國天京陷落的消息傳到湖口,這對於清朝的官員來說可謂是一個令人振奮的消息,飛捷而至,於是彭玉麟即以「飛捷」名之。飛捷樓淩絕頂之高處,是登高賞景的好地方。飛捷樓「巍然聳峙,推窗俯納萬景,目不暇給」[709],極目遠望,水天一色,蔚為壯觀。胡傳釗題詩雲:「天上下兵符,山中鳴戰鼓。登樓望烽火,太息征

---

**707** (清)李成謀、丁義方等編撰,徐奠磐、劉文政校注,《石鐘山志》卷三《建置》,南昌:江西人民出版社,1996,第41頁。

**708** (清)彭玉麟:《寄舫梅花雜詠》,載《石鐘山志》卷十六,《藝文．國朝古今體詩》,(清)李成謀、丁義方等編撰,徐奠磐、劉文政校注,南昌:江西人民出版社,1996,第356頁。

**709** (清)李成謀、丁義方等編撰,徐奠磐、劉文政校注,《石鐘山志》卷三,《建置》,南昌:江西人民出版社,1996,第48頁。

人苦。傾耳聽捷音，忽睹書馳羽。大劫挽乾坤，湖山歸舊主。磨盾草露布，雙翼雲霞舉。樓以『飛捷』名，奇勳昭萬古。」[710]江西巡撫沈葆楨有《飛捷樓記》，彭玉麟、九江知府馮詢、清末九江詩人熊光等都有詩讚譽此樓。此外，飛捷樓上彭玉麟、徐樹銘、蔡錦青、黃履亨、胡傳釗等人都曾題有楹聯。

**參考文獻**

（1）江西省湖口縣誌編纂委員會：《湖口縣誌》，南昌：江西人民出版社，1992。

（2）劉榮喜：《「石鐘山」得名緣由新探》，《江西師範大學學報（哲學社會科學版）》，1987 年 04 期。

（3）徐立忠：《聲形兼具的石鐘山》，《瞭望》，1999 年 41 期。

## 第十二節 ▶ 奇詭不一的七十二峰──上饒靈山

## 一、地理環境

靈山又名靈鷲山、靈應山，位於上饒縣北部，跨越茗洋、湖

---

710 （清）胡傳釗：《飛捷樓》，載《石鐘山志》卷十六，《藝文．國朝古今體詩》，（清）李成謀、丁義方等編撰，徐奠磐、劉文政校注，南昌：江西人民出版社，1996，第 390 頁。

村、清水、汪村、石人、望仙、鄭坊、華壇山等鄉鎮，西接橫峰縣葛源鎮，北與德興市饒二鎮接壤，「突兀千尋，蜿蜒百里」[711]，總面積約一六〇平方公里。靈山屬懷玉山支脈，自晚元古代以來，歷經了晉寧期、加里東期、華力西——印支期、燕山期及喜馬拉雅期等多次地質構造運動才形成今天的山體。一點八億年前地下岩漿侵入活動形成的燕山期鉀長花崗岩是靈山的主要構景岩石。整體上看，靈山屬侵蝕構造的中低山地貌區，主脈海拔一〇〇〇米至一四〇〇米，最高峰天梯峰海拔一四九六米。地形陡峻，峰巒逶迤，整個山體呈東北——西南走向，自汪村入境後，山勢驟起，逶迤而去，至白雲峰山分二脈，一脈向西，一脈向北。西脈「疊嶂西馳」蜿蜒二十餘里，山勢陡削，遠望如一美人仰臥，栩栩如生，妙不可言。北脈逶迤北去，峰巒巍峨，如蛟龍出海，又似萬馬迴旋，景色絕妙。在空中俯視，整座山脈則宛如一彎偃月鑲嵌在贛東北大地上。

靈山屬亞熱帶季風氣候，氣候溫和、雨量充沛、日照充足、四季分明、無霜期長。年平均氣溫十五點五度，極端最高氣溫三十六點五度，極端最低氣溫負八點六度。年平均無霜期二六〇天，年平均日照時數一九三九點五小時，年降雨超過二〇〇〇毫米。由於地表水和地下水資源豐富，山中形成了橫溪、茗洋河、石人溪、望仙河等八條溪澗和龍泉、珍珠泉、天泉等上百處名

---

**711** （清）徐學江：《靈山七十二峰記》，載靈山志編纂委員會《靈山志》，北京：方志出版社，2002。

泉。山中雲霧也是一大奇觀，靈山雨霧變化多端，四季皆美。靈山東段的石人峰等地時常出現雲海、雲帽等，蔚為壯觀，清信州知府王賡言曾賦詩描寫靈山的雲景：「峻極真無比，此山獨效靈。雲拖匹練白，峰露佛頭青。舒卷原難定，綸囷不一形。宵來窗牖濕，知是雨溟溟。」[712]亞熱帶季風性濕潤氣候也為動植物生長提供了良好的自然條件。據林業部門調查，山中有樹木類植物七十二科二〇四個種類，竹類十二種，中草藥二二一種，常用草木一〇五種。紅木、銀杏、石茶、靈芝、何首烏等珍貴的物種遍佈山間。動物有鳥類二十餘種，獸類二十餘種，兩栖類九種，蛇蟲類三十種。其中，山羊、雲豹、石雞、黃麂、鯢魚、黃瓜魚、鷹嘴龜等珍稀動物棲息於山間。

靈山的物產豐美，其中最為出名的是水晶、靈山茶、茶油等。靈山「上有龍池，多珍木奇卉，兼出水晶」[713]，自古以來，山上就儲存了豐富的水晶石礦。據記載，漢代的《神農本草經》就把峨眉山的菩薩石比作「泰山狼牙，上饒水晶」[714]，可見靈山水晶在漢代就聞名天下。北宋王安石曾寫詩批評過量開採水晶的現象，其詩云：「靈山寧與世為仇，斤斧侵陵自不休。冰玉比來聞長價，市人無數起相讎」[715]，說明當時靈山上開挖水晶石

**712** （清）王賡言：《靈山雲影》，載同治《上饒縣誌》卷二十三，《藝文·詩》，臺北：成文出版社有限公司，1989，第 2543 頁。

**713** （明）李賢等：《明一統志》卷五十一，四庫全書本。

**714** （明）曹學佺：《蜀中廣記》卷六十七，四庫全書本。

**715** （宋）王安石：《靈山》，載《臨川文集》卷六十七，四庫全書本。

礦的人多面廣。清光緒十四年（1888），南峰塘僧人黃齋公為籌
集糧餉，率眾兵販運水晶去南京換取銀兩。靈山水晶有白色、茶
色、墨綠色三種。尤以茶色、墨綠為珍，白色為多。靈山盛產茶
葉，清代鄭日奎的《信民謠》載：「靈山茶，浪得名。一壑鮮芽
曾幾莖，風味敢與蒙岕爭。長官徇名不問實，公私食用皆取給。
群豪茗戰華軒時，山氓痛哭那得知。」**716**靈山茶中又以天塘貢茶
最為出名。天塘山高水好，土質肥沃，長年雲霧繚繞。這裡種茶
歷史悠久，制茶技術精湛，所制茶葉條索勻細、茶汁芳香。茶內
含蛋白質、氨基酸、芳香油、維生素 C 等多種有益人體健康的
成份，常飲有清心明目、怡神醒腦、解酒利尿、降低血壓等作
用。相傳明代廣信府金太守曾派員上山監製，並把精製出的茶葉
當作貢品，進貢朝廷。茶油也是靈山的一大特產，茶油是一種低
脂肪，高營養食用油，色澤金黃，幽香撲鼻，含有多種微量元
素，深受居民青睞。靈山周邊山民在靈山六〇〇米至八〇〇米之
間的中低山上種植油茶樹，歷史悠久。清末民初，靈山周邊地區
產茶油二〇〇萬擔。**717**直到現在，茶油產量都有增無減。此外，
靈山的花崗石、獼猴桃、大蒜、石耳、土紙等也都小有名氣。

---

**716** 雍正《江西通志》卷一百五十一，《藝文》，四庫全書本。

**717** 靈山志編纂委員會：《靈山志》，《生物·特產》，北京：方志出版社，
2002，第 37 頁。

## 二、歷史文化

### （一）道佛勝境

　　靈山是全國著名的道教福地之一。《雲笈七籤》卷二十七載：「（福地）第三十三，靈山，在信州上饒縣北，墨真人治之。」[718]靈山的道教歷史悠久，在東漢末年，河南潁川人胡昭，隱於靈山百谷峰之養真岩，修道悟真，采藥煉丹，在民間傳播道家學說。後其侄胡超隱居在靈山擁筆峰修煉，傳為肉身成仙，並多有治病救人的仙蹤傳聞，後晉武帝封為胡公真人和靈惠信安侯。與胡昭在靈山百谷峰創教同時，至德道人在靈山東台峰下太極岩結廬修真，收徒傳道。胡昭、胡超、至德三人，為靈山道教之宗師，對靈山地區道教的創建作出了傑出貢獻。東晉升平年間（357-361），靈寶派祖師葛洪在葛仙峰結廬修道，至今上面還有煉丹爐遺址。葛洪的歷代弟子都曾在靈山各地普建道觀。靈山南北的一些村鎮，鄉民也廣建葛仙廟以祀。唐宋為靈山道教的鼎盛期。唐貞元六年（790），信奉道教的刑部侍郎劉太真，信州刺史李德勝先後於石人峰下胡昭祠立化，並與胡昭一道祀於祠中，祀祠後更名為石人殿。殿中三神齊名，威靈顯應，使石人殿道教興盛千年不衰，今朝拜者仍絡繹不絕。據史書記載，上饒縣共有宮觀九十九所，絕大部分建於靈山的奇峰秀穀之中。宋代尊崇道教，皇帝先後封胡昭為靈助侯、靈助威濟侯、靈助威濟顯惠正佑

**718**　（宋）張君房：《雲笈七籤》卷二十七，《洞天福地》，四庫全書本。

王，劉太真為助順將軍，李德勝為助靈將軍，胡超為玄壇紫極洞
真天師胡真人。靈山域內道教更加興旺，朝廷還任命墨真人管理
靈山道教事務。元以後，靈山的道教除石人殿長盛不衰外，其餘
道觀逐漸衰落。明清兩代，靈山道教繼續衰落，僅存道觀二所。

　　靈山也是一佛教勝地。東漢建武年間（25-56），有僧在擁筆
峰（今道士仙峰）北創建北靈寺，為佛教在靈山傳播之始。唐開
元年間（713-741），四川峨嵋山的松月禪師雲遊至七峰岩，結廬
於岩前，收徒傳經。北宋端拱年間（988-989），僧通慧在靈山奉
旨講經，「上善之，賜紫衣及其號，賜額『寂照』」**719**，靈山寂
照禪院一直興盛不衰。據同治《上饒縣誌》載，宋代靈山各地就
建有雲洞院、正覺寺、寂照院、福興寺等寺院十六所，僧侶眾
多。元代，靈山佛教不及宋代繁盛。明代，靈山域內新建寶慶
院、天心寺等九座寺院。清代中前期，靈山的佛教進一步發展，
到清末，靈山境內的佛教開始衰落，有僧尼活動的寺廟僅五處。
民國期間，戰火連年，靈山佛道二教的宮觀寺庵大部被毀，僧道
還俗，宗教活動不多。「文化大革命」中，古寺觀被當作「四舊」
拆除不少。中共十一屆三中全會後，恢復了部分寺觀的宗教活
動，並修葺了幾處寺觀的殿宇。

---

**719** （元）嚴彌堅：《寂照院記》，載同治《上饒縣誌》卷二十三，《藝文．
　　碑版》，臺北：成文出版社有限公司，1989，第 2718 頁。

## （二）山水文化

　　「立壁峭崖森似戟，攢峰懸嶠蹙如螺。九華五老虛攬絕，不及靈山秀色多」，[720]這是明代宰輔夏言對靈山秀色最好的描繪。靈山山明水秀，峰奇石異，尤其是七十二峰秀聳天際，唐宋以來備受文人墨客推崇，形成了獨特的靈山山水文化。「靈山七十二，面面生奇峰。如琢又如削，或開玉芙蓉」[721]，七十二座山峰自古聞名，奇詭不一，有的如巨人挺立，有的似雄獅昂首，有的如少婦望郎，有的似雄鷹展翅，有的則似蛟龍出海……在新生代喜馬拉雅造山運動中，靈山山體間歇性頻繁升降，形成了數以萬計的花崗岩塊石，或挺立於絕頂之巔，或孤懸於峭壁之緣，或簇聚於山谷層林深處，或柱立於湍急溪流之中。這些花崗石，經億萬年風雕雨琢，千姿百態，如老嫗浣紗石、黿魚石、丹爐石、牛背石、玉兔石、蓮花石等等，數不勝數，所以這裡又被稱為石的王國。靈山的天然洞穴數以百計，養真岩、石人洞、迷仙岩、白雲岩、鳴琴仙洞、蝙蝠洞、遊龍洞、鸚鵡岩、神仙岩、龍尾洞、猴毯洞、無底洞、神仙洞等，或寓於奇峰之巔吞雲吐霧，或隱於半山之中藏珠蘊玉，或藏於溪澗岸上流泉彈琴擊磬，可謂無洞不幽，無岩不奇，多為歷代僧道參禪修真的寶地。再加上山中

---

720　（明）夏言：《望靈山》，載雍正《江西通志》卷一百五十八，《藝文·詩十二》，四庫全書本。

721　同治《廣信府志》卷 1，《地理·山川》，臺北：成文出版社有限公司，1970，第 68 頁。

遍佈飛瀑流泉，峽谷幽深，不愧是秀甲一方的仙境，真可謂「有峰皆削，無徑不斜。既登之而心醉，亦望之而眼賒。春氣濛濛，灑空中霧雨；秋光蕩蕩，若袖裡之煙霞。宜乎仰名山者呼之為靈鷲山，紀勝跡者比之以泰華。於是碧岫開時，每多仙境；白雲深處，別有洞天」，[722]故最遲自宋代起史書中就把它稱之為「（信）州之鎮山」[723]。清上饒廩生徐學江對靈山的四季美景作了生動地描繪，其文如下：

> 當夫春雨空濛，山蘘遍滿，煙鬟默鎖，翠靄橫空；夏則奇峰疊擁，雲霞萬狀，芙蓉窈窕，瀑布奔飛；秋則天靜如洗，清光皎潔，新月一痕，諸峰竦翠，望之如玉闕瓊樓；冬則雲迷洞口，雪滿山巔，樵徑明滅，人家有無，望之如蓬山瑤島，其秀色凝眸，應接不暇。雖九華五老，巫峽，羅浮，不是過焉。眺茲山者或呼之為靈鷲，或比之以泰華，或擬之以廬阜，良不誣也。[724]

722　（清）葛覲昌：《靈山賦》，載《靈山志》，靈山志編纂委員會，北京：方志出版社，2002。

723　（宋）祝穆：《方輿勝覽》卷十八，《信州》，四庫全書本。

724　（清）徐學江：《靈山七十二峰記》，《靈山志》，靈山志編纂委員會，北京：方志出版社，2002，第215頁。

## （三）儒學聖地

秀美的靈山吸引了歷代無數名人賢士前來觀光遊覽，結廬隱居，留下了大量的詩詞曲賦，成為靈山文化不可或缺的內涵。唐代，危仔昌就曾在此留有詩文。宋代著名的愛國詞人辛棄疾於紹熙二年（1191）在靈山茗洋一帶結廬小住半年，名「齊庵」，遊遍靈山，寫下了膾炙人口的《沁園春·靈山齊庵賦》：

> 疊嶂西馳，萬馬迴旋，眾山欲東。正驚湍直下，跳珠倒濺；小橋橫截，缺月初弓。老合投閑，天教多事。檢校長生十萬松。吾廬小，在龍蛇影外，風雨聲中。
>
> 爭先見面重重，看爽氣朝來三數峰。似謝家子弟，衣冠磊落；相如庭戶，車騎雍容。我覺其間，雄深雅健，如對文章太史公。新堤路，問偃湖何日，煙水濛濛？**725**

陸遊也曾遊覽靈山的月岩，留下了「幾年不作月岩遊，萬里重來已白頭。雲外連娟何所似，平羌江上半輪秋」**726**的詩句。宋代著名的文學家韓元吉遊靈山七十二峰，寫有《遊靈山》長詩一首，對靈山七十二峰做了生動的描述，讚頌靈山諸峰「紛紜如

---

725 （宋）辛棄疾：《沁園春·靈山齊庵賦》，載《稼軒詞》卷一，四庫全書本。

726 （宋）陸遊：《月岩》，載《劍南詩稿》卷十一，四庫全書本。

列障，散漫如連帷。磅礡千里間，眾景皆賓士」**727**。明嘉靖年間首輔大學士夏言寓居上饒期間，曾多次遊覽靈山，留下了《望靈山》《過黿頭嶺》等五首詩文。明崇禎年間進士鄭爾說也曾題詩二首，其中一首云：「萬嶺岧嶢鬱翠峰，石人壁立幻其蹤。巨靈宛繪擘山象，天柱高懸銜燭龍。風雨東來谷欲吼，薜蘿倒掛霧長封。登臨無事驚危絕，正好從容步赤松。」**728**清順治年間禮部主事鄭日奎對靈山七十二峰的秀色大加讚歎：「茲山何秀拔，百里引瞻視。人代幾戰爭，山自終古翠。攢峰七十二，奇詭不一致。雷雨隱其中，日月跳相避。深窈望不盡，但驚巉嶸勢。應有采芝人，高隱人深處。我欲往從之，討此山中趣。年年遊屐阻，臨風空感歎。」**729**此外，宋代的宰相王安石、詞人姜夔，明代御史高明、太僕鄭邦福、大學士鄭以偉，都御史鄭毅，清代的李夢麟、葛覲昌等人都曾為靈山題詩詠賦，留下了大量的靈山詩文。抗日戰爭期間，著名的文藝理論家馮雪峰在「上饒集中營」的囚室內創作了著名的《靈山歌》，那豪邁的氣勢鼓舞了廣大人民群眾的鬥志。

---

**727**　（宋）韓元吉：《遊靈山》，載《兩宋名賢小集》卷一百六十，（宋）陳思編、元陳世隆補，四庫全書本。

**728**　（明）鄭爾說：《靈山》，載同治《上饒縣誌》卷二十三，《藝文‧詩》，臺北：成文出版社有限公司，1989，第 2603 頁。

**729**　（明）鄭日奎：《望靈山》，載道光《上饒縣誌》卷五，《山川》，臺北：成文出版社有限公司，1989，第 129 頁。

## 三、風景名勝

## （一）石人峰

靈山北脈主峰，也是靈山七十二峰中最為奇絕的山峰，因「孤石挺立如人形」[730]而得名。石人峰峰頂巨石挺立霄漢，高一二〇米，酷似一彪形大漢挺立於天地間，俗稱「石人公」。石人惟妙惟肖，形象逼真，明代學者鄭浩《石人峰記》云：

> 泰山有丈人峰，山也，非人也。代有磨笄山，人也，而已為山也。是雖冒人之名而以成山之形，俱不得謂山而人也。惟靈山七十二峰，因多異狀，而石人一峰尤為奇傑。巍乎高岡之上，挺然霄漢之間，肢體畢具，顏貌惟肖。遠近之仰之者，只覺其為人也，而已忘乎其為山也。然則是山之煙雲興滅，其石人之呼吸、吹噓乎？是山之霖雨普濟，其石人之咳唾澤乎？春花冬雪，遞分童老；朝月夕日，互運明晦。以是山而鎮一郡，即以是人而鎮一山，豈非宇宙之奇觀哉！[731]

石人公自漢唐以來一直被人們尊為靈山的保護神，也吸引著

---

**730** 同治《廣信府志》卷一，《地理·山川》，臺北：成文出版社有限公司，1970，第 67 頁。

**731** （明）鄭浩：《石人峰記》，載《靈山志》，靈山志編纂委員會，北京：方志出版社，2002，第 214 頁。

不少名人前來觀光瞻仰，元代有人在石人公肚臍眼上鐫刻「口吐霓虹，氣凌霄漢」八字，清代文人周永清作詩刻在石人公的腳趾上：「同友來登石人峰，峰前不見葛仙翁。翁飛化作雲外客，客亦難攀石上松。松間子規啼月夜，月中丹桂舞秋風。風吹山花處處落，落盡山花景不同。」[732] 文化大革命中，石人公被炸毀。

石人峰景色秀美，久負盛名。山上怪石星羅棋佈，群猴觀海、觀音送子、鸚鵡石、神鬼飛天等象形石逼真可愛。峰左有天然石窟，石窟內有石泉，泉水清冽甘甜。峰下有獅子洞，此洞為石灰岩溶洞，鐘乳石琳琅滿目，石床、石桌、石凳一應俱全。此外，石人峰也是看日出和日落的好地方。明隆慶年間吏部給事中張孫繩賦詩描寫石人峰的勝景：「萬仞層岩翠欲流，蜿蜒七十二峰頭。白雲帶雨山椒出，碧水浮花石洞幽。龍去池漻淹日月，丹成爐燼老春秋。登霄喜附黃堂蠹，泛鬥虛疑漢使舟。」[733] 石人峰吸引著無數的文人名士踏足遊覽，並留下了諸多讚美的詩篇，宋代林肇有《石人峰賦》，明代太僕寺卿鄭邦福題有《登靈山石人峰》二首，王梁也題詩贊曰：「怪石崢嶸自古傳，遺人子立勢昂然。長懷浩氣凌霄漢，久失丹心對日天。體像不隨霜露改，衣冠盡是薜蘿牽。群峰羅列皆孫子，萬里河山一脈連。」[734] 此外，明

**732** （清）周永清：《石人峰》，載《靈山志》，靈山志編纂委員會，北京：方志出版社，2002，第 51 頁。

**733** （明）張孫繩：《從太守謁石人峰》，載同治《上饒縣誌》卷 23，《藝文·詩》，臺北：成文出版社，1989，第 2602 頁。

**734** （明）王梁：《石人峰》，載《靈山志》，靈山志編纂委員會編，北京：方志出版社，2002，第 200 頁。

人余文暹、清代的嚴敬，李夢麟、翠屏散人等人都有吟詠。

石人峰不但景色秀美，而且還是靈山的道教中心，峰下千年古廟石人殿聞名遐邇。西晉太康元年（280）奉詔在石人峰下建祠祀胡昭，俗稱胡隱君祠，又稱石人峰祠。胡昭，字孔明，號伏龍，河南穎川人。生於漢桓帝延熹五年（162）九月初九。胡昭自幼博學，拒絕袁紹、曹操的徵聘，後舉家南遷，「至信州，望靈山石人峰秣馬束裝，尋越其巔，行至山椒之右，結草為庵於卜谷山中而居之。日維步靈山降岫，采藥行歌，復得南峰塘崆峒，煮茗以娛，天真自號為松谷老人，享年八十九歲而飛升矣」**735**，後人在靈山建祠祀之。胡昭先後被皇帝敕封為靈惠信安侯、靈助侯、靈助威濟侯、靈助威濟顯惠正佑王。唐貞元六年（790）郡宗伯劉太真、郡守李德勝往石人峰祈雨，二公先後羽化於此，鄉民塑像與胡昭共同享祀。宋宣和二年（1120），御賜「鷹護」殿額，並加封劉太真為「助順將軍」，李德勝為「助靈將軍」。明嘉靖年間，大學士夏言奏請敕封李德勝為「江西靈山鷹武李將軍之神」。明萬曆年間神宗敕封李德勝為「西濟宏道護國崇興真君」，並增建道院，改稱為石人殿。石人殿建坐西向東，但是大門卻向南而開，頗具特色。殿的建築規模宏大，氣勢雄偉，主要建築分為前殿和後殿，前殿稱統雷殿，後殿稱大高元殿。後殿內有龍珠，為神受血祭之處。殿後原有古樟一株，毀於一九六五年

---

**735** 原載大濟《胡氏家譜》，轉引自《靈山志》，靈山志編纂委員會編，北京：方志出版社，2002，第 132 頁。

的雷擊，並有宋元時期所植的血子木和羅漢松。石人殿建成後，
幾經興廢，明清兩代多有重修。一九一五年還於大高元殿右後側
增建新殿，為李老真君行宮。文化大革命期間石人殿部分建築被
毀，統雷殿一九七七年被拆除，現已經全面修復。石人殿石柱
多，柱子上存有明代大學士夏言的「秀水奇山信郡無雙福地，佑
民護國江南第一名神」和大學士鄭以偉「鞠躬而立千秋鷹武氣如
生，背面而朝萬古石人心不朽」等楹聯。世傳石人殿眾神有求必
應，賜福一方，尤其是李大將軍「其神顯應異常，郡中水旱疾疫
必禱，無不應響」**736**。殿內香火鼎盛，道徒眾多，威名遠播。
自唐迄今，歷經千餘年，久盛不衰，每年陰曆九月初一到初十，
四方香客都雲集於此，「年年從此日，皓叟黃童，結伴齊來焚香
帛」**737**，場面非常壯觀。

## （二）石屏峰

又稱翠屏峰、大屏峰，位於靈山中部，海拔一二八九米，是
諸峰中集險、峻、奇、秀於一身的著名山峰。因「方正如列
屏」**738**而得名。石屏峰的峰頂聳立的兩扇摩天石屏，屏面光潔，

---

**736** （明）夏言：《嘉靖二十一年題奏顛末》，載《靈山志》，靈山志編纂
委員會編，北京：方志出版社，2002，第 282 頁。

**737** （清）琚鐘：《謁石人殿作洞仙歌詞一闋志敬》，載《靈山志》，靈山
志編纂委員會編，北京：方志出版社，2002，第 211 頁。

**738** 同治《廣信府志》卷一，《地理‧山川》，臺北：成文出版社有限公
司，1970，第 67 頁。

石屏的兩邊石紋似波瀲，麗日當空之際，石屏猶如七彩寶石，光彩奪目，似人間仙境。自古便有很多人非常鍾情此處的風景，「畫屏秋影」一直是靈山非常出名的景觀。文人多有題詠，其中，清代翠屏散人題詩贊曰：「千尺翠屏無際邊，青山不老自年年。詩情最好雨過後，水色山光分外鮮」**739**；徐謙也賦詩云：「匡廬九疊遜離奇，秋影高寒夕霽時。更愛石屏煙翠外，天然寫照妙徐熙。」**740**

石屏峰絕頂有一潭，深不可測，四季湧泉不斷，地方誌上有「旱雩輒應」的記載，相傳每遇乾旱，邑人登峰祈雨，有求必應，故潭名曰龍池。龍池約二十餘平方米，池水清澈，池中終年不絕的泉水又是水晶瀑布的源頭之一。唐宋以來，傳說有龍潛居池中，頻頻顯靈，興雲布雨，造福一方。當地還流傳著金太守偷龍珠的故事，說明代一金姓太守登石屏峰龍池祈求神龍現身，祈畢池水翻湧，龍爪托出一朱盆，盆中盛有一顆大龍珠，華光四射。金太守驚訝之餘，貪心頓起，便擷珠為己有。後還鄉過鄱陽湖時，狂風大作，龍神向他索要龍珠，他只好倉惶還珠保命。清人徐謙游龍池後題詩云：「神物潛藏隱紫煙，池光風定抱珠眠。阿香夜半鞭龍起，甘澍崇朝遍大千。」**741**龍池下有百餘平方米大

**739** （清）翠屏散人：《畫屏秋影》，載《靈山志》，靈山志編纂委員會編，北京：方志出版社，2002，第205頁。

**740** （清）徐謙：《畫屏秋影》，載《靈山志》，靈山志編纂委員會編，北京：方志出版社，2002，第207頁。

**741** （清）徐謙：《龍池》，載《靈山志》，靈山志編纂委員會編，北京：方志出版社，2002，第208頁。

小的石平臺，稱姜尚封神台，也稱天臺，傳姜尚曾在此封山神。
天臺兩側懸崖峭壁，下臨萬丈深淵，置身此台，千峰競秀之美景
盡收眼底。

## （三）水晶峰

　　與石屏峰毗連，同治《上饒縣誌》載：「懸崖瀑布，飛瀉映
日，遠望若水晶，故名。」[742]水晶峰峰巔石柱林立，峰下峭壁千
尋，危崖如削。久旱將雨，峭壁之上時常湧泉數十處，在陽光下
熠熠生輝，山民稱這些湧泉為靈山漲潮水，此崖則為雨汛壁。水
晶峰秀色可餐，吸引了眾多名士前來遊覽，並為之潑墨。宋韓元
吉題有「定知水晶宮，秘藏神所司」[743]，明代大學士鄭以偉也
有「水晶空浪志，丹灶隱遺蹤」[744]之句。

　　石屏峰的龍池水、水晶峰的潮水和其他山泉匯聚於山下，形
成了上、中、下三潭，俗稱「三潭映月」。其中，上潭的潭水從
潭口溢出，飛流直下，形成了高達百米，寬五十餘米的懸崖大瀑
布，即水晶瀑布。水晶瀑布兩側巉岩千仞，松竹林立，飛瀉而下
的瀑布猶如銀河倒掛，珠飛玉濺、霧靄繚繞，加上上頭的石屏、

**742** 同治《上饒縣誌》卷五，《山川》，臺北：成文出版社有限公司，
　　　1989，第 244 頁。

**743** （宋）韓元吉：《遊靈山》，載《兩宋名賢小集》卷一百六十，（宋）
　　　陳思編、元陳世隆補，四庫全書本。

**744** 同治《廣信府志》卷一，《地理‧山川》，臺北：成文出版社有限公
　　　司，1970，第 68 頁。

水晶諸峰峰峰挺秀，美不勝收，遊人至此，仿佛置身於蓬萊仙島之中。古往今來，水晶瀑布吸引了不少文人墨客前來觀光，並留下了不少詩文。其中最為出名是明代方洋的《水晶山瀑布泉》：「萬山深處見飛泉，直瀉河流下九天。亂石驚沖珠佩碎，輕雲高擁玉龍懸。雨花晴灑蒼苔潤，水晶簾外散神仙。」**745**

　　水晶峰下有水晶嶺古道，該古道全長三十華里，最高處海拔九四八米，險處水晶石梯，百米峭崖，石級千尋，陡峭如天梯，全部由花崗岩石條鋪就而成，是翻越靈山最長、最高、歲月痕跡最深的石級古道。水晶嶺石道處秦時便有簡易盤山公路，明嘉靖十五年（1536），邑人開鑿水晶石梯，四十四年（1565），南塘老道思誠邀縣治孫時集資在嶺頂卷石為亭，以憩過往行人，名「永世亭」。明監察御史桂榮撰文勒石嵌於亭內石壁中，至今仍有部分殘留的碑文依稀可見。永世亭由花崗岩條石砌成，頂成拱形，頂及兩旁覆以泥石，遠望如穿山的岩洞，故此亭亦稱水晶石洞。該亭至今仍堅固完好。四十五年（1566），清水五都、高南峰十六都兩地居民，捐資將全部路段鋪上石級。萬曆六年（1578），汪勝絲、祝伯英等人捐資鑿寬水晶石梯，並鋪上石級，水晶嶺古道溝通靈山南北，糧食、山貨、土紙等物品進出均靠此道，往來鄉民絡繹不絕。

745 （明）方洋：《題靈山飛泉》，載同治《上饒縣誌》卷二十三，《藝文·詩》，臺北：成文出版社有限公司，1989，第 2604 頁。

## （四）百谷峰

又稱卜谷峰，位於靈山北脈的南端，海拔千米。峰東為絕壁，山麓連有石人盆地，村落棋布。峰北崖下百米處，有面積近五〇〇〇平方米的南峰塘，塘水清澈，雲天山色，美不勝收。站在百谷峰，四面山谷盡收眼底。峰頂有一巨石，內空外圓，形似古時的煉丹爐，故名丹爐石。丹爐石右側，有一巨石覆蓋著養真岩，巨石下一石橫出，形如巨龜，名曰金龜石，這兩塊岩石神形兼備，人稱「金龜護丹爐」。金龜石是看日出的好地方。石下有一岩，名養真岩，古稱月岩。洞穴坐北向南，空曠可容納百人，是東漢胡昭隱居修煉和坐化處，鄉人建隱君祠塑隱君像祀於岩中。陸游就曾遊覽月岩並題詩一首。百谷峰東南側有著名的天險關，明代姚源聚眾於南峰塘起義，在此造關扼守，清同治三年（1864），道人王齋公在關門上鐫刻「天險」二字，剛勁有力，至今尚存。關由巨石壘砌而成，兩邊連接峭壁，關頂巨石重達萬斤，古人是如何在這峭壁之中將這麼重的巨石吊裝上去的，至今仍不可思議。天險關關口狹小，僅容一人通過，該關至今保存完好。天險關下半山腰處絕壁如削、古松斜立、藤蘿倒掛，有一石斜出，形似芳草中鳴叫的青蛙，蛙的頭、眼、嘴栩栩如生，似乎正在呼喚春天，催人耕種，當地人稱之為神蛙鳴耕。神蛙名鳴耕石下古道的右側絕壁處，一石向南突出，形似一頭奔跑的水牛，形態逼真，人稱牛背石。牛背石旁百米處有向天鱷魚石。

## （五）道士仙峰

位於靈山北面，原名擁筆峰，相傳有道士修煉於此，後仙去，故名。道士仙峰海拔九一〇米，山峰崔嵬，瑞雲紫氣，奇花異草，鍾靈毓秀。東漢年間，胡超隱於擁筆峰潛心學道，築爐煉丹，為名噪一時的道教真人。胡超常雲遊各地，傳道施藥。晉武帝太始元年（265），太子疾，召天下良醫救治，胡超治之，藥到病除。晉武帝問其為何方人氏，胡超曰：「信州靈山北擁筆峰胡超也。」言畢騰空而去。武帝封其為「胡公真人」。北宋宣和年間，又有一自稱是來自江右信州靈山擁筆峰的道士治癒了太子的頑疾，聖上認為是胡超真人現身，於是特遣使詔賜封胡超為「玄壇紫極洞真天師胡真人」，封擁筆峰為「得道真仙道士峰」。道士仙峰東北側山腰之中，有鳴琴仙洞。此洞洞口不大，但洞谷幽深，泉水叮咚，傳說胡超修煉之餘常於洞口彈琴。清人徐謙題有《仙洞鳴琴》一首：「山虛籟靜鶴來聽，古洞伊誰綠倚亭？下視四山寒月白，妙香何處水泠泠。」**746**

## （六）圓山峰

靈山北脈延伸至花岩峰驟落後，穿過望仙河的河底又繼續向北偏西方向延伸，形成各具特色的零星山峰，圓山峰即為北靈山崛起的第一峰。圓山峰山體渾圓，四周絕壁如削，僅有一條人工

---

**746** （清）徐謙：《仙洞鳴琴》，載《靈山志》，靈山志編纂委員會編，北京：方志出版社，2002，第 208 頁。

開鑿的石徑供人攀登。峰頂平坦，古時便開闢有水田和池塘，水田近十畝，池塘為山中湧泉匯聚而成，甘甜清冽，除灌溉山頂水田外還可以供數百人飲用。明萬曆十二年（1584），浮梁僧人如倫雲遊至此，見圓山峰風光秀麗，是一塊難得的禪林寶地，遂建天星寺，廣收僧徒。清康熙十一年（1672），天星寺再度擴建，康熙御書「天心禪林」寺額，改稱「天心寺」。改建後的天心寺香火極為旺盛，僧侶眾多，朝拜的信徒絡繹不絕。天心寺曾辦經學一所，有師生二十餘人，專門研究和教授佛學。一九三〇年寺廟毀於兵燹，僅存「天心禪林」和「舍利塔」匾額。一九四九年重建一小院，一九八六年又重建大雄寶殿。

## （七）望郎峰

俗稱老嫗峰。峰頂一石擎天，高約三十餘米，石行修長，酷似一古裝少婦翹首而望，山峰因此而得名。若在山下望仙鄉高南峰村仰視，該「少婦」秀髮飄灑，長裙飄逸，風姿綽約，堪稱靈山一絕。相傳神女之夫是大禹治水的驍將，夫年久不歸，她經常登峰向東眺望，化成巨石立於此。若從水晶峰南側仰視，此石卻形似一隻立於峰頂的畫眉，長喙對天，長尾著地，故水晶山一帶的人又稱此石為望峰鳥。清代翠屏散人有詩贊曰：「獨立峰頭不一鳴，高飛有待羽毛成。一宵化作望夫石，氣短英雄兒女情。」[747]

---

747 （清）翠屏散人：《望天瑞鳥》，載《靈山志》，靈山志編纂委員會編，北京：方志出版社，2002，第 205 頁。

## （八）天梯峰

位於靈山西脈，因有天然石階可拾級而登而得名。天梯峰為靈山最高峰，海拔一四九六米。天梯峰峰頂怪石數以萬計，或似利劍直插藍天，或似紡錘倒懸於壁，抑或似斷橋橫空，千姿百態，此峰非常險絕，多處是猿猴難攀。傳說北宋名將孟良曾在險處鑿石百級，並刻石以志，題刻今已風化，不可辨認。

## （九）至德宮

位於靈山東台峰南東角山的一塊臺地上，漢末至德道人在此建宮修道，道徒眾多。至德道人東漢末年人，生卒籍貫不詳。他雲遊至靈山東台峰太極岩，見岩洞形似太極圖，遂結廬隱居，采藥煉丹、潛心悟道，至德暮年開始收徒傳道，羽化後弟子建至德宮。後經歷代道人擴建，道觀分前後兩殿，極其雄偉，兩旁有院數幢，可見當時鼎盛之況。自晉至宋，至德宮幾位興盛，道徒多達百人。宮後有以太極岩為中心的洞穴群。太極岩是峭壁中一塊巨石向東南方向懸伸形成的，洞高五米，面積約四十平方米。太極岩洞內有洞，洞洞相通，並呈八卦方向排列，頗為奇特。明代，道教衰敗，改為佛教寺院，僧侶多達百人，也盛極一時，今道觀已廢，但宮觀遺址、石磙、石臼、石香爐、老道墓塋尚存。

## （十）石城寺

位於靈山甑峰南石城山臺地中央，臺地三面環山，如城如廓，故名石城。傳說東漢有尼在此結廬悟禪，圓寂後在草廬後建塔存放，當地居民稱草廬為石城庵。唐初，普陀山一高僧雲遊至此，見這裡環境清幽，是難得的參禪悟道之寶地，於是化緣建寺，名石城寺。寺有三殿，亭台樓塔錯落有致，經十餘年的經營，廟產達千畝，僧侶達百人，盛極一時。明崇禎年間進士王庸曾住廟攻讀，並時常與寺僧論禪。宋至清代，寺宇多有重修，至嘉慶年間，廣信知府王賡言親選妙機為住持，並題寫「妙明清澈」寺額，寺廟處於鼎盛時期，僧侶眾多。第二次國內革命戰爭中，寺廟盡毀，僅存明嘉靖年間所立放生碑和清順治九年（1652）所建的旨壽塔和乾隆三十三年（1768）所立的石碑以及刻有「日出朝陽千古秀，月現雲山萬壽燈」楹聯的石柱。自一九九七年開始，古寺正在修復之中。

此外，靈山七十二峰中葛仙、白雲、三十六尖、登樓、靈鷲、石佛中台、圓墩等峰也秀色出眾，古時遊覽者多有登臨，在此便不逐一介紹。

### 參考文獻

（1）靈山志編纂委員會：《靈山志》，北京：方志出版社，2002。

（2）上饒縣縣誌編纂委員會：《上饒縣誌》，北京：中共中央黨校出版社，1993。

## 第十三節 ▶ 其他風景名山

### 一、龍南小武當山

　　小武當山位於龍南縣，北起龍南武當鎮，東接廣東省和平縣，南鄰廣東省連平縣，西鄰九連山亞熱帶原始森林。小武當山為典型的丹霞地貌，景區岩體多為褐紅色沙礫岩，在兩億年前喜馬拉雅造山運動時期，山體抬升後經流水強烈切割，風力侵蝕磨礪，才形成了今天圓潤光滑、氣勢磅礴的岩峰群。

　　關於小武當山之名，光緒《龍南縣誌》中有記載：「蓋以楚中武當山為天下名勝，因仿其名以志奇，復以小字別也」。[748]關於小武當山的來源，贛南當地一直有著這樣的一個傳說：「很久以前，現在的武當鄉大壩地區沒有山。一天，一位名叫張果老又叫張大仙的老漢欲使大壩人養豬致富，挑了九十九只小豬來大壩墟賣。當地一財主想搶張果老的小豬。因財主知道老漢「有打」，便請了幾個走江湖的大漢並數十家丁去挑釁他。老漢捋鬚哈哈大笑，頓時將一擔小豬放出。九十九只小豬飛也似的跑至現在的小武當山地區，一字兒排開。張果老將扁擔向天一指，九十九只小豬頓時像出土筍子一樣長成了九十九座犬牙交錯的石峰。張果老扁擔向天空一指，江湖漢子及數十名家丁也騰空而飛，以後一個個落下變成了各種形狀的石頭。趕墟人見狀，方知張果老

**748**　（清）廖運芳：《游小武當山記》，載光緒《龍南縣誌》卷八，《藝文記》，臺北：成文出版社有限公司，第 1110 頁。

是活神仙，一個個作揖。張果老揮手致意，挑著一擔空豬籠騰空而別。」[749]張果老，傳說中的八仙之一，這個傳說也放映了小武當山的神仙氣息，為小武當山平添了許多神秘色彩。

雖名氣不及湖北武當山，但小武當山以其悠久的佛教文化在贛粵邊界聞名遐邇。山上的武當聖廟十一座禪院遠近聞名。武當聖廟自明代崇禎年間始建，香火一直不斷。武當聖廟的開山始祖映蓮也是一個十分傳奇的人物。據傳他幼年出家，靜心養性，布善施醫，習武研佛，至一百四十九歲修成正果，於西崖坐化圓寂，三年屍體不化。映蓮圓寂後，夕照西岩，常出現「佛光映蓮」的奇觀。史書中記載：「映蓮課誦時有巨蛇異鳥聽經，映蓮圓寂後蛇鳥亦絕跡。」[750]小武當自開山以來，參拜和遊覽的人沿「鐵鎖雲梯」攀爬而上，但是據說沒有一個人摔傷，當地老百姓都說這是映蓮佛法的護佑。作為贛粵邊界古剎，小武當山因其天生絕境，成為弘揚佛教教義的風水寶地。曾有遊人作詩：「峭壁峰回石徑斜，摩天逼近紫雲霞。老僧歸掘貓頭筍，騷客來嘗雀舌茶。寄覽風光成嘯詠，閑抱名利委泥沙。洗心愛問崖間水，哪位無生拜釋迦。」[751]小武當山登山艱險，使得上山拜佛之人顯得格

---

**749** 龍南縣誌編纂委員會：《龍南縣誌》卷二十二，《文化·風物民俗傳說》，北京：中共中央黨校出版社，1994，第 665 頁。

**750** 光緒《龍南縣誌》卷 2，《地理志·山水》，臺北：成文出版社有限公司，第 119 頁。

**751** （清）徐洪憲：《小武當遠眺》，載光緒《龍南縣誌》卷八，《藝文·詩》，臺北：成文出版社有限公司，第 1241 頁。

外虔誠。

　　與桂林石林的嶙峋崢嶸相比，小武當山風景別有一番韻味。昔人曾曰：「（小武當山）形如玉筍，壁立萬仞，左右九十九石峰，排如植戟」。[752]小武當山石峰多呈圓柱筍狀，拔地倚天，形如劍戟，直指蒼穹。小武當山主峰為武當峰和將軍峰，兩峰並列而起，好似空中飛來的兩頭巨象，被譽為「雙象淩空」。其中將軍峰為最高峰，海拔八六四米。小武當山被稱為「天生絕景」，[753]其九十九座奇峰拔地而起，層巒疊嶂，一排聳立，綿延數公里，是贛粵邊界勝景之一。

　　小武當山最引人注目的是武當峰的「鐵鎖雲梯」，從遠處看似一條黑鏈懸于百米絕壁之上，昔人登山並是沿此鐵鍊攀爬至山頂。此鏈「登松梯三十八，鑿石為盤，闊五尺許，既登則坐憩於此，仰視鐵索，嬝嬝如絲，風吹玲琅，聲在天半。緣索石壁鑿坎二三寸，僅容半足，攀緣而上，手握踵懸，索搖身顫，汗濡手滑，幾幾欲墜矣。」[754]登山之路「梯畢鑿石為蹬，僅容半足，倒懸鐵鎖四十餘丈以供扳援。鐵索循半有石突出，名按胸石。登山

---

**752** 光緒《龍南縣誌》卷二，《地理 山水》，臺北：成文出版社有限公司，第 118 頁。

**753** （清）廖運芳：《游小武當山記》，光緒《龍南縣誌》卷八，《藝文記》，臺北：成文出版社有限公司，第 1111 頁。

**754** （清）徐洪憲：《小武當紀遊》，載光緒《龍南縣誌》卷八，《藝文·詩》，臺北：成文出版社有限公司，第 1171-1172 頁。

者胸皆摩石而過，遊人以為絕險。」[755]如此陡峭的山勢，使得遊人「攀援而上，不敢俯視，恐目眩而墜」[756]。沿「鐵鎖雲梯」攀登而上即到「絕壁天門」，若回頭俯視，人如身在半空。過「絕壁天門」不遠處有一眼泉水，名為觀音泉，泉水四時不涸，「水色紺碧可矸鬚眉，味甘冽。勺而飲之，覺慧泉三峽，猶人間褻味」。[757]沿山間小路攀登而上，就到了武當峰頂。憑欄遠眺，「俯視村墟歷落，俱在雲煙沉浸中」[758]，「萬峰競翠，嵐嶂插天，近瞰村落田疇交錯，川流縈紆，青白相間，宛然圖畫，是則小武當一大觀也」[759]。在武當峰頂最為矚目的是佛教名剎「武當聖廟」。武當聖廟始建於明代崇禎十三年（1640），乾隆三十四年（1770）重修，今山上仍存有「重建武當新碑」。在武當峰上有兩幅歷經了數百年的石刻楹聯：一聯為絕壁天門石柱上的「武將文臣皆下馬，當天奏帝且停車」，一聯為聖廟佛堂前的「武力不如法力，力修力行力作善；當仁何必讓仁，仁心仁德仁為

---

**755** 光緒《龍南縣誌》卷二，《地理志・山水》，臺北：成文出版社有限公司，第 119 頁。

**756** （清）廖運芳《游小武當山記》，載光緒《龍南縣誌》卷八，《藝文記》，臺北：成文出版社有限公司，第 1110 頁。

**757** （清）徐洪憲《小武當山紀遊》，載光緒《龍南縣誌》卷八，《藝文記》，臺北：成文出版社有限公司，第 1175 頁。

**758** 光緒《龍南縣誌》卷二，《地理志・山水》，臺北：成文出版社有限公司，第 119 頁。

**759** （清）徐洪憲《小武當山紀遊》第 1173 頁。光緒《龍南縣誌》卷八，《藝文記》，臺北：成文出版社有限公司，（清）徐洪憲《小武當山紀遊》第 1173 頁。

宗。」兩側對聯均以「武」「當」二字為聯首，歷來為遊人所稱道。在聖廟旁邊竹林幽影處有小武當山開山祖師映蓮墓，稱為「映蓮夕照」，此墓常年有人祭拜。

在武當峰旁矗立著的為將軍峰，兩峰之間形成一處「寒谷」，「窈窕陰寒，深不可測，微風鼓蕩，沉沉然如震殷雷，人行其間古木交天，濃陰匝地，嵐翠欲滴，眉宇為之浸綠，氣息喘定，投以巨石，時作鏗然之聲，如破巨舟，如裂山石。」[760]登上將軍峰，四周霧氣迷漫仿佛，如履仙境。峰頂的吞天洞自古便是一勝境，因山形如蛤蟆張開大嘴，如有吞天之勢而得名。在吞天洞內觀景，可賞疊翠霞谷、五女拜、神龜攀岩等神奇優美的自然景觀，感受大自然的鬼斧神工。

小武當山「千峰萬峰爭岝崿」[761]，石山環抱，連峰際天，雲蒸霧騰，給人以「飄飄欲仙」之感。小武當山優美的自然景觀，歷代「詞人游賞者之歌詠者不可勝紀」[762]，不愧為贛粵邊界一座秀麗的文化文化名山。

---

760 （清）徐洪憲《小武當山紀遊》，載光緒《龍南縣誌》卷八，《藝文·記》，臺北：成文出版社有限公司，第 1175 頁。

761 （清）徐洪憲《小武當遠眺》，載光緒《龍南縣誌》卷八，《藝文·詩》，臺北：成文出版社有限公司，第 1241 頁。

762 （清）賴宣揚《遊朝陽山記》，載光緒《龍南縣誌》卷八，《藝文·記》，臺北：成文出版社有限公司，第 1141 頁。

## 二、會昌漢仙岩

漢仙岩位於會昌縣東南約七公里的筠門嶺鎮。漢仙岩，原名
漢溪岩，相傳八仙中的漢鐘離在此得道成仙，故名漢仙岩，有
「仙家聖地」之美稱。漢仙岩融碧水、丹山、古村、溫泉、森林
為一體，是江南典型的大型丹霞地貌景區，其中心景區南北長約
十五公里，東西寬約五公里，面積約為七十五平方公里，發源於
尋烏縣的湘水貫穿其南北。

漢仙岩屬中亞熱帶季風型溫暖濕潤氣候，雨量充沛，光照充
足，年平均氣溫十九點三度。漢仙岩生態環境優良，森林覆蓋率
超過百分之八十五，植物種類甚多，以竹子、松樹、杉樹、樟樹
為主，其中黑竹為江南罕見的珍稀竹類，過江坪古松林為歷史悠
久的客家風水林。

漢仙岩被明代士大夫王廷臣讚譽為「虔南第一山」[763]，這
裡山勢俊秀，林壑幽美，奇峰異石、幽壑危岩比比皆是，鬼斧神
工，令人歎為觀止，據清同治《會昌縣誌》記載，漢仙岩「四面
背石，峭峻突屼，礙日撥雲」、「僅可容一人匍匐而入，中藏佳
境」[764]。漢仙岩也是佛教勝地，明隆慶二年（1568），僧人明
圓、真寧在此始建寺廟，舊志載：「有僧明圓與其徒真寧，殫力
開拓，岩跡益顯。岩下有庵，為眾僧耕獲駐足之所。邑人胡夷簡

---

**763** 同治《會昌縣誌》卷十七，《古跡志》，臺北：成文出版社有限公司，
1989，第 396 頁。

**764** 同治《會昌縣誌》卷十七，《古跡志》，臺北：成文出版社有限公司，
1989，第 396 頁。

題其額曰圓寧庵。即取開山師徒之名而命名之，令後知所始
也。」[765]

　　漢仙岩自古就以風景秀麗而聞名，數百名來，歷代文人騷客
多登臨此地，他們留下了：「天連危石石連天，籟靜寧廬聚八
仙」[766]，「遊人莫說乾坤小，到此方知日月長」[767]的詩詞佳句。
歷代文人墨客留在漢仙岩絕壁上的詩文題詠也頗具藝術觀賞價值
和歷史研究價值。在方圓五里內的岩壁上，分佈著幾十處古代摩
崖石刻。因為年代久遠，岩石已經風化剝落，很多石刻字跡模
糊，不易辨認，現在可辨認的有二十二處。漢仙岩入口處鐫刻
「虔南第一山」，每字高〇點五米，寬〇點三七米，為王廷臣所
題，吳之章所書，其右下方兩處石刻記載了該岩開拓建寺的史
實。合掌門右壁鐫「漢仙岩」三個大字，古樸自然。古禪堂左邊
離地面六米高的岩壁上鐫刻「壁立萬仞」四個筆力遒勁的行書大
字，每字高二點三米，寬一點三米，氣勢磅礴，蔚為壯觀。此
外，還有「天子萬年」、「漸入佳境」、「漢鐘離得道處」、「仙人
弈樂」、「月窟」、「天根」、「僧帽石」、「合掌門」等摩崖石刻都
保存完好。

**765** 同治《會昌縣誌》卷十七，《古跡志》，臺北：成文出版社有限公司，
　　　1989，第 396-397 頁。

**766** （明）張光烈：《漢岩雜詠》，同治《會昌縣誌》卷三十一，《藝文》，
　　　臺北：成文出版社有限公司，1989，第 1840 頁。

**767** （清）賴澤霖：《遊漢仙岩》，同治《會昌縣誌》卷三十一，《藝文》，
　　　臺北：成文出版社有限公司，1989，第 1857 頁。

漢仙岩風景區由漢仙岩、盤古山、湘江源、羊角古城、會仙溫泉等景區組成，景點豐富，現存試劍石、白蓮池、僧帽石、玉筍峰、會仙亭、九倒洞、一線天、天臺、問天臺、猴子望月、漢鐘離得道處、天根、月窟、天子萬年、仙人橋、捨命燒香等。

白蓮池在漢仙岩前東南處，九曲登門道右邊，「有池半畝，種蓮其中」[768]，池水清冽，終年不涸。相傳「八仙」之一的何仙姑，常常來此洗濯沐浴。為遮擋好色之徒偷窺的邪目，她在池裡親手種上了白蓮花。荷葉田田，蓮花豔豔，仙女戲波，香風飄溢。

僧帽石和羅漢石在白蓮池後山墼處，兩石並立。一石宛如僧帽，石上鐫「僧帽石」三字；一石為圓形如羅漢打坐，是為羅漢石。

玉筍峰在僧帽石南山脊上，數塊峭岩拔地而起，新春季節，峰尖冒綠，就像破土而出的春筍。秋去冬來，它又像巨大的筆架，所以又叫筆架山。

石罅泉位於僧帽石北，一泉自石罅中滲出，清澈如鏡，泉水大旱不乾，大澇不滿，泉水清冽，甘甜爽口。舊志中載：「道左有二泉，一曰石罅，一曰卓錫，清冽可鑒」。[769]

合掌門為進入漢仙岩的第一道山門，山岩入口處兩塊巨石如

---

768 同治《會昌縣誌》卷十七，《古跡志》，臺北：成文出版社有限公司，1989，第397頁。

769 同治《會昌縣誌》卷十七，《古跡志》，臺北：成文出版社有限公司，1989，第397頁。

掌相和。其罅上窄下闊，古志記載：「僅可容一人匍匐而入」。[770]
古詩中也描述其「入洞初疑壑室藏」[771]。入合掌門穿過長二十
米、寬一點二米、高二米的石洞，左右兩石臥地，左鐫「龜」
字，右鐫「獅」字，有一巨石橫架二石之上，人過須低頭躬腰，
得名為鞠躬門。過了這道門，便已進入仙岩勝地。

壁立萬仞南北長約八十多米，高六十至七十米，石壁平整寬
闊。鐫有「壁立萬仞」四字，據說是明朝萬曆（1573-1619）年
間奉政大夫、吏部員外郎鄒元標所寫。下方石壁上刻著這樣一首
詩：「壁立萬仞沖九霄，雲封霧鎖尺難描。誰書萬仞流千古，模
糊字跡題元標。」

漢鐘離得道處也被稱為秦王讀書岩，此處有一巨石橫臥，腹
空平夷，狀若飛梁，上面鐫刻著「仙人弈樂」四個大字。

龍洞向南至天臺其間大約一二〇米即為一線天，兩座岩壁如
同刀斧劈開一道窄道，仰頭望去，兩山儼欲相合，寬處一二尺，
窄處僅兩三寸，日正中漏日光一線，故名一線天。古詩中描寫
為：「縫透雙崖一線天，霏霏玉溜雨如綿。」[772]

此外，漢仙岩水路景觀也十分豐富，如巨蟒探水、雙蟒出

---

**770** 同治《會昌縣誌》卷十七，《古跡志》，臺北：成文出版社有限公司，
1989，第 396 頁。

**771** （清）賴澤霖：《遊漢仙岩》，同治《會昌縣誌》卷三十一，《藝文》，
臺北：成文出版社有限公司，1989，第 1856 頁。

**772** （清）賴澤霖：《遊漢仙岩》，同治《會昌縣誌》卷三十一，《藝文》，
臺北：成文出版社有限公司，1989，第 1857 頁。

水、人面獅身、玉兔下凡、群象出山、田螺伏岸、老人觀景、猿人望天、和尚背尼姑等。

## 三、于都羅田岩

### （一）概況

羅田岩位於于都（古稱雩都）縣城貢江南岸楂林村三二三國道旁，海拔約一三〇米，面積一平方公里。它處於典型的亞熱帶季風濕潤氣候區，氣候溫和、雨量充沛。羅田岩群峰環抱，懸崖聳立，古柏參天，翠竹聯蔭，山中寺閣傍岩而設，以洞為室，玲瓏別致，自然成趣，是一處以丹山碧水為主、歷代名人摩崖石刻眾多的贛南風景名勝地。贛州府志記載：雩都縣羅田岩，一名善山，在縣南五里，岩洞有三，兩旁相通，其形如虎。[773]羅田岩開發於南北朝，自北宋時享有盛名，並創「華岩禪院」，聞名一時，是名篇《愛蓮說》的碑刻發表地。

千百年來，我國眾多名家學者，文官武將，騷人墨客，遊客信士，都曾慕名前來攬勝觀景、結廬築室，談道講學。這裡有我國北宋時著名哲學家、思想家、曾經影響我國思想史八九百年之久的道教與理學奠基人周敦頤的摩崖題刻、及其講學和紀念遺址濂溪書院、濂溪閣；亦有千年古柏、羅田岩千年古廟、漏米岩、

---

**773** 同治《贛州府志》卷四，《山水》，臺北：成文出版社有限公司，1970，第 91 頁。

雩陽一覽、帝監亭、臥雲閣、高山仰止亭、居然亭、望需亭、周敦頤和岳飛塑像等景觀小品。周邊還有造型獨特、宛若人間仙境的官才寨和通心岩。

## （二）歷史文化

羅田岩是著名的文化名山，堪稱儒學的天堂，其歷史文化底蘊非常深厚。羅田岩早在宋代就名聞四方。北宋嘉祐八年正月初七，北宋著名哲學家、《愛蓮說》的作者，宋代道學的開山始祖、時任虔州（今贛州）通判的周敦頤曾經到此遊覽。周敦頤邀了同僚錢、沈二先生以及書法家、雩都處士王鴻同游羅田岩，並興致勃勃地題刻了一首七言絕句《游羅田岩》贈與王鴻：「聞有山岩即去尋，亦躋雲外入松陰。雖然未是洞中境，且異人間名利心。」[774]從而開創了于都羅田岩摩崖之刻之先河。對於周通判的厚愛，王鴻自然感動不已，他當即賦詩表示深深謝意：「臨別溪頭承誨囑，此心當為聖賢求。」從此，羅田岩便聲名鵲起，文官武將，騷人墨客，名家學者們紛至遝來，或攬勝觀景，或瞻仰唱和，歷千年而不衰。可以說，周敦頤是第一個「炒作」羅田岩的名人。

緊步周濂溪之後塵的大名人便是南宋抗金民族英雄岳飛。紹興二年，岳飛奉旨來雩都「征剿」。後來在他班師回朝時特意去

---

**774** （清）顏壽芝、王穎修、許金第：光緒《雩都縣誌》卷二，清光緒29年（1903）補刻本。

羅田岩拜訪黃龍禪師而不遇，悵然寫下了一首七絕《羅田岩訪黃龍舊跡留題》以表達自己的遺憾。詩云：「手持竹杖訪黃龍，舊穴只遺虎子蹤。深鎖白雲無覓處，半山松竹撼西風。」[775]並揮筆在崖東石壁上題了「天子萬年」四個雄渾蒼勁的大字。隨著羅田岩名氣的越來越大，全國各地慕名而來的香客越來越多，尤其是以湘、粵、閩的客家人為最。據說其中相當一部分人就是沖著岳飛的「天子萬年」來的。除「天子萬年」外，還有朱熹的「居然仙境」、王陽明的「觀善岩」、王懋德的「白雲深處」以及客籍雩都人、著名理學家黃宏綱、何廷仁等名人的題刻。

南宋景炎二年（1299），民族英雄、愛國詩人、當時的右丞相兼樞密使文天祥率領宋軍抗擊元兵，在雩都鏖戰大捷，他登上羅田岩，懷著對「國破山河在」的憂憤之情，奮然揮筆寫下了《集句大書羅田岩石壁》一首：「豈弟君子，民之父母。靖共爾位，正直是與。無貳無虞，上帝臨汝」，[776]表達了自己忠貞不渝的堅強意志和高尚情操。

明正德十一年九月，王陽明擢左僉都御史，受命巡撫南、贛、汀、漳等八府一州。王陽明在巡撫南、贛鎮壓農民起義期間，雖因軍旅匆匆，兵事紛擾，然講學不輟。據《清同治雩都縣誌》載，正德十二年九、十月間及正德十三年四月，王陽明講學

---

**775** （清）曾國藩、劉繹：光緒《江西通志》卷一百八十，光緒七年刊本。

**776** （清）顏壽芝、王穎修、許金第：光緒《雩都縣誌》卷二，臺北：成文出版社有限公司，1989。

虔台，雩都縣有何廷仁、黃宏綱、何春（何廷仁的二哥）、管登、袁慶麟等先後前往贛州拜謁王陽明。[777]從此，雩邑追仰及信從者彬彬嚮往焉，出現了及門諸生師事陽明「雩獨多於他邑」[778]的生動局面。正德十三年四月，王陽明率部從龍南縣（鎮壓「三浰」農民起義軍）班師回贛，始得專意講學，四方學者雲集贛州。在講學中，王陽明針對學者中存在的以為「聖人之道必不可至」而求之「溺於支離，騖於虛高」的通病提出了批評。他反對久為流行的朱熹《大學章句》本，認為「原文本自平正通順」，朱熹「移其文，補其傳」的作法是錯誤的。特倡「正心誠意」之教，以定方向。在當時，這被視作是一項標新立異之舉，被看成是對朱子學（代表官學）權威地位的挑戰，由此而遭到了不少學者的「黨同伐異」，而王陽明為此也費卻了不少筆墨和口舌來進行說明解釋。正是在這樣的大背景下，何春在于都羅田岩辟設了「觀善岩」講肆，「日與同志談學，時寄興於煙雲水月之間」，傳習陽明心學。王陽明語及門人贊曰：「何元之工夫真，近裡著己也」。[779]何春在羅田岩辟講肆，題名「觀善」，請王陽明書之，王陽明惠之以大書，並欣然為何春《觀善岩記》著序，

**777** 同治《贛州府志》卷四十一，《名宦傳》，臺北：成文出版社有限公司，1970，第 762 頁。

**778** （明）黃宏綱：《重修羅田岩濂溪閣記》，同治《雩都縣誌》卷十四，《藝文志‧記》，臺北：成文出版社有限公司，1989。

**779** 同治《贛州府志》卷四十一，《名宦傳》，臺北：成文出版社有限公司，1970，第 764 頁。

何春刻石以記之。

　　清代著名詩畫家八大山人朱耷雲遊到羅田岩，在這裡留下了一幅精美絕倫的「水墨畫」──《羅岩夜坐》圖：「為愛清秋夜，簾垂五漏時。山虛吞小月，雲重壓高枝。露冷蛩吟急，風驚鶴睡遲。旅魂無著處，惟有少陵詩。」**780**

## （三）風景名勝

### 1. 華嚴寺

　　光緒二十九年刻本《雩都縣誌》卷二載，「羅田岩深廣如屋，古稱華岩禪院。左為仕學山房，內有岩穴，高不過五尺，而深廣倍之。周濂溪先生倅虔時，曾遊此，為賦詩，後因建濂溪閣於其右，門臨懸崖。側柏四株，根磐石上，大可四抱，蒼翠拂雲，為數百年物，今存其三。閣右石壁岳武穆、文信國題筆在焉。」**781**華岩禪院，後稱華嚴寺。山腰中的古剎坐南朝北，寺閣傍岩而設，以洞為室。寺岩入口處，一座石崖巍然矗立，上刻「雩陽一覽」四個大字。崖下鑿有數級小石磴，可拾級而上。相傳有句諺語：「伸手摸得到，黃金由你挑。」意思是說，誰人跪在石磴上，伸手摸得著崖壁上的「一」字，准能發財致富。寺岩左邊，原建有「仕學山房」和「凝道軒」，相傳為昔日學士大夫

---

**780** （清）八大山人：《羅岩夜坐》，同治《雩都縣誌》卷十五，《藝文志‧五言律》，臺北：成文出版社有限公司，1989。

**781** （清）顏壽芝、王穎修、許金第：光緒《雩都縣誌》卷二，臺北：成文出版社有限公司，1989。

談道講學的地方。後依石山，上刻「別一洞天」，依稀可辨。「山西別一洞天，學士大夫談道者多聚焉。岩左有泉流石罅」。石山正面依岩建有寺廟，左為「古羅田岩」，右為「元帝殿」，寺內有泉水自崖巔沿石隙順流而下，常年飛沫濺珠，凌空飄灑，名曰「飛泉」。華嚴寺融古貫今，自然山水與歷史文化相得益彰，是羅田岩的一處景觀大全。

## 2. 摩崖題刻

據《贛州府志》記載：羅田岩「右為懸崖，橫列數十丈，瀑霏霏從岩灑浙墮，上勒唐宋以來詩歌遊記，不下數十百首……」[782]可見摩崖石刻之壯觀。歷代名人為羅田岩而作的詩文就有八十三件之多，其中記序九篇，詩詞七十四件，真可謂珠璣薈萃。在長約二點五公里的懸崖峭壁上，鐫有宋代周敦頤、朱熹、岳飛、文天祥，元代王懋德，明代王守仁、羅洪先、黃宏綱、何廷仁，清代李元鼎、八大山人……等等歷代名人題刻一〇〇餘品，另有浮雕佛像十一尊。

羅田岩石刻的內容和形式繁多，有詩詞、匾額、佛龕像記，姓名等，字體有楷書、行書、草書、隸書、篆書等。其中以正楷和行書為多，這不僅是研究我國書法石刻藝術的實物資料，也是研究贛南政治、經濟、文化等不可多得的珍貴資料，是一份珍貴的歷史文化遺產。從北宋以來的九百多年間，由不同歷史人物，

---

**782** 同治《贛州府志》卷四，《山水》，臺北：成文出版社有限公司，1970，第 92 頁。

在不同的歷史時期，用刀斧鑿下了歷史的不朽篇章，現丹崖上字跡仍然斑駁可見。其中王陽明《小序》與何春《觀善岩記》石刻，是目前所知江西省唯一的記錄陽明弟子受學和傳習陽明心性之學的摩岩石刻遺存。從石刻上所記載的何春講學的內容來看，屬於以傳習心學理論兼具學術與道德修養為宗旨；從講學的形式來看，屬於地方鄉邑小型的講會活動。何春創辦的「觀善岩」講肆（它有成員、有地域、有場所、有祭祀活動）比劉邦采在安福縣創辦的惜陰會（雖然它在規模上不及惜陰會）早八年時間，應該是江右一帶創辦的最早的一個學術講會組織。這方摩岩石刻彌足珍貴，它不但為我們研究王陽明的系統學說，而且也為我們考察和研究陽明心學在贛南階段的傳播內容和傳播形式以及它的發展情況，提供了非常寶貴的實物資料。

### 3. 濂溪閣

據明代黃宏綱《重修羅田岩濂溪閣記》所述：「雩都羅田岩濂溪閣者，祠濂溪、明道、伊川三先生，暨武穆岳公、陽明先師也。創始於宋邑令周公頌，續建於明大府邢公珣。至督學蔡公克廉，乃檄有司，並五先生列之祀典。因其半毀而增辟之……今邑令羊公修也。」[783]可見，濂溪閣（後改名為濂溪書院）主要是為紀念宋代周敦頤先生遊覽羅田岩而設。旁邊有古柏二株，歷史上千年，大可兩人合抱，蒼翠拂雲。崖下有一小池塘，為懸崖常年

---

**783** （明）黃宏綱：《重修羅田岩濂溪閣記》，同治《雩都縣誌》卷十四，《藝文志·記》，臺北：成文出版社有限公司，1989。

流滴所積，涓涓細流，淅瀝有聲。難怪古人作詩贊曰「草砌生風細，蓮池浸月深，徘徊宵不寐，祠屋萬松陰」。**784**

### 4. 出米岩

客家人有一句俗話叫做「和尚心大出米糠」，這句俗話就源於羅田岩「三寶殿」右側石崖內的「出米岩」。傳說在于都縣城東門外的貢江河裡，有那麼一塊橫露出水面的「門檻石」，因而不知有多少糧船在此處遭了殃，每次那糧船一翻，雞公山的雞群便從河裡運穀上山啄殼做米，然後運到羅田「米岩」供僧侶香客們食用，不多不少剛剛好。豈知寺內有個貪心和尚一時酒癮發作，也就顧不得許多清規戒律，便趁著無人把那岩洞鑿大，好讓他多出些米以換酒喝，誰知天不從人願，那鑿大洞只是流了三天三夜的穀糠，就再也不出來了。這就是客家人俗話所說的「和尚心大出米糠」故事的由來。現在「出米岩」景點洞口遺跡依然清晰可辨，只見那洞頂約三尺見方，深約二尺，凌空倒嵌於石窟穹頂的岩壁之間，形狀如漏斗倒掛，上小下大，頗為有趣。

「田岩九曲至今傳，始信名山別有天。邀得忠良增勝概，竹叢泉畔幾流連。」羅田岩丹崖峭壁，歷經千年風雨，巍然屹立，如同一部厚重的歷史書，傳閱千古。

**784** （明）歐陽德：《游羅田岩拜周元公祠》，同治《雩都縣誌》卷十五，《藝文志·五言律》，臺北：成文出版社有限公司，1989。

## （四）廟會文化

　　于都客家人最喜歡趕廟會，而于都最有名的寺廟當屬羅田岩。於都客家人的廟會一般一年趕一次，而趕羅田岩廟會的香客卻是常年不斷。有寺必有香客，有客必能經商。廟會期間，賣鞭炮、線香、油燭，水果、客家風味小吃的攤點，密密麻麻排滿了寺前的山道兩旁，鞭炮聲聲，香煙嬝嬝。每月的初一、十五，還有佛祖生日，地藏王生日。可是最熱鬧的卻要數觀世音的生日以及每年正月初一到十五的燒新年香，那簡直是人山人海，絡繹不絕。倘若燒新年香為的是祈求一年的大吉大利，那麼，觀世音的生日於都人何以如此興盛？原來，于都客家人有個習俗，那就是將自己不好帶養的孩子寄拜給這位大慈大悲的觀世音菩薩，希望能保佑孩子無病無災，健康長大。羅田岩這座歷經千年風雨的古寺仍然巍然屹立，客家藝術文化依然源遠流長。

## 四、瑞金羅漢岩

　　羅漢岩位於瑞金市以北二十公里的壬田鎮境內。舊志中記載：「羅漢岩以伏虎禪師駐錫得名」[785]，又傳因有僧人掘地得十八尊石羅漢故稱羅漢岩。相傳南北朝時期，陳武帝曾經居住於此，加上山上怪石奇峰林立，故名又稱陳石山；羅漢岩屬於丹霞地貌，以羅漢峰為至高點，海拔四一九米。

---

**785** 康熙《瑞金縣誌》卷二，《輿地志‧山川》，臺北：成文出版社有限公司，1989，第 86 頁。

羅漢岩屬典型的亞熱帶季風性濕潤氣候，降水豐沛，森林覆蓋面積達百分之百，山深林密，古木參天，奇花薈萃其中，珍稀動物時有出沒。據統計，這裡棲息著國家珍稀動物麂、豹、穿山甲等十多種，生長著珍稀植物紅豆杉、銀杏等三十多種。

羅漢岩有著深厚的文化底蘊，古時被稱為是瑞金的鎮山。自明清開始，官宦縉紳、文人騷客、游方僧眾日漸增多，留下的許多詩詞歌賦。其中很多都堪稱文采斐然，如詩文清初的陝西參政黎士弘的《羅漢岩》（組詩）中的：「石亦須清悟，岩非浪得名；即看遊止日，能使道心生」。[786]此外，羅漢岩古時有很多摩崖石刻、碑記、題壁等文物古跡，可惜或風雨剝蝕，或人為破壞，年代久遠，青苔遮沒，現多不可見。

羅漢岩有著濃厚佛教教文化底蘊，至今還還保留著許多古寺古剎。早在唐宋時期就有僧人借助羅漢岩的天然地勢而居，在此傳業佈道，「就岩為屋，岩於是著焉」，此後屢有興廢。在羅漢岩山頂，現存有一座宋代建築的「羅漢古剎」，它以其古樸典雅、清幽挺拔、氣度超凡、香火不斷而聞名遐邇。寺內收藏有珍貴佛教經卷和名家墨寶。

羅漢岩地勢險要，歷來都是兵家必爭之地，陳武帝居住這裡時，曾經憑藉此山的天險地勢，以少勝多，打敗了梁王。黃巾起義軍餘部也在此誓死抵抗過敵軍。清初閩贛農民起義軍領袖許勝

---

786 （清）黎士弘：《羅漢岩》，康熙《瑞金縣誌》卷八，《詩賦》，臺北：成文出版社有限公司，1989，第656頁。

可曾在這裡安營紮寨,揭起了反清大旗。大平天國在天京淪陷後,洪仁玕率領部下,攜帶幼王撤退到這裡,以陳石山為營,大敗清軍。紅軍三年游擊戰時期,已故贛州專員公署主任任鐘民領導的汀瑞縣委游擊隊也曾利用此山地勢的峻堅持鬥爭,保留下革命的星星火種。

羅漢岩屬武夷山餘脈,境內群山環抱,峰巒相望,河流縱橫,以「奇山、邃谷、怪石、幽泉」為最,景色清幽,氣候涼爽,誠所謂「泉飛晴亦雨,雲覆暑猶寒」[787]。瑞金八景中就有「陳石流清」,舊志記載,「陳石流清居八景之一」[788]。羅漢岩歷史上曾形成「陳石十二景」,即羅漢岩、獅子峰、羂雲台、八音澗、鎖雲橋、鉢盂山、米堆石、試劍石、蠟燭峰、撒珠泉、千丈崖、臥龍潭。

試劍石是一塊高約百米的巨石,縫隙如刀劈石削。古人有「青蒙虎兇嘶,猶有劍威在」[789]的詩句,詠其情狀。

蠟燭峰是一座獨立而奇特的山峰,形同蠟燭,它的直徑僅二十多米,高度約九十米。四周為懸崖峭壁,不與其它山峰相連,蠟燭峰岩體滾圓,色澤光滑,上大下小。清代文學家鄒元林還為

---

**787** (清)楊永植:《遊羅岩》,康熙《瑞金縣誌》卷八,《詩賦》,臺北:成文出版社有限公司,1989,第 672 頁。

**788** 康熙《瑞金縣誌》卷二,《輿地志・山川》,臺北:成文出版社有限公司,1989,第 86 頁。

**789** (清)黎士弘:《試劍石》,康熙《瑞金縣誌》卷八,《詩賦》,臺北:成文出版社有限公司,1989,第 659 頁。

蠟燭峰留下了至今無人可對的上聯：「蠟燭峰，峰上生楓，蜂作巢，風吹楓葉閉蜂門。」矗立在入口處的蠟燭峰成了羅漢岩的標誌。清代邑人謝適有詩曰：「峰聳刺青天，孤雲低搖曳；不依日月光，寂照無天寂」。[790]

羅漢岩頂上有二道清泉傾瀉而下，左邊一道泉俊逸飄灑，隨風左右，仿佛一條搖擺不停的馬尾，所以稱它為「馬尾水」；另一道泉在奔流中與山石相擊，墜落的水花柔和細密，就像歷經農家用的米篩一樣飄灑而下，時常會有幾滴輕輕地灑落在人們的身上，因此稱它做「米篩水」。岩石下面的潭水便是「八音澗」，「一澗聚眾音，山川亦饒舌」[791]，「泉聲擬八音，絲竹無其韻」[792]，聲音時而如淒如訴，時而如珍珠灑落玉盤，時而又似仙人玉笛吹奏，妙不可言。

羅漢岩四季景色優美，自古便是遊人嚮往的名勝，正如明代詩人王陽明詩中所說：「古來綿江八大景，名揚四海傳九州。最是陳石山水色，觀後胸中黃山無。」

**790** （清）謝適：《蠟燭峰》，康熙《瑞金縣誌》卷八，《詩賦》，臺北：成文出版社有限公司，1989，第 663 頁

**791** （清）黎士弘：《八音澗》，康熙《瑞金縣誌》卷八，《詩賦》，臺北：成文出版社有限公司，1989，第 657 頁

**792** （清）謝適：《八音澗》，康熙《瑞金縣誌》卷八，《詩賦》，臺北：成文出版社有限公司，1989，第 661 頁

## 五、石城通天寨

通天寨位於石城縣城東南約七公里的觀下鄉大佘村。因寨上
一主岩「形上合下開，高廣約兩尋丈，內如掌合，外若兩大指之
合，頂泐新月形，現出天光」[793]，可謂一竅通天，故名通天寨。
通天寨是典型的丹霞地貌，寨上多紅岩，仰望如丹霞橫空，石壁
嶙峋，山水奇特，風光秀麗，素有「石怪、洞幽、泉美、茶香、
佛盛」之美譽。寨東西長約三公里，南北寬約二公里，面積六平
方公里，主峰海拔六〇一點七米。

通天寨氣候濕潤，雲霧繚繞，雨量充沛，年平均氣溫 十八
點三度。寨中植物繁茂，森林覆蓋率高達百分之八十點一，遍寨
多綠樹，古松參天。通天寨上盛產茶葉，名曰通天岩茶。通天岩
茶歷史悠久，在清代曾列為貢品。據清順治《石城縣誌》載：
「縣南十五裡通天岩有異茶，善制者往往攜囊就岩採制，清芬淡
逸，氣襲幽蘭，不讓寧都之林岕。」[794]通天岩茶具有香氣清淡，
湯色清澈，味醇爽口的特點，屬有機茶中之珍品。通天寨上泉水
豐富，「品之味清濃，視他水特甚，遊人為茗戰，非多投不能降
其氣，山中人取以作酒，視他酒亦馥烈小異」[795]，故山中人常

---

**793** 乾隆《石城縣誌》卷 1，《輿地志·山川》，臺北：成文出版社有限公
司，1989，第 92 頁。

**794** 乾隆《石城縣誌》卷 1，《輿地志·物產》，臺北：成文出版社有限公
司，1989，第 186 頁。

**795** 順治《石城縣誌》卷 1，《山川》，臺北：成文出版社有限公司，
1989，第 100 頁。

取之沏茶釀酒。

　　舊時從中原遷徙到石城的客家先民常築山寨以避戰亂和匪患。這些山寨內一般都有完備的生活設施，除堡壘式民房外，生活所需和防禦必備的水井、馬坊、糧倉、炮臺、藥庫等一應俱全。通天寨一山聳峙，四面陡峭，所以自元代開始就有鄉民在這裡依山築寨，後經多次重修，開闢四門，西門保留最完整，門額題有「長庚門」三字，寨牆以泥土亂石壘成。由於山寨內幽谷縱橫、岩洞錯落，寨外亂石嵯峨、山徑崎嶇，地形險要，易守難攻，所以這裡又是兵家必爭之地。自宋代至近代，多次在這裡發生戰事，猴子城、萬人坑、主簿寨等都留下了戰爭的痕跡。元至正末，陳友諒餘部據此，他們依靠地勢的險峻和寨上屯墾的天然優勢，堅持多年，直至最後被明軍剿滅，留下了一段悲壯的歷史；元末石城人劉元傑曾率鄉民起兵，踞此禦寇，「元至正十二年（1352 年），四方兵戈雲擾，元傑奮然起兵，團結於通天寨，據險以守，賊攻不破，邑人賴之」[796]，並「取邑圖籍貯寨」[797]，使石城圖書檔案得以保全；清順治五年（1648 年）八月，廣東流民黃士英盤踞通天寨長達一年半之久；康熙十五年（1676 年）二月，閩人寧早率眾占踞通天寨兩個月。

　　通天寨還是一佛教勝地，據縣誌記載，寨內有玉孟禪林、小

---

**796** 道光《石城縣誌》卷六，《人物志・武略》，石城縣文化館、縣誌辦整理刊印本，1982，第 350 頁。

**797** 乾隆《石城縣誌》卷一，《輿地志・山川》，臺北：成文出版社有限公司，1989，第 92 頁。

乘庵、澄心院等寺廟。其中，香火最旺盛，歷史最悠久的當屬玉孟禪林，俗稱玉孟寺。玉孟寺位於通天岩西側，明萬曆十年（1582 年），僧德存始建，當時「四周山腳頗廣，皆官地，知縣江統之批庵僧種植」**798**，寺院農禪並重。不知何種原因，至天啟四年（1624），這裡已是「山無常產，僧無常住，去來一如白雲舒卷而已」**799**。清順治六年（1649）寺院毀於兵燹。康熙二十二年（1683年），僧普叕接理該寺，積創田業，加擴寮舍，香火一度旺盛。二十世紀三十年代，僧印品來該寺住持，十數年如一日，致力於辟山種茶，卓有勞績。至解放初，通天寨大小石窟有僧尼三十餘人。「文化大革命」中寺院受到衝擊，佛像被毀，僧尼被迫下山，寺院改作大隊茶場。

通天寨自古就以風景秀麗而聞名，「奇石淩空突，山泉幽澗間窮，山之巘則為谷為盤，佳木蔥蘢蔚焉，尤獨秀也」**800**，文人騷客多登臨此地。據不完全統計，通天寨現存歷代題詠有近三十首。寨內古代石刻、石碑甚多，多為歷朝文人墨客在此觀景飲茶所題留。現存最具代表性的碑刻有兩塊：一塊是由明嘉靖十二年（1533）贛州通判陳琦游通天寨時所書「通天岩」，此題刻為正楷陰刻，高一四八釐米，寬六十四釐米；另一塊為殘碑，系明

---

**798** 乾隆《石城縣誌》卷三，《經制志·寺觀》，臺北：成文出版社有限公司，1989，第 281 頁。

**799** （明）陳經法：《通天岩竹廬記》，乾隆《石城縣誌》卷八，《藝文志·記》，臺北：成文出版社有限公司，1989，第 1059 頁。

**800** 同上。

萬曆年間石城知縣唐繼顏詩刻，原詩為：「翠微丹壁半空蒙，巧鑿靈霄一竇通。疏影浪圍刀鏡月，晴光長貫玉瑤虹。登高作賦慚今拙，題句磨崖自昔工。踏遍薜蘿香屐齒，冷然疑是御虛風」，[801]現僅存前三句。

通天寨風景秀麗的名勝有三十餘處，其中最為出名的有通天岩、石筍乾霄、仙人犁田、淨土岩、玉孟寺等。通天岩為通天寨主岩，位於寨的北部，外觀似兩指上扣，內看像兩掌交合，頂部中間裂開，形如一輪彎月，「日月星斗，光相映射，因名曰通天岩，謂其破山之巔而出也」[802]。岩中冬暖夏涼，歷代文人墨客題詠此處甚多，清代石城舉人溫朝選曾賦詩贊曰：「冉日層岩向面謀，依稀遙隔半生秋。人驚星斗禪房近，我想煙雲竹院幽。一帶長江流石壁，幾村茅舍上仙樓。問天疑是有消息，肯讓先臨美盡收。」[803]

石筍乾霄為古琴江八景之一，聳立於通天寨之側，高百餘丈，拔地侵天，如一石筍沖天而起，故名。若遠望，石筍又似一翹起的大拇指，故又有「一指書空寒霧破，丹霞垂影斷虹連」[804]

---

**801** （明）唐繼顏：《通天岩》，順治《石城縣誌》卷九，《藝文志》，臺北：成文出版社有限公司，1989，第411頁。

**802** （明）陳經法：《通天岩竹廬記》，乾隆《石城縣誌》卷八，《藝文志‧記》，臺北：成文出版社有限公司，1989，第1059頁。

**803** （清）溫朝選：《通天岩》，道光《石城縣誌》卷八，《藝文志‧詩》，石城縣文化館、縣誌辦整理刊印，1982，第592頁。

**804** （清）黃炎：《石筍乾霄》，道光《石城縣誌》卷八，《藝文志‧詩》，石城縣文化館、縣誌辦整理刊印，1982，第592頁。

的讚譽。石筍乾霄由於孤岩突起，游離於主寨之外，古時就有「上聳絕頂，林木蔚然，非人跡可到」[805]的記載，可望而不可即。也許正是因為它的神秘，當地人給它賦予了神奇的傳說，傳為兩仙人下凡在此不期而遇，為爭奪通天寨這塊風水而相互鬥法，身化石柱登天，因殃及百姓，玉帝派雷公劈斷石柱，留下了這奇特的石筍。

淨土岩為寨內又一名勝，淨土岩岩內寬闊，障以窗櫺，更有流泉數道飛瀉而下，加上靜幽的巉岩、豔麗的花草、綠柳青杉，遊人步入其間，便有置身於畫卷之中的感覺，古人留下的「徑鎖煙蘿谿壑邃，行來頓覺異塵凡」[806]吟詠就是最好的寫照。

寨內仙人犁田為典型的岩面龜裂丹霞地貌，數十方丈的傾斜石壁，裂紋縱橫，如梨耕地，遠看似龍鯪鑲嵌其上，惟妙惟肖，故舊志稱讚曰：「雖雕繪不是過也。」[807]

此外，寨內還有深約百仞的萬人坑、傳為陳友諒試劍的試劍石、形似船舷的船舷石以及羅漢顯肚、鐘鼓舞獅、石鼓、石鐘等。

通天寨是石城一天然佳境，正如舊志所言：「一泉一石，無

---

**805** 順治《石城縣誌》卷一，《山川》，臺北：成文出版社有限公司，1989，第 94 頁。

**806** （清）黃開泰：《遊淨土岩》，道光《石城縣誌》卷八，《藝文志‧詩》，石城縣文化館、縣誌辦整理刊印，1982，第 597 頁。

**807** 順治《石城縣誌》卷一，《山川》，臺北：成文出版社有限公司，1989，第 99 頁。

不詭奇」**808**，不愧為一客家奇山。

## 參考文獻

（1）江西省會昌縣誌編纂委員會：《會昌縣誌》，北京：新華出版社，1993。

（2）江西省于都縣誌編纂委員會：《雩都縣誌》，1986。

（3）蔡仁厚：《贛南羅田岩與于邑王門諸子》，南昌大學學報（人文社科版），1999 年 03 期。

（4）江西省瑞金市志編纂委員會：《瑞金市志》，西安：先秦出版社，2007。

（5）江西省石城縣誌編纂委員會：《石城縣誌》，北京：書目文獻出版社，1990。

（6）李國強、傅伯言：《贛文化通志》，南昌：江西教育出版社，2004。

（7）張載年：《通天岩茶》，《茶業通報》，1986 年第 4 期。

**808** 順治《石城縣誌》卷一，《山川》，臺北：成文出版社有限公司，1989，第 103 頁。

江西文庫 A0701B17

# 贛文化通典（名勝卷） 第二冊

主　　編　鄭克強
版權策畫　李　鋒
責任編輯　楊家瑜

發 行 人　陳滿銘
總 經 理　梁錦興
總 編 輯　陳滿銘
副總編輯　張晏瑞
編 輯 所　萬卷樓圖書股份有限公司
排　　版　菩薩蠻數位文化有限公司
印　　刷　維中科技有限公司
封面設計　菩薩蠻數位文化有限公司

出　　版　昌明文化有限公司
桃園市龜山區中原街 32 號
電話 (02)23216565
發　　行　萬卷樓圖書股份有限公司
臺北市羅斯福路二段 41 號 6 樓之 3
電話 (02)23216565
傳真 (02)23218698
電郵 SERVICE@WANJUAN.COM.TW
大陸經銷　廈門外圖臺灣書店有限公司
　　電郵 JKB188@188.COM

**ISBN 978-986-496-228-0**
2018 年 1 月初版
定價：新臺幣 320 元

如何購買本書：

1. 轉帳購書，請透過以下帳戶
　合作金庫銀行　古亭分行
　戶名：萬卷樓圖書股份有限公司
　帳號：0877717092596

2. 網路購書，請透過萬卷樓網站
　網址　WWW.WANJUAN.COM.TW

大量購書，請直接聯繫我們，將有專人為您
服務。客服：(02)23216565 分機 610

如有缺頁、破損或裝訂錯誤，請寄回更換
**版權所有·翻印必究**
Copyright©2016 by WanJuanLou Books CO., Ltd.
All Right Reserved　　　**Printed in Taiwan**

國家圖書館出版品預行編目資料

贛文化通典. 名勝卷 / 鄭克強主編. -- 初版.
-- 桃園市：昌明文化出版；臺北市：萬卷
樓發行, 2018.01
　冊；　公分
ISBN 978-986-496-228-0 (第二冊：平裝). --
1.名勝古蹟 2.江西省
672.408　　　　　　　　　　　107002007